DAS BUCH DER ZEICHEN UND SYMBOLE

Das Buch der Zeichen und Symbole

Herausgegeben von
I. Schwarz-Winklhofer
und H. Biedermann

Verlag für Sammler

Mit Beiträgen von

VOLKER MÖLLER
Symbolzeichen der nichtchristlichen Religionen

GÜNTHER SCHÖN
Zeichen und Symbole auf mittelalterlichen,
neuzeitlichen und modernen Münzen

WILHELM RAAB
Symbole der Rosenkreuzer

Vierte, verbesserte und vermehrte Auflage, Graz 1994
© 1972 VERLAG FÜR SAMMLER, GRAZ
ISBN 3 85365 120 8
Printed in Austria

INHALT

VORWORT ZUR 4. AUFLAGE

Das große Interesse, das die 3. Auflage des Buches der Zeichen und Symbole gefunden hat (sie war im Herbst 1993 bereits wieder vergriffen) hat den VERLAG FÜR SAMMLER dazu veranlaßt, eine vierte, erweiterte Auflage zu planen, die hiermit vorgelegt wird.

Seit dem Erscheinen der 1. Auflage sind besonders zwei Gebiete stark in den Vordergrund getreten: die Informatik und der Umweltschutz. Zahlreiche Bildsymbole sind dazu entstanden und werden von einer breiten Bevölkerungsschicht angenommen, bzw. verwendet. Der Verlag hat sich bemüht, einen kurzen Überblick auch darüber zu geben und hat deshalb besonders das Kapitel mit den Piktogrammen erweitert.

Bezüglich der Einschübe gilt, was bereits in den Vorworten zu den beiden letzten Auflagen gesagt wurde, sie sind durch einen Schrägstrich und Subkennzahl charakterisiert. Eine Ausnahme bilden die sechs Graffiti der 3. Auflage, sie wurden neu numeriert, um den großen Einschub nach Nr. 1328 nicht durch eine zu große Zahl von Subkennzahlen zu belasten.

Der VERLAG FÜR SAMMLER freut sich darüber, daß trotz des großen Angebotes von Neuerscheinungen auf dem Buchmarkt, die sich mit dem Thema der Zeichen und Symbole beschäftigen, das BUCH DER ZEICHEN UND SYMBOLE seinen Platz als Einführungs- und Orientierungsbuch behaupten konnte.

Allen, die dazu beigetragen haben, diese 4. Auflage herauszubringen, dankt der VERLAG FÜR SAMMLER. Sein besonderer Dank gilt Herrn Mag. Emmerich Motschnik von der Bundeshandelsakademie Grazbachgasse in Graz für wertvolle Ratschläge und Hinweise die Symbole der Informatik betreffend.

Graz, im Frühling 1994

VORWORT ZUR 3. AUFLAGE

Zahlreiche Anfragen der Benützer der ersten beiden Auflagen haben den VERLAG FÜR SAMMLER dazu bewogen, eine Neuauflage vom BUCH DER ZEICHEN UND SYMBOLE auf den Markt zu bringen. Einige Kapitel der 2. Auflage wurden dafür ergänzt, so z.B. jenes der Symbole aus der Paläographie.

Neu dazu kamen die Symbole der Rosenkreuzer, die von Wilhelm Raab, einem hervorragenden Fachmann dieses Gebietes, zusammengestellt und erläutert wurden.

Wesentlich erweitert wurde auch das Kapitel mit den Symbolen aus der modernen Welt. So kamen neu hinzu weitere freimaurerische Symbole, die Seemannszeichen, Symbole von militärischen Einheiten sowie Zeichen aus dem technischen Bereich. Da in unserer Zeit die Piktogramme als Verständigungsmittel immer stärker in den Vordergrund treten, wurde dieses Kapitel mit Symbolen aus dem Fremdenverkehr erweitert.

Ein ganz neuer Abschnitt beschließt die 3. Auflage dieses Buches. Es handelt von den Graffiti, Zeichen, die seit den achtziger Jahren immer häufiger anzutreffen sind.

Wie schon in der 2. Auflage, wurde die durchlaufende Numerierung beibehalten. Die Einschübe wurden wieder durch einen Schrägstrich und eine Subkennzahl charakterisiert, also z.B. 803/1, 803/2, 803/3 ..., wodurch die Nr. 804 ihre laufende Nummer behalten konnte. Ein Teil der Verbesserungen stammt noch von Prof. Hans Biedermann, dem Mitherausgeber dieses Buches. Leider konnte er die Neuauflage nicht mehr erleben.

Der VERLAG FÜR SAMMLER dankt allen, die dazu beigetragen haben, diese verbesserte und erweiterte Neuauflage herauszubringen.

Graz, im Frühling 1990

VORWORT ZUR 2. AUFLAGE

Das sehr positive Echo, das unser Einführungs- und Orientierungs-buch im Laufe der letzten Jahre gefunden hat, ermutigt den Verlag, es in nunmehr wesentlich erweiterter Form neu aufzulegen. Mehrere Kapitel der Erstauflage wurden ergänzt, neue Abschnitte wie „Symbolzeichen der nichtchristlichen Religionen", „Geheimschriften", „Musikzeichen", „Zeichen und Symbole auf mittelalterlichen, neuzeitlichen und modernen Münzen" und Piktogramme" sind hinzugekommen. Da wiederholt in wissenschaftlichen Studien nach den laufenden Nummern der Erstauflage zitiert wurde, wollten wir diese trotz der nötig gewordenen Einschübe nicht verändern. Wenn z.B. nach der alten Nr. 12 neue Zeichen eingeordnet wurden, so wurden diese durch einen Schrägstrich und eine Sub-Kennzahl charakterisiert, also z.B. durch 12/1, 12/2, 12/3 . . . , wodurch Nr. 13 ihre laufende Nummer behalten konnte.

Eine Ausnahme bilden die Nummern ab 1256; sie wurden, um Wiederholungen mit dem neu hinzugekommenen Kapitel über die Piktogramme zu vermeiden, teilweise entfernt bzw. umnumeriert.

Seit Erscheinen der Erstauflage dieses Buches ist das allgemeine Interesse an einfachen Bildsymbolen enorm angestiegen. Einfache Bildsymbole, graphisch oft hervorragend gestaltet, sollen zu den gewünschten Informationen verhelfen. Neue Studienrichtungen wie Informatik und Semasiologie haben sich des Phänomens des Mitteilungscharakters einfacher graphischer Formen angenommen, und die einschlägige Literatur bedürfte, um auch nur annähernd erfaßt zu werden, einer sehr umfangreichen Bibliographie. Ein Handbuch wie das vorliegende kann eine solche naturgemäß nicht ersetzen, sondern es soll in erster Linie als Signal, Stichwort- und Ideenbringer dienen und zeigen, wie gewaltig das Wirkungsfeld einfachster graphischer Zeichen eigentlich ist, und zwar von den ältesten Epochen der Menschheit an. Der Graphiker unserer Zeit wird vermutlich mit Überraschung feststellen, daß das Problem, komplexe Inhalte mit wenigen „verstehbaren" Strichen wiederzugeben, über eine sehr alte Tradition verfügt. Die Autoren der einzelnen Abschnitte waren dabei immer versucht, möglichst viele interessante Formen zu bieten, durften jedoch einen gewissen Rahmen nicht überschreiten. Es war einerseits geboten, wichtige und charakteristische Formtypen zu zeigen, andererseits sollten aber auch interessante Kulturkuriosa nicht vernachlässigt werden, wie sie etwa in dem Abschnitt über „Geheimschriften" gezeigt werden. Der Leser mag nun entscheiden, in welchem Ausmaß es gelungen ist, einen goldenen Mittelweg einzuhalten.

Graz, im Frühling 1980

VORWORT ZUR 1. AUFLAGE

Zunächst soll hier einschränkend der thematische Rahmen dieses Buches im Hinblick darauf abgesteckt werden, was wir auf dem zur Verfügung stehenden Raum nicht bieten können:
Es ist nicht Aufgabe des vorliegenden Bandes, die philosophischen und psychologischen Grundlagen des Symbolbegriffes darzulegen. Symbolforschung in diesem Sinne ist im Laufe der letzten Jahrzehnte zu einer vielschichtigen und in mancher Hinsicht grundlegenden Forschungsrichtung geworden, über die es eine geradezu überwältigende Fülle von Literatur gibt. Über sie orientiert u.a. das ab 1967 erscheinende internationale Referateorgan „Bibliographie zur Symbolik, Ikonographie und Mythologie", herausgegeben von M. Lurker (Baden-Baden). In jedem Jahresband werden Hunderte von Titeln besprochen. Hier soll nur einiges zum Begriff „Symbol" ausgesagt werden, um wenigstens die Basis der Materialsammlung auf diese Weise zu sichern.
Das Wort SYMBOL wird vom gr. symbolon abgeleitet, das auf syn-ballein, zusammenwerfen basiert. In Zusammenhang gebracht werden also heterogene Elemente, etwa gegensätzliche Teile eines in innerem Zusammenhang stehenden Ganzen: dies läßt sich so auffassen, als sei hier die Zusammenordnung von Urbild (Archetypus) und Abbild im irdischen Bereich gemeint, und es sprechen viele Kriterien dafür, daß wir hier den ursprünglichen Sinn des Symbols vor uns haben. In jüngeren Epochen der Geistesgeschichte änderte sich der Sinn der Bezeichnung insofern, als nunmehr als „zusam-

X

mengeworfene" Elemente ein sinnfälliges Zeichen und ein Inhalt steht: ein Ausdruck ersetzt den anderen, um etwa eine einfache bildliche Formulierung zu ermöglichen. Eine die Tiefenschichten der Persönlichkeit ansprechende, unmittelbare Symbolsprache ist hier nicht mehr unbedingt gegeben, sondern zur Lesung dieser Art von Symbolen ist meist das Wissen um die konventionelle Verschlüsselungsweise nötig.

Wenn die Verschlüsselung kunstvoll ausgeklügelt wird, so sprechen wir üblicherweise von Allegorien. Bilder dieser Art sind etwa die barocken Embleme. Wir wollen uns jedoch nicht damit befassen, sondern mit den einfachen graphischen Zeichen, die in ihren Anfängen wohl echte unmittelbare Grundbilder waren, später jedoch zu markanten Signaturen für ganz bestimmte Inhalte vielfältigster Art wurden. Es handelt sich um zeichnerisch komprimierte Bilder, die wohl schon in der Altsteinzeit als Kommunikationsmittel dienten. Der spontane Ausdruck schwindet offenbar, je näher wir den Hochkulturen kommen, und das Wissen um die „Lesungsmöglichkeit" ist als Überlieferungsgut die Voraussetzung dafür, daß diese Zeichen ihre adäquate Sinnerfüllung erhalten. Dennoch finden wir auch in jüngeren Kulturschichten immer wieder großartig vereinfachte Glyphen, deren Deutung sich als unreflektierter Eindruck sofort erschließt.

Da wird jedoch von jeglicher Wertskala subjektiver Art absehen wollen, war es nötig, die ganze Bandbreite der einfachen graphischen Ausdrucksmittel mit Hilfe einer großen Anzahl von Zeichen wenigstens andeutungsweise darzustellen. Aus einem Grundbestand von mehreren tausend Formen wurden für dieses Buch die uns am signifikantesten erscheinenden Zeichen ausgewählt, wobei es freilich klar ist, daß sich auch andersartige Selektionen ausreichend hätten motivieren lassen.

Es sollte gezeigt werden, daß auch der graphisch Ungeübte mit Hilfe dieser Zeichen und Marken die Möglichkeit hat, sich auszudrücken: daher mußten kompliziertere Zeichen wegfallen, deren Erstellung künstlerische Fähigkeiten erfordert hätte. Wir haben, um es ganz simpel auszudrücken, bewußt nur solche Figuren in den Band aufgenommen, die jedermann mit einem Stock in den Sand oder mit Kreide an die Wand zeichnen könnte. Diese Beschränkung auf einfachste Formen brachte den Verzicht auf interessante Formen —

etwa in dem Kapitel über Heraldik — mit sich, war jedoch unerläßlich, sollte nicht der Stoff ins Unbegrenzte anschwellen.

An dieser Stelle ist ein Wort zu der Art der Wiedergabe angebracht. Die zum Teil hochstilisierten graphischen Formen verlangen scheinbar nach adäquat „schöner" Ausführung, doch würde eine kalligraphische Wiedergabe dem oben motivierten Grundsatz widersprechen, auf die künstlerische Dimension zu verzichten und dafür den Charakter der echten Zeichen zu bewahren. Kalligraphische Wiedergaben etwa der Symbolzeichen, die der Alchemist in sein Merkbuch setzte, um auf diese Weise seine Operationen aufzumerken, wäre einer Verfälschung gleichgekommen; auch in Amulette geritzte Runen leben nicht durch eine wohlgeglättete und verschönte Ausführung, sondern aus ihrer Gestalt. Den kalligraphischen Vorlagen entsprechende Arten der Wiedergabe konnten daher aus Gründen der Quellentreue nur dort in dieser Form durchgeführt werden, wo die Originale in dieser Richtung hin „hochgezüchtet" wurden — nicht jedoch bei der Wiedergabe von Typen, wie sie etwa frühgeschichtliche Felsritzungen aufweisen. Deren Retusche auf völlig einwandfreie Grapheme hin hätte zu seelenlosen Formen geführt, weshalb wir nach anfänglichen Versuchen von einer ganz einheitlichen graphischen Wiedergabe abgesehen haben.

Daß nicht alle einfachen graphischen Formen „Symbole im hohen Sinne" sein können, daß sie also in dieser Hinsicht nicht religiösen oder magischen Bildtypen zu vergleichen sind, ergibt sich schon aus der Tatsache, daß auch kunstgewerbliche Marken und Signaturen sowie eine kleine Auswahl moderner Markenzeichen in den Band aufgenommen wurden. Ihre Berücksichtigung läßt sich dadurch motivieren, daß der Mensch offenbar auch dann, wenn sich der ursprüngliche Zauber einer sigelartigen graphischen Darstellung verflüchtigt hat und das profane Leben nach seinem Recht verlangt, auf ganz einfache und einprägsame Bildtypen nicht verzichten kann.

Was wir in diesem Band bieten wollen, kann naturgemäß nicht so verstanden werden, als wollten wir fast unübersehbare Kapitel wie etwa „Magische Zeichen und Symbole" auch nur annähernd erschöpfend behandeln. In den Literaturangaben zu den einzelnen Abschnitten sind wichtige Quellenwerke genannt, die sich zum Nachschlagen eignen und zu den einzelnen Spezialpublikationen hinführen. Nur diese Arbeiten können als Basis für im eigentlichen

Sinne wissenschaftliche Arbeiten dienen — der hier vorliegende Band kann den Typenreichtum und gelegentlich die bestehende Problematik nur andeuten und zu intensiverer Arbeit anregen. Es war jedoch unumgänglich, die Zeichen selbst nicht bloß kommentarlos aneinanderzureihen, sondern ihre Genese und Bedeutung wenigstens skizzenhaft zu umreißen. Schon mit Hilfe der hier vorliegenden Auswahl werden sich dem Benützer dieses Handbuches Probleme um Zusammenhänge und Formänderungen aufdrängen, und als Hilfsmittel hiefür möchten wir das Werk verstanden wissen. Da ganz einfache graphische Formen wie etwa der Dreipaß, das Radkreuz, das Wellenband u.s.w. in verschiedenen Kapiteln in immer neuem Kontext auftauchen, haben wir an das Ende des Buches einen Grundformenschlüssel gestellt, der auf die laufenden Nummern dieser Zeichen hinweist.

Graz, im Sommer 1972

Inge Schwarz-Winklhofer
Hans Biedermann

LITERATUR

Blachetta, W.: Das Sinnzeichen-Buch. Frankfurt a.M. o.J. (1956).

Bühler-Oppenheim, K.: Zeichen, Marken, Zinken. Teufen 1971.

Cassirer, E.: Wesen und Wirkung des Symbolbegriffs. 2. Aufl. Darmstadt 1959.

Cirlot, J. E.: A Dictionary of Symbols. New York 1962 (span. Ausg. Diccionario de Símbolos Tradicionales).

Cooper, J. C.: An Illustrated Encyclopaedia of Traditional Symbols. London 1978.

Forstner, D.: Die Welt der Symbole. 1961.

Heinz-Mohr, G.: Lexikon der Symbole. Bilder und Zeichen der christlichen Kunst. Düsseldorf-Köln 1971.

Horneffer, A.: Symbolik der Mysterienbünde. München 1916.

Jung, C. G.: Der Mensch und seine Symbole. Zürich 1968.

Kirchgässner, A.: Die mächtigen Zeichen. Basel-Freiburg-Wien 1959.

Kirchgässner, A.: Die Welt als Symbol. 1968.

Lurker, M.: Bibliographie zur Symbolkunde (Bibliotheca Bibliographica Aureliana, Bde. XII, XVIII, XXIV). 1964–1968.

Lurker, M.: Symbol, Mythos und Legende in der Kunst (Studien zur deutschen Kunstgeschichte, Bd. 314). Berlin 1958.

Koch, R.: Das Zeichenbuch. Leipzig 1936.

Lehner, E.: Symbols, Signs & Signets. New York 1969 (Ndr. der Ausg. 1950).

Meldau, R.: Zeichen, Warenzeichen, Marken. Bad Homburg-Berlin-Zürich 1967.

Oesterreicher-Mollwo, M. (Bearb.): Herder Lexikon Symbole. Freiburg-Basel-Wien 1978.

Silberer, H.: Probleme der Mystik und ihrer Symbole. Wien 1914.

Schlesinger, M.: Geschichte des Symbols. Berlin 1912.

Schlesinger, M.: Grundlagen und Geschichte des Symbols. Berlin 1930.

Wills, F. H.: Schrift und Zeichen der Völker. Düsseldorf-Wien 1977.

Wittlich, B.: Symbole und Zeichen. Bonn 1965.

Ur- und Frühgeschichte

In den meisten Bildbänden und Büchern über die Kunst der Steinzeit werden nur die schönsten und naturgetreuesten Kunstschöpfungen des vorgeschichtlichen Menschen abgebildet; dies bringt es mit sich, daß unser Gesamtbild von den bildnerischen Leistungen dieser Epochen verzeichnet und nicht den Tatsachen entsprechend ist. Zweifellos lassen sich in der vorgeschichtlichen Kunst großartige, unmittelbar zu uns sprechende Bildwerke in großer Zahl finden, aber sie stellen Einzelleistungen dar, die aus der Masse der künstlerischen Werke hervorragen.

Neben ihnen gibt es nicht nur zahllose nicht restlos überzeugende Bilder, sondern auch unscheinbare Zeichen und Glyphen, die nur höchst selten in Bildbänden wiedergegeben werden. Es handelt sich offenbar um einfache Symbole und Hinweiszeichen, die einst dem Menschen etwas gesagt haben müssen. Eigentlich wäre zu erwarten, daß jene aus den ältesten greifbaren Epochen des menschlichen Geisteslebens stammenden Glyphen so unmittelbar verständlich wären, daß sich auch uns ihr Sinn ohne langwierige Reflexion erschließt. In der Praxis ist es jedoch so, daß wir beim Durchforschen der bildergeschmückten Kulthöhlen des Eiszeitmenschen neben den Tierdarstellungen sonderbare Punktreihen und Liniennetze finden, von welchen wir nicht sagen können, was sie für ihre Schöpfer vor mehr als zehn Jahrtausenden bedeutet haben mögen. Auch Stein- und Knochenstücke tragen immer wieder Ritzungen, die nichts mit den naturhaften Tierbildern zu tun haben und wie echte Symbolzeichen wirken. Handelt es sich bloß um rein spielerisch hervorgebrachte „Parerga" des bildnerischen Triebes, oder haben wir es mit den Anfängen eines abstraktiven Gestaltens zu tun?

Es wird ohne Zweifel nötig sein, daß sich die Erforschung der prähistorischen Kunst in höherem Ausmaß als bisher auch diesen anspruchslos scheinenden Glyphen zuwendet und zunächst mit ihrer dokumentarischen Sammlung beginnt. Erst dann, wenn auch sie in

1

großer Zahl veröffentlicht sind und sich ihre Variationsbreite überblicken läßt, werden wir dazukommen, uns Gedanken über ihre etwaige Herleitung aus Naturformen machen zu können. Zur Zeit gibt es erst Ansätze zu einer lückenlosen Dokumentation des Bildbestandes einzelner Eiszeithöhlen, die auch jene früher kaum beachteten uralten Zeichen und Symbole abbilden.

Eines der einfachsten und bekanntesten ist offenbar das Bild der menschlichen Hand, das entweder als „Negativ" wiedergegeben ist (hier wurde die Hand auf eine grundierte Steinfläche gelegt und Farbstaub darübergeblasen, wodurch der Umriß der Hand farblos zurückblieb), während „Positive" (Abdrücke der eingefärbten Handflächen) seltener auftreten; auch Umrißzeichnungen von Händen sind bekannt. Da es sich hier um bloße Abklatsche der Natur handelt, kann man von einer künstlerischen Produktion eigentlich nicht sprechen. Es wäre naheliegend, Bildnereien dieser Art als rein spielerische Schöpfungen anzusehen, fänden wir sie nicht in den offenbar dem Kult dienenden „Höhlentempeln" des altsteinzeitlichen Jägers, wo sinnlose Wandkritzeleien ebenso fehl am Platze wären wie in Kathedralen. Abdrücke von verstümmelten Händen mit abgeschlagenen Fingergliedern, wie sie etwa aus der Grotte von Gargas (Hautes-Pyrenées) in großer Zahl entdeckt wurden, sprechen ebenfalls gegen die Annahme rein spielerischer Produktionen: die einzelnen Fingerglieder wurden offenbar geopfert, und die Wiedergabe der versehrten Hände mag das Opfer verewigt haben. Das Bild der Hand an sich legt uns unmittelbar die Geste des Ergreifens und Besitzens nahe – so etwa in unmittelbarer Nachbarschaft der „gefleckten Wildpferde" des Magdelénien in der Grotte von Pech-Merle (Dépt. Lot), wo wir versucht sind, etwa so zu „lesen": Wildpferde in großer Zahl, zahlreich wie die Flecken auf ihnen, wir wollen sie haben, festhalten.

Selbstverständlich sind derartige Deutungsversuche subjektiv und nicht verifizierbar, und niemand kann sagen, was nun tatsächlich die Triebfedern der eiszeitlichen Jäger waren, wenn sie die Abklatsche ihrer Hände in ihren heiligen Grotten verewigten. Noch schwieriger wird die Einfühlung eines heutigen Menschen in die Motive der uralten Bildner bei der Betrachtung von eigenartigen Punktsystemen, die oft wie die Eckpunkte eines geschwänzten Papierdrachens aussehen. Handelt es sich etwa nur um Markierungen des Weges durch das Höhlenlabyrinth, also um Wegweiser, die auf Biegungen und Abzweigungen hinweisen? Manchmal läßt sich anhand des Bildmaterials auch die Herkunft eines isoliert unverständlichen Symbols verfolgen, so etwa (wieder in der Grotte von Pech-Merle, deren Bildbestand lückenlos dokumentiert ist) im Falle der „Bisonfrauen", wo vornübergeneigte, nackte Frauen tierähnlich an die Höhlenwand gemalt sind. Wir gehen wohl nicht fehl, wenn wir hier an Symbole eines Fruchtbarkeitszaubers denken, die eine hohe Abstraktion des Gedankenbildes voraussetzen. Bei anderen Bildwerken freilich ist die Interpretation noch schwieriger. Gitterförmige Gebilde werden als „Hütten" oder „verblendete Fallgruben" gedeutet, P-förmige Linien als Wurfhölzer, andere Striche als Fangstricke oder magische Geräte.

Der Grad der Naturhaftigkeit der Bildwerke wird geringer, je weiter wir uns auf dem Weg zur Gegenwart von der Welt der Eiszeitjäger entfernen. Die ostspanischen Felsbilder der Nacheiszeit werden stark stilisiert, ohne zunächst den Eindruck der Bewegtheit zu verlieren, aber immer häufiger geht die Gestaltung weg von der reinen Wiedergabe der Naturvorbilder, immer mehr nähert sie sich abstrakten Glyphen. Wir können schließen, daß sich der Denkstil der Menschheit änderte, als die jägerische Lebensweise nicht mehr ausreichte, um den Lebensunterhalt zu gewährleisten und die Fruchtbarkeit der Pflanzen, wohl von Frauen gesammelt, in den Brennpunkt der Betrachtung rückte. Herbert Kühn hat dieser geistigen Umstellung eine Reihe von wertvollen Studien gewidmet; wir dürfen aber in diesem Zusammenhang nicht vergessen, daß es auch in den älteren Epochen bereits naturferne Zeichen gegeben hat, wenn sie auch von den naturalistischen Tierbildern überschattet werden.

In den jüngeren Gemeinschaften etwa des Neolithikums sind naturhafte Bildwerke die Ausnahmen, während hochstilisierte und fast an „Schutzmarken" erinnernde Zeichen die Regel darstellen. Es ist, als hätten wir es mit bereits stark konventionalisierten Formen zu tun, für deren Deutung eine mündlich übermittelte Tradition vorausgesetzt werden muß. Je höher die Gesellschaft organisiert ist, je mehr Daten übermittelt werden müssen, desto stärker wird das Motiv für die Schaffung einer echten Schrift, die es dem räumlich oder zeitlich Entfernten ermöglicht, Bewußtseinsinhalte mitgeteilt zu bekommen. Die Vorstufen der Schrift und die frühesten Schriftzeichen selbst sind klare Zeichen und Symbole; sie wurden jedoch in schriftgeschichtlichen Werken so ausführlich behandelt, daß ihre Darstellung in diesem Rahmen nur andeutungsweise nötig ist.

Neben den Schriftzeichen, welcher Natur sie immer waren, gab es jedoch bis hinein in die historischen Epochen immer wieder Symbole, die nicht in die Reihe der Lautwiedergaben hineingehören. Immer dann, wenn auch „Analphabeten" ein Gedanke übermittelt werden sollte, unabhängig vom sprachlichen Ausdruck, wurden einfache Zeichen geschaffen, die bei ihren Schöpfern kein künstlerisches Talent voraussetzten. Die Symbole der modernen Welt, wie wir sie etwa auf den Verkehrstafeln finden, illustrieren deutlich, worum es hier geht. In den alten Kulturen war offenbar die Welt des Magisch-Rituellen der Nährboden für die Formung von einfachen Symbolen dieser Art: auch dem nicht-priesterlichen Menschen sollte die Allgegenwart der lebensbestimmenden Schicksalsmächte, personifiziert in Gestalt der Götter und Übernatürlichen, immer wieder vor Augen geführt werden. In agrarischen Gemeinschaften ist der Regen die Voraussetzung für den Lebensunterhalt, und so finden wir immer wieder Symbole für „Regen" und „Wasser", das die Felder fruchtbar macht — noch häufiger als die Zeichen für die Pflanzen selbst. Der Kammstrich steht für die Wolke, aus der Regen herniederströmt, die Wellen- oder Zickzacklinie für das fließende Wasser oder aber auch für das bewässerte Feld. Virile Tierfiguren, vor allem Stiere, verkörpern — oft in stenographisch abgekürzter Form — die Idee der Fruchtbarkeit und Vermehrung. All dies ist bei Kenntnis rezenter Parallelen aus der Bilderwelt von „typologisch jungsteinzeitlichen" (also den Grundplan der neolithischen Agrargemeinschaft bis in die Gegenwart konservierenden) Völkern ohne große Schwierigkeit verständlich.

Je höher sich eine Kultur und ihre Mythik von einfachen Formen entfernt, je komplizierter ihre Geisteswelt emporwächst, desto schwieriger wird jedoch die Deutung. Ist das im minoischen Kreta allgegenwärtige Bild der Doppelaxt tatsächlich, wie es jüngere Parallelen nahezulegen scheinen, wirklich ein Symbol für den Gewittergott oder handelt es sich etwa um ein gedankentiefes Zeichen für „Zweischneidigkeit" und Dualismus? Stellen die an Tintenfische erinnernden Glyphen in nordwesteuropäischen Großsteingräbern stark stilisierte Bilder einer mütterlichen Gottheit, Priestergewänder oder Schilde dar? Können wir gitterartige Ritzungen aus dem gleichen Bereich als Symbole für Felder und Nutzland und konzentrische Kreise als Sinnzeichen für Wasser und ringförmige Wellenbewegungen sehen? Der Spekulation sind hier alle Tore geöffnet, und es ist leicht einzusehen, daß sich jeder Betrachter dieser einprägsamen Glyphen darüber Gedanken macht. Zunächst ist es jedoch wertvoller, sie in ihrem Bestand zu sichern und exakt zu dokumentieren — eine Forderung der Wissenschaft, die uns immer wieder begegnen wird.

Wir müssen uns hier mit der Feststellung begnügen, daß es eine formenreiche Welt von Zeichen und Symbolen aus den ur- und frühgeschichtlichen Epochen gibt, die leider in den meisten volkstümlichen Büchern nur ganz am Rande behandelt wird und daher relativ unbekannt ist, die aber bei genauer Kenntnis viel dazu beitragen könnte, unser Wissen um die Denkstile jener fernen Epochen ganz entscheidend zu vertiefen. Hier hat die Wissenschaft der Gegenwart und Zukunft ein reiches Arbeitsfeld vor sich, ein Programm für viele Jahrzehnte wertvoller geistesgeschichtlicher Forschungsarbeit.

Symbolkundlich belangvoll sind im Hinblick auf die Zeichenformen der Altsteinzeit die Arbeiten des französischen Prähistorikers André Leroi-Gourhan, die jedoch hier nicht im Detail charakterisiert werden können. Interessenten werden auf das im gleichen Verlag wie das vorliegende Buch erschienene „Lexikon der Felsbildkunst" von H. Biedermann (S. 52 — 54, 129 — 132) hingewiesen, wo die betreffende These diskutiert wird.

Die bildmäßig weiter ausgestalteten Zeichen der ur- und frühgeschichtlichen und der außereuropäischen Kulturen werden ausführlich kommentiert in dem gleichartig ausgestatteten Band „Bildsymbole der Vorzeit, Wege zur Sinndeutung der schriftlosen Kulturen" von H. Biedermann, Verlag für Sammler, Graz 1977.

1 Schon im Moustérien und Aurignacien finden wir als Verzierung von Knochenstücken eingekerbte Reihen von Einschnitten und Punkten sowie Kreuzkerben. Die Anfänge der Manifestation mit Hilfe von einfachen Glyphen liegen damit etwa 50.000 Jahre zurück.

2 Im Aurignacien können wir auch die weitere Ausbildung des Kreuzkerben-Musters zu Gittern beobachten. Dekor einer Tierfigur aus Knochen.

3 Die Höhlenbilder der jüngeren Altsteinzeit enthalten nicht selten Darstellungen von Pfeilspitzen und ähnlichen Fernwaffen, stark stilisiert und vergrößert, wohl als Ausdruck von Jagdzauber-Ritualen.

4 Auch Zeichen dieser Art, gedeutet als armierte Wurfstöcke, sind im Zusammenhang mit Tierbildern unter den Höhlenmalereien der Altsteinzeit Westeuropas nicht selten zu finden.

5 Nur hypothetisch deutbar sind unter den späteiszeitlichem Höhlenbildern jene „Tektiformen": Hütten und Windschirme, Tretfallen oder Fanggitter?

6 In vielen Kulthöhlen des Eiszeitmenschen finden wir diese Reihen und Systeme von in roter Farbe an die Felswand gemalten Punkten. Handelt es sich um Wegweiser durch die Grottenlabyrinthe?

1

2

3

4

5

6

7   Am Ende des Magdaléniens (Ausgang der Eiszeit, etwa 12.000 Jahre vor der Gegenwart) werden Tierbilder ornamental vereinfacht und stilisiert: es handelt sich um Steinböcke in Vorderansicht, rechts: wohl „Stenogramm" eines Fisches.

8   Nach dem Ende der Eiszeit, um 9000 v. Chr. treten „runenähnliche" vereinfachte Menschenfiguren auf.

9   Mit an Buchstaben unseres Alphabetes erinnernden Symbolzeichen sind die Kieselsteine von Mas-d'Azil bemalt („Azilien", um 9000 v. Chr.).

10 Die nacheiszeitlichen Felsmalereien Ostspaniens, nicht in Höhlen, sondern unter Felsdächern gefunden, enthalten neben in Strichmanier gezeichneten Tier- und Menschenbildern auch kaum deutbare Strich- und Punktkombinationen.

11 In der „Mittelsteinzeit" (dem Mesolithikum) entstehen abstrakt wirkende Felsbilder wie jene von Fuencaliente in der Sierra Morena (Südspanien), als kauernder Mensch und Baum gedeutet.

12 Kammartige Symbole aus dem selben Bereich werden als konventionelle Zeichen für den aus der Wolke herniederströmenden Regen aufgefaßt. Ähnliche Bilder kommen in fast allen frühen Agrargemeinschaften vor.

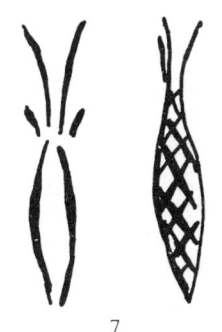

7

8

9

10

11

12

Ur- und frühgeschichtliche Symbolzeichen aus aller Welt werden in dem beim gleichen Verlag erschienenen Buch „Bildymbole der Vorzeit" von H. Biedermann separat behandelt und sollen daher an dieser Stelle nur andeutungsweise dargestellt werden. In dem erwähnten Buch finden sich auch Hinweise auf die symbolkundlich sehr bemerkenswerte bipolare Deutungsweise des französischen Prähistorikers A. Leroi-Gourhan (vgl. S. 5). Um zu zeigen, daß derartige einfache Symbole auch in außereuropäischen Räumen vorkommen, werden hier einige kürzlich in Brasilien entdeckte Ritzbilder wiedergegeben, die von J. von Puttkamer im „National Geographic Magazine" (Jan.1979) veröffentlicht wurden. Es handelt sich um Petroglyphen aus der Halbhöhle „Abrigo do Sol" am Rio Galera, einem Nebenfluß des Rio Guaporé im nördlichen Mato Grosso, die mehrere Jahrtausende alt sein sollen.

12/1, 12/2 — Ritzbilder, die in dieser Art weltweit verbreitet sind und das weibliche Genitale (Schamdreieck) in Vorderansicht darstellen sollen. J. v. Puttkamer bringt diese an dem erwähnten Fundplatz häufigen Zeichen mit den sagenhaften Amazonen in Verbindung, die bei den Indianern des Amazonasurwaldes „Yamuricumá" heißen.

12/3 — Sonnensymbol mit einem Näpfchen im Zentrum, nach dem der erwähnte Fundplatz den Namen „Halbhöhle der Sonne" (Abrigo do Sol) erhalten hat.

12/4 — Dieses an die „tektiformen Zeichen" Alteuropas (Fig. 5) erinnernde Zeichen wird von den Wasúsu-Indianern, die heute in der Umgebung der Fundstätte wohnen, als „Haus der heiligen Flöten (Jakui)" angesprochen.

12/5 — Dieses halbovale Gesicht interpretieren sie als Maske, wie sie bei schamanistischen Beschwörungen gebraucht wurde.

12/6, 12/7 — Fußabdrücke, entweder flächenhaft in den Stein eingetieft (12/6) oder in Form einfacher Ritzungen wiedergegeben, sind ebenfalls ein weltweit verbreitetes Symbol (vgl. Nr. 36). Die Wasúsu-Indianer vertreten die Ansicht, sie sollten eine einfache Visitenkarte wiedergeben, im Sinn von „ich bin hier gestanden".

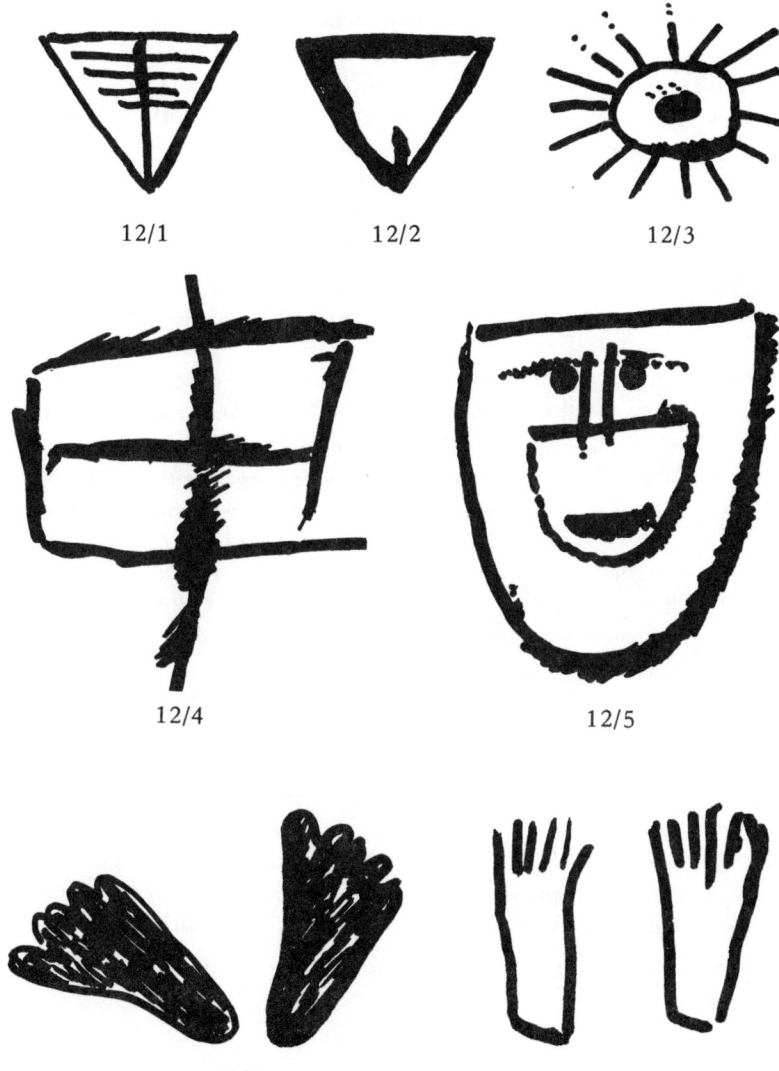

12/1   12/2   12/3

12/4   12/5

12/6   12/7

Im Anschluß daran einige Symbolzeichen aus der alten Felsbild-kunst Nordamerikas (eine Datierung ist kaum möglich, doch dürfte ihr Alter zumindest einige Jahrhunderte betragen), die dem kürzlich erschienenen Großband „A Survey of North American Indian Rock Art" von Klaus F. Wellmann — Graz 1979 — entnommen sind. Neben vielen Zeichen mit Bildcharakter kommen auch in diesem Gebiet konventionalisierte Glyphen vor, die offenbar Kommunikationswert besaßen. Hier eine kleine Auswahl.

12/8 — Ein Clan-Symbol der Hopi-Indianer, das auch auf Felsritzungen auftritt: aufgetürmte Wolken mit Regen-Kammstrich (vgl. 12, 16, 145).

12/9 — Ein weiteres Hopi-Clansymbol aus dem Südwesten der USA (Willow Springs, Arizona): die aufgehende Sonne mit einem maskenartig stilisierten Gesicht.

12/10 — Den Gestirnen wurde viel Aufmerksamkeit geschenkt. Der vierzackige Stern mit den Adlerklauen und dem Menschengesicht (Abo, New Mexico) soll den Morgenstern darstellen.

12/11 — Diese Felsritzung aus Brogan, Oregon stellt einen mit Armen und Beinen versehenen runden Körper dar — vielleicht einen wandernden Himmelskörper? (vgl. 199)

12/12 — Fußabdrücke in petroglyphischer Wiedergabe sind auch in Nordamerika häufig, ebenso aber Zeichnungen, die Bärenspuren wiedergaben (East Hope, Idaho).

12/13 — Eines der absonderlichsten Zeichen dieses Erdteils wurde am Alamo Mountain, New Mexico, entdeckt — ein annähernd Swastika-artiges Gebilde aus zwei Armen und zwei Beinen, die ohne Kopf und Körper in einem elliptischen Rahmen stehen. Eine mythische Gestalt?

Nach diesem Exkurs in die Neue Welt wieder zurück in das alte Eurasien.

12/8

12/9

12/10

12/11

12/12

12/13

13 Die anatolische Fundstätte Çatal Hüyük, die „Stadt aus der Steinzeit", weist bereits um 6000 v. Chr. tempelartige Bauten mit stilisierten Wandfresken auf. Das alte Handsymbol der eiszeitlichen Höhlenbilder taucht auch hier auf, jedoch nicht als Abklatsch, sondern gemalt.

14 Eine der Kultstätten der genannten jungsteinzeitlichen Stadt weist viele Arten von Kreuzen und Sternen auf, darunter dieses Zeichen, das aus einem sechsstrahligen Stern durch Verbindung zweier Balken ein Symbol herstellt, das an die kretische Doppelaxt erinnert.

15 Einen reichen Formenbestand weisen die Prägestempel von Çatal Hüyük auf, die wohl Eigentumsmarken waren. Eines der in den Tonstempel eingeschnittenen Muster ist dieser formschön stilisierte Stern.

16 Wellenlinien und Zickzackbandstreifen sind ein Kennzeichen der vorgeschichtlich-mesopotamischen Susa-Keramik: fließendes Wasser oder bewässertes Feld? Der Kammstrich (vgl. 12) ist ein altes Symbol der Regenwolke.

17 Naturfern stilisiert sind die Ritzbilder in den jungsteinzeitlichen Großsteinbauten (Megalithikum). Das Kammergrab von Züschen (Kreis Fritzlar, Niederhessen) stellt wohl ein Gespann aus drei Rindern dar, von oben gesehen.

18 Ein anderes Wandplatten-Ritzbild dieses Großsteingrabes wird als stilisiertes Vogelschau-Bild eines Rindergespannes vor einem Karren aufgefaßt.

13   14

15   16

17   18

19 Der Formbestand der Petroglyphen aus dem Megalithikum Nordwesteuropas umfaßt auch diese schildartigen Zeichen, gefunden im Dolmen (Steintisch-Grab) von Pierres Plates, Morbihan. Vielleicht handelt es sich um die Wiedergabe eines Kultornates.

20 Der wohl häufigste Typ der „megalithischen Petroglyphen" sind Bilder von Spiralen und konzentrischen Kreisen. Dieses Beispiel stammt von einem Felsblock der Grotte von Belmaco auf der Kanaren-Insel La Palma.

21 Konzentrische Kreise und „Leitern" oder Steigbäume. Ritzbilder vom Megalithgrab „Cairn T, Lough Crew", Irland.

22 Ähnliche Symbolzeichen finden wir auf den Kanarischen Inseln (Barranco de Balos, Gran Canaria).

23 Rosettenartige Zeichen, „Sonnen" und „Sterne" von einem Wandstein des bei Nr. 21 genannten Großsteingrabes.

24 Wie eine stilisierte Wiedergabe eines übernatürlichen Wesens wirkt diese Felsritzung von Derrynablaha, County Kerry, Irland.

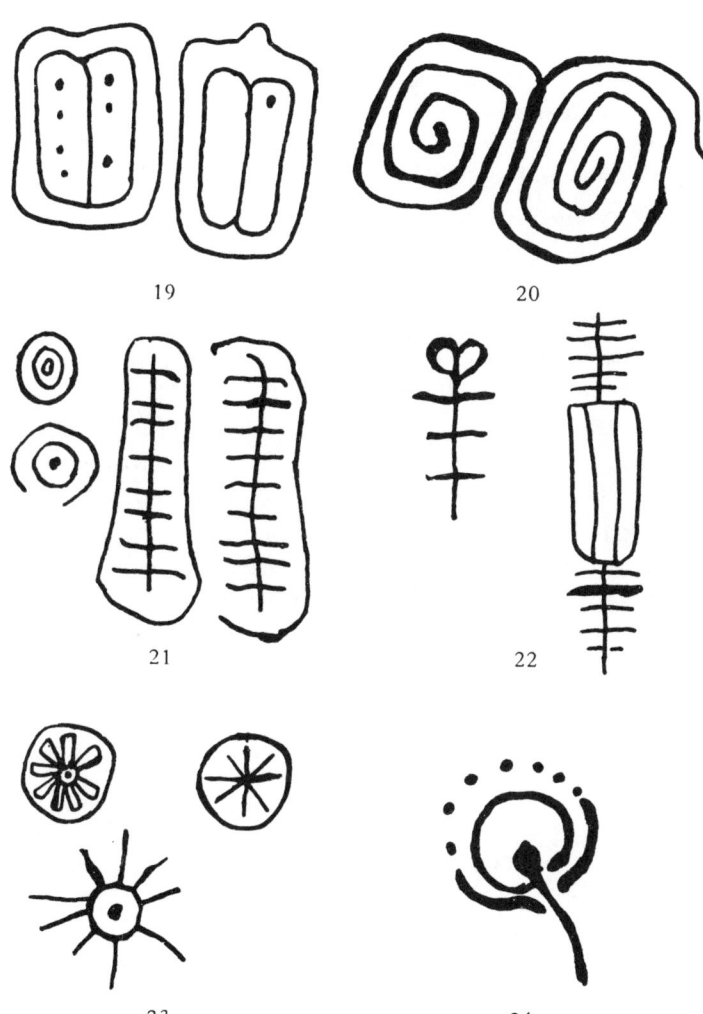

19

20

21

22

23

24

25 Vegetabilische Formen in hoher Stilisierung scheinen diese Felsritzbilder von Routing-Linn (Northumberland, England) wiederzugeben.

26 In den Großsteinbauten des „Megalithikums" tauchen nicht selten diese bannend wirkenden Teile eines Gesichtes (Augen, Augenbrauen, Nase) auf, wohl symbolhafte Bilder eines höheren Wesens. Um 2500 v. Chr.

27 Die bronzezeitlichen Felsbilder vom Monte Bego (nördlich von Monaco) weisen viele Rindersymbole auf. Auch dieses kraftvoll wirkende Symbol steht wohl für „Stier". Um 2000 v. Chr.

28 Das Gehörn des Rindes wurde von den bronzezeitlichen Felsmalern des Monte Bego immer wieder hervorgehoben. Zeichen eines bespannten Pfluges oder Wagens (vgl. Nr. 18).

29 Wie die Megalithbauten Nordwesteuropas wiesen auch die Felsbilder des Monte Bego gitterartige Glyphen auf: Zeichen für unterteiltes Feld oder Haus?

30 Hoch stilisierte Menschengestalt in einem Kreis, Felsritzung von Polvorin bei La Coruña, Nordspanien. Es handelt sich wohl (wie bei Nr. 24) um ein übernatürliches Wesen. Um 2500 v. Chr.

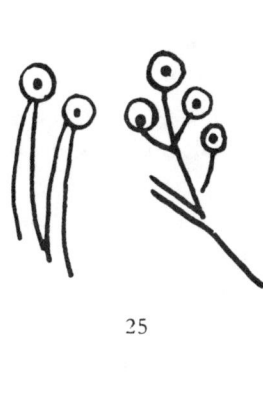

25

26

27

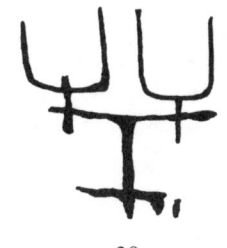

28

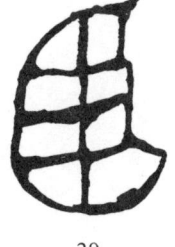

29

30

31   In den symbolartig stilisierten Ritzbildern der bretonischen Großsteinbauten kommen Glyphen von Schiffen nicht selten vor. Dolmen de Kerveresse und Dolmen du Mané Lud.

32   Auch auf den Kanarischen Inseln gibt es ähnlich stilisierte Schiffsdarstellungen (Barranco de Balos, Gran Canaria, wie Nr. 22).

33   Die Zickzack- und Wellenbänder auf der Innenfläche der Wandsteine bretonischer Großsteinbauten werden wohl (wie bei Nr. 16) als Symbole für das lebenspendende Wasser zu deuten sein. Dolmen du Petit Mont.

34   War der krumme Hirtenstab schon in der Zeit der Megalithbauten ein Symbol priesterlicher Würde? Dolmen du Kerveresse, Morbihan (wie Nr. 31 oben).

35   Häufig sind hier auch Äxte wiedergegeben, vielleicht Symbol und Attribut einer Gottheit. Links und Mitte (auf Krummstab) — Dolmen de Mané Kerioned, rechts Dolmen de Mané er H'roëk, Morbihan.

36   In Nordwesteuropa wie auch in anderen Teilen der Erde, wo archaische Kulturen wirkten, findet man das Symbol der Fußabdrücke, das vielleicht sagt: hier steht oder stand ein übernatürliches Wesen. Domen du Petit Mont, Morbihan (wie Nr. 33).

31   32

33   34

35   36

Die Ritzbilder der Bronzezeit, die aus dem Formenbestand der Jungsteinzeit (des Neolithikums) und der etwas jüngeren Kupfer-Stein-Zeit (des Chalkolithikums) abgeleitet werden können, lassen sich meist nicht eindeutig datieren. Vermutlich bronzezeitlich sind Rillenschliffe in Zeichenform, die in dem Jahrbuch „O arqueólogo portugués", Lisboa 1974 — 1977, veröffentlicht wurden. Sie wurden in einen 2,5 Meter hohen Steinpfeiler eingegraben, der an die Menhire (Langsteine) der Bretagne erinnert (l.c., „A estela-menir decorada da Caparrosa, Beira Alta", von M. Varela Gomes und J. Pinho Monteiro). Der in eine alte Steinsetzung eingegliederte Menhir trägt mehrere hochstilisierte Zeichen, die mit Sicherheit einst als konventionell gebrauchte Kommunikationsmittel religiösen Charakters gedient haben. Ihre Sinngebung läßt sich jedoch nicht mehr enträtseln.

36/1 — 36/4 — Symbolzeichen auf dem Menhir von Chaparrosa, Beira Alta, Portugal. 36/3 ist vielleicht ein „Totenschiff" wie Nr. 31 — dazu bestimmt, die Seelen von Verstorbenen zu „Inseln der Seligen" zu tragen.

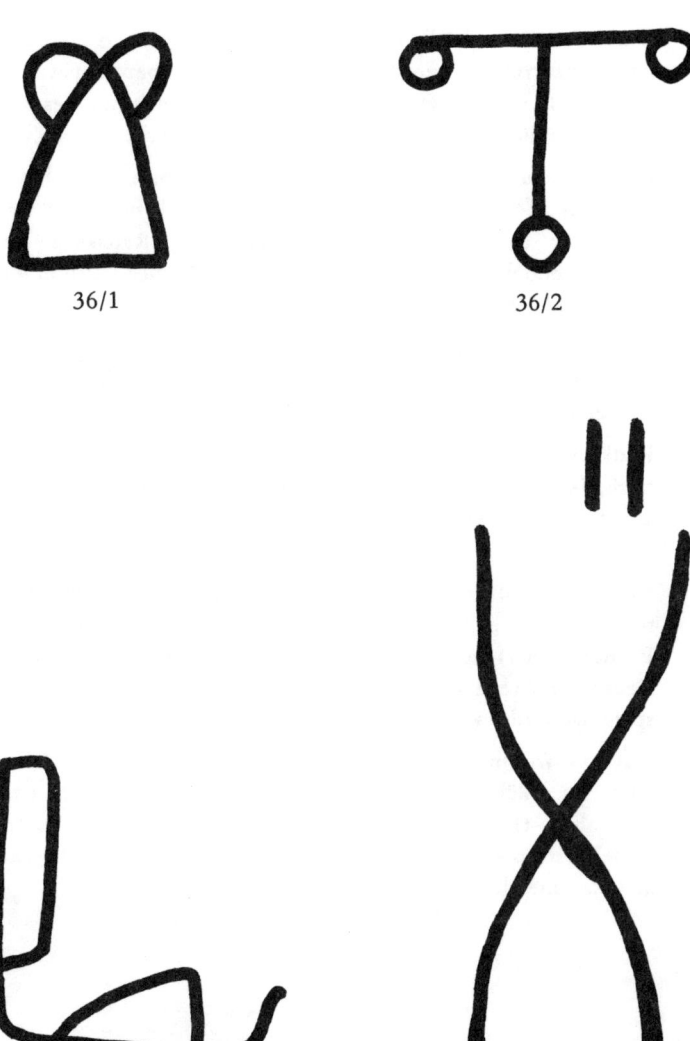

36/1

36/2

36/3

36/4

37 Unter den Petroglyphen der Bronzezeit sind oft radartige Zeichen anzutreffen, meist als „Sonnenräder" bezeichnet. Die Schrägstellung vermittelt den Eindruck der Dynamik, des Rollenden (Simrishamn, Schweden, um 1000 v. Chr.).

38 Das Sonnenrad taucht auch als Bekrönung von in Felsplatten geritzten Pfeilern oder Gestellen auf und soll wohl ein Malzeichen in der Art der viel jüngeren altirischen Radkreuze darstellen, jedoch aus der Bronzezeit (schwedisches Felsbild wie Nr. 37 und 39).

39 Eine zeitgenössische Felsritzung aus Tanum (Bohuslän) zeigt das Radkreuz in Verbindung mit einer schematischen Tierfigur: vielleicht ein „Sonnenwagen".

40 Radkreuze mit vertikalen und horizontalen Balken wirken statisch, im Gegensatz zu Nr. 37. Diese Petroglyphen stammen aus dem bronzezeitlichen Grab von Kivik auf Schonen (Schweden).

41 Nicht genau läßt sich das Alter der alpinen Felsritzungen Österreichs definieren, von welchen ein Teil (nach H. Kühn und E. Burgstaller) aus der Zeit um 500 v. Chr. stammen mag. Neben Radkreuzen wie Nr. 37 und 40 kommen auch sechsspeichige Räder vor.

42 Auf ein Weltbildschema mit vierfacher Unterteilung dürften auch die „Mühle-Spielbretter" auf vertikalen Steinflächen zurückgehen. Höll, Totes Gebirge und auch sonst nicht selten in den österreichischen Alpen — nach H. Kühn aus der Latènezeit stammend.

37   38

39   40

41   42

43 Zu runenähnlichen Zeichen vereinfacht sind die Menschendar-
stellungen aus der Bronzezeit, die im Val Camonica (nördlich
von Brescia) entdeckt wurden.

44 Unter den alpinen Felsbildern Österreichs (vgl. Nr. 41 und 42)
finden sich auch Figuren dieser Art, an die „Fadenkreuze" erinnernd, wie sie noch in unserer Zeit die Eingeborenen Nepals
als Dämonenfallen aufstellten. „Höll", Totes Gebirge.

45 An Symbole der Dreieinigkeit erinnert diese Felsritzung unbekannten Alters auf einem großen Felsblock im Auwald des
Bluntautales bei Golling (Salzburg), aufgenommen von W. Repis
und H. Nowak (wie Nr. 41 und 46—48).

46 Gruppe von Kreuzen und stilisierten Menschenfiguren, etwa
1 m hoch, vom Felssturzgebiet oberhalb der Lamprechtsofen-
höhle bei Lofer, Salzburg.

47 Dieses an eine schematisierte Menschenfigur erinnernde Zeichen (vielleicht eine Hausmarke?) wurde 1968 von W. Repis
auf dem Wasserpalfen bei Golling, Salzburg, entdeckt.

48 An einen Grundrißplan gemahnende Felsritzung in einer kleinen Höhle am Wasserpalfen (Ofenauerberg), vgl. Nr. 47. Diese
Petroglyphen, deren Alter noch nicht definiert werden kann,
werden im Rahmen eines „Ritzzeichen-Katasters" von W. Repis
dokumentarisch erfaßt.

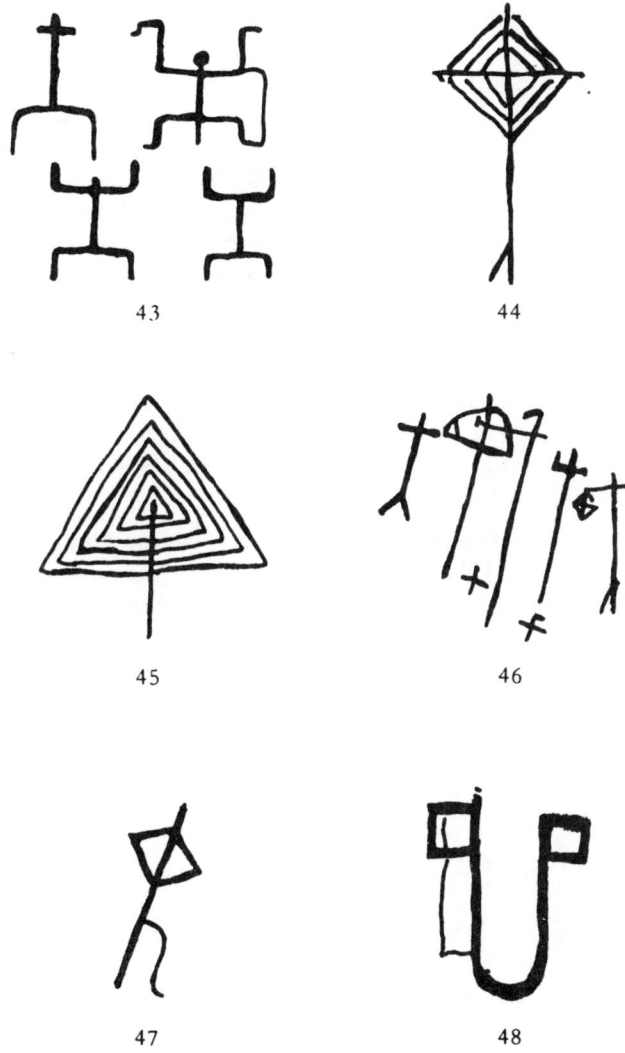

43

44

45

46

47

48

49–53 Zu den am weitesten verbreiteten Symbolen aus ur- und frühgeschichtlicher Zeit gehört das Labyrinthmotiv, dessen Zeichnung von C. Schuster (New York) anläßlich des Internationalen Ethnologenkongresses in Wien 1952 demonstriert wurde. Der Zeichner legt zuerst ein Grundschema aus einem Kreuz, vier Punkten und vier Halbmonden fest, dessen Punkte er dann sukzessive verbindet (Nr. 50–53). Schemata dieser Art sind in der alten Felskunst, aber auch in der Volkskunst exotischer Völker fast universell verbreitet, und es ist unmöglich, ihre Herkunft exakt festzulegen. Es mag sich um eine spielerische Komplikation der aus konzentrischen Kreisen und Spiralen bestehenden „megalithischen Petroglyphen" (Nr. 20) handeln. In neuerer Zeit wurden diese Labyrinthe als Kulttanzplätze oder „Trojaburgen", in mittelalterlichen Kathedralen als „chemins à Jérusalem" auf dem Boden bezeichnet. Unsere Figuren sind in kunstlosem Duktus wiedergegeben, wie er in der Linienführung der Felsbilder auftritt.

54 Eine Labyrinth-„Trojaburg" aus der Nähe von Wisby auf der Insel Gotland als Beispiel für die praktische Verwendung dieses Konstruktionsschemas. Ausgangsbasis war hier ein Kreuz mit Punkten wie bei Nr. 49, jedoch mit je zwei Halbmonden in jeder Ecke.

49

50

51

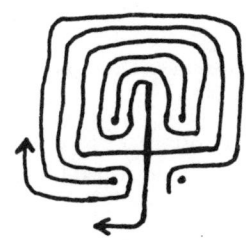

52

53

54

55 Das Symbolzeichen der Swastika (des Kreuzes mit abgewinkelten oder abgebogenen Armen, Hakenkreuz) ist wohl an verschiedenen Stellen der Erde und zu verschiedenen Epochen entstanden. Mykenisches Dekormotiv eines linksweisenden Bogenkreuzes.

56 Rechtsweisend, doch fünfarmig ist dieses Dekormotiv einer spätminoischen, mit Lilienmustern bemalten Vase. Dieses Spiralzeichen ist vielleicht aus dem Bild eines Tintenfisches abzuleiten.

57 Rechtsweisendes Hakenkreuz mit mäanderartig abgewinkelten Armen von einer archaisch-griechischen Fruchtschale aus Böotien.

58 Linksweisendes, im Inneren schraffiertes Hakenkreuz von einer dorischen Dipylon-Vase aus Athen, die eine Begräbnisszene zeigt.

59 Die voretruskisch-italische Hausurne von Albalonga-Marino zeigt eine ganze Anzahl von Hakenkreuzen, deren Arme in spielerischer Weiterbildung abgewinkelt erscheinen.

60 Aufgelöstes Mäander-Hakenkreuz. Prägung der Reversseite einer archaisch-griechischen Münze aus Korinth.

55

56

57

58

59

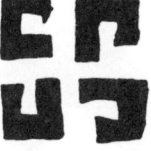

60

61   Ähnlich weit verbreitet wie die Swastika ist der Dreipaß (Triskeles). Lykische Münzen weisen oft auf der Reversseite den „Ring-Triskeles" auf.

62   Aus einer Doppelspirale mit einem unten angesetzten dritten Spiralarm ist dieser Dreipaß von einer schlesischen Urne (Urnenfelderzeit) gebildet.

63   Rasiermesser der nordischen Bronzezeit weisen neben hoch stilisierten Schiffsbildern auch Triskelen aus drei in einander geschachtelten Doppelspiralen auf.

64   In historischer Zeit wurden Triskelen immer wieder aus drei einander nachlaufenden Menschenbeinen gebildet, wie etwa auf der Reversseite einer Münze von Aspendos in Pamphylien.

65   Ein bereits in vorklassischer Zeit weit verbreitetes Symbol ist die Axt als Götterattribut und daher wohl auch Göttersymbol (vgl. Nr. 14 und 35). In Altkreta war die Doppelaxt so häufig wie das Kreuz in christlicher Zeit. Ihre Glyphe auf Steinblöcken der minoischen Paläste war vielleicht nicht bloß ein Steinmetzzeichen, sondern auch ein Segenssymbol.

66   In jüngerer Zeit war die zweischneidige Axt nicht nur in Kleinasien, sondern auch in Griechenland bekannt. Münzbild des Trakerkönigs Amadokos I., um 420 v. Chr.

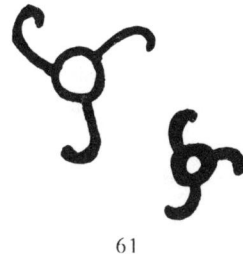

61

62

63

64

65

66

67 Ornamentale Dekormotive von frühgeschichtlich-iberischer Keramik (Liria-Gefäße, um 500 v. Chr.), wohl stilisierte Vögel.

68 Tierartige Ritzzeichnung auf einem bronzezeitlichen Kupferbarren aus Sardinien.

69 Der Dreizack, Attribut des Meeresgottes Poseidon und stellvertretend („pars pro toto") auch Symbol für ihn. Prägung einer Drachme von Troizen.

70 Halbmond und Stern sind uns als islamische Symbole geläufig, doch im Orient wesentlich älter. Der Stern war schon in sumerischer Zeit Symbol für „Gott" der Himmelsregion. Diese Kombination stammt von einem Münzbild, das die Fassade des Tempels von Paphos (Zypern) darstellt.

71 Mondhörner und Stiergehörn wurden in den alten Kulturen nicht selten assoziiert. Auf assyrischen Siegelzylindern treffen wir häufig diese stereotype Stilisierung des Kultbildes des Mondgottes Sin an.

72 Kultsymbole des alten Karthago sind reich an konventionellen Stilisierungen von Götteraltären. Die große Astarte, punisch Tanit genannt, wurde auf Grabstelen mit diesen Zeichen verehrt.

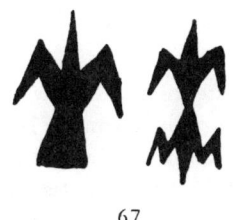

67

68

69

70

71

72

73–77 Weitere altpunische Kultsymbole der Göttin Tanit-Astarte von karthagischen Stelen. Die berberische Mischbevölkerung des Landes brachte noch in neuerer Zeit einfache Zeichen, die an Nr. 76 erinnern, als magische Dekormotive an Bauwerken an.

78 In den Bereich des alpinen Keltentums, des Königreiches Norikum, führt uns diese Mosaikdarstellung von der frührömerzeitlichen Keltenstadt auf dem Kärntner Magdalensberg; es handelt sich um ein stilisiertes Bild eines Pferdes auf einem Kahn, der wieder auf einem Schlitten zu stehen scheint. Es handelt sich um ein Symbol des Gottes „Mars Latobius".

73

74

75

76

77

78

LITERATUR

Adama von Scheltama, F.: Die geistige Wiederholung. Bern 1954.

Biedermann, H.: Das europäische Megalithikum. Ullstein-Kunstgeschichte, Band 4. Berlin 1963.

Behn, F.: Vor- und Frühgeschichte, Grundlagen-Aufgaben-Methoden. Wiesbaden 1948.

Kühn, H.: Wenn Steine reden. Die Sprache der Felsbilder. Wiesbaden 1966.

Kühn, H.: Die Felsbilder Europas. 3. Auflage Stuttgart 1971.

Lange, K.: Fremdling zwischen Tier und Gott. Dem Menschen auf der Spur. Gütersloh 1959.

Lukan, K.: Alpenwanderungen in die Vorzeit. Wien-München 1965.

Furon, R.: Manuel de Préhistoire générale. Paris 1958.

Crawford, O.G.S.: The Eye Goddess. London 1957.

Péquart, M. et S.J., et Z. le Rouzic: Corpus des Signes Gravées des Monuments Mégalithiques du Morbihan. Paris 1927.

Von den Steinen, K.: Prähistorische Zeichen und Ornamente. Berlin 1896 (Bastian-Festschrift).

Mellaart, J.: Çatal Hüyük, Stadt aus der Steinzeit. Bergisch-Gladbach 1967.

Perrot, G. et Ch. Chipiez: Histoire de l'Art dans l'Antiquité. 10 Bde., Reprint Graz 1970.

Narr, K. J. (Hrsg.): Handbuch der Urgeschichte, Bd. 1. Bern-München 1966.

Eppel, F.: Fund und Deutung. Eine europäische Urgeschichte. Wien-München 1958.

Warmington, B. H.: Karthago. Aufstieg und Untergang. Wiesbaden 1963.

Verbrugge, A. R.: Le Symbole de la Main dans la Préhistoire. Compiègne, 1969

Die frühen Schriftsysteme

Sobald die konventionellen Symbole mit fixen Lautwerten in Zusammenhang gebracht sind und wir daher von Lautschriften im
eigentlichen Sinne sprechen können, wird das Material unübersehbar
groß und kann nicht mehr Gegenstand unserer Untersuchung sein —
es gibt eine ganze Reihe von Standardwerken, die auf diesem Sektor
zur Verfügung stehen.

Die alten Kulturen bildeten diese Schriftsysteme freilich erst im
Laufe jahrhundertelanger Gedankenarbeit heraus, und daher gibt es
von den archaischen Bildsymbolen bis zu der Schrift in unserem Sinn
unzählige interessante Übergangsformen, die den alten Symbolbe-
stand konservieren und seine einprägsamen Formen in die jüngeren
Äonen herüberretten. Da gibt es etwa in einigen Schriftsystemen die
Determinative oder Klassensymbole, die angeben, welchen Bedeu-
tungskategorien einzelne Silbenzeichen angehören; sie stellen typologisch ältere Stufen der Schriftentwicklung dar und sind formal und
geistesgeschichtlich oft von großem Interesse, lassen sie uns doch
einen Blick in die Werkstätte der Schriftenentwicklung tun.

Wenn ein Volk bereits über ein Schriftsystem verfügte, so lag es in
der Natur der Sache, daß auch schriftlose Völker der Umgebung zur
Kenntnis nehmen mußten, welch gewaltigen Vorteil die Schreibkunst
bedeutete. Wenn ein Analphabet beobachten mußte, wie ein Schreib-
kundiger einer unscheinbaren Botschaft einen komplizierten Sinngehalt entnahm, so mußte sich ihm der Gedanke aufdrängen: das ist
„große Medizin", ein machtvoller Zauber, der die Übermittlung von
Gedanken ermöglicht. Der Wunsch, ebenfalls auf diese Weise wirken
zu können, stellt eine Triebfeder für die Entwicklung eigener Schriften dar. Der Ethnologe beschreibt diesen Vorgang mit dem englischen
Ausdruck „stimulus diffusion", was bedeutet, daß nicht die Einzel-
elemente selbst sich verbreiten, sondern daß der Ansporn zu eigener
Entwicklung auf fruchtbaren Boden fällt und wie ein Lauffeuer um
sich greift. So ist es etwa zu erklären, daß kluge Häuptlinge und

Priester afrikanischer und nordamerikanischer Volksstämme eigene Schriftsysteme schufen, sobald sie gesehen hatten, wie die weißen Fremdlinge in ihrem Land aus einer Gedankenübermittlung mit Hilfe konventioneller Zeichen große Vorteile zogen. Wir werden einige der ausdrucksvollsten Zeichen dieser Art kennenlernen.

Je abstrakter ein Schriftsystem entwickelt ist, desto leichter ist es für einen rein rational arbeitenden Geist, es zu entschlüsseln. In den frühen Stadien der Kultur aber ist ein Denkstil dieser Art nicht vorauszusetzen. Hier wirkte nicht die seelenlose Vernunft, sondern noch der magische Sinn archaischer Schichten. Zeichen sind dort nicht bloße Bezeichnungen für Laute, sondern haben reiche Anklingungswerte aus dem emotionellen Bereich. Um dies zu erfassen, ist manchmal nur ein Sichversenken in die Welt dieser alten Zeichen nötig, ein Verstehenwollen dessen, was einst den Schreibkünstler bewegte — viel häufiger aber fehlt uns der Schlüssel der Tradition, um echten Zugang zu den verschollenen Bereichen der Vorzeit zu finden. Wir müssen uns dann damit begnügen, die formale und ästhetisch wirksame Geschlossenheit der alten Symbole zu bewundern, ohne wirklich erfassen zu können, was einst in ihren Schreibern oder Zeichnern mitschwang, wenn sie eines der einprägsamen Symbole malten, prägten oder ritzten. Eine Schrift, die dem hieratischen Bereich der kosmologischen Spekulation entstammt wie etwa jene der Maya ist reich an Assoziationen aus dem religiösen Bereich, und der russische Versuch, sie mit Hilfe von Computern zu entschlüsseln, ist daher im Prinzip verfehlt. Wir können nur ahnen, welche Vorstellungen sich einem Mayapriester aufdrängten, wenn er das Zeichen „kan" malte, das wir mit „Mais" übersetzen. Uns muß ein großer Teil jener Bereiche verschlossen bleiben, wenn einmal die geistige Tradition unterbrochen wurde, die allein dem Gerüst der Zeichen das innere Leben verleihen konnte.

Was wir hier vorführen, ist daher keine systematische Schriftgeschichte, sondern nur eine kleine Andeutung des Reichtums an alten Symbolen, die in jeder Schrift — auch in der unsrigen — begraben sind.

Die chinesischen Wortsymbolzeichen haben ihre einstige Bildlichkeit durch vielhundertjährige Entwicklung und Abschleifung sowie durch die Verwendung des Schreibpinsels anstelle des früheren Metallgriffels fast völlig verloren. Wir zeigen eine Reihe von Zeichen in der ursprünglichen runden Form, wie sie vor der Einführung von Tusche und Pinsel als Schreibwerkzeug in Gebrauch waren. Sie bildeten in den einfachen Formen die Determinative oder Klassensymbole, lassen sich jedoch auch zu komplizierten Begriffen kombinieren.

Wir beginnen mit vorgeschichtlichen konventionellen Bildchen, wie sie auf alten Geräten eingeritzt aufscheinen, deren eigentlicher Schriftzeichen-Charakter nicht ganz klar ist.

79 Zeichen für einen zweiräderigen Wagen oder Karren mit zwei Pferden (vgl. Nr. 18 und 28).

80 Zeichen für „Ahnherr", eine gebeugte Gestalt.

81 Ein übernatürliches Wesen oder ein Schamane mit Geweihkopfputz.

82 Zeichen für Buch, das ursprünglich aus mit Schnüren verbundenen Bambusholzbrettchen bestand.

83 Zeichen für Haus (auf Fundament, mit Spitzdach).

84 Getreidepflanze, später wegen des ähnlichen Lautwertes als „kommen" gelesen.

85 Zwei Formen des Symbols für Gewitter, aus einer Doppelspirale gebildet.

86 Hinrichtung oder Menschenopfer; links Hand mit großer Axt, rechts gebeugter Mensch.

79

80

81

82

83

84

85

86

Die nun folgenden Zeichen sind eindeutig Schriftzeichen im Sinne der ältesten Form der chinesischen Wortsymbole.

87 Rind (von oben betrachtet).

88 Widder (desgleichen).

89 Wurm.

90 Mund.

91 Gespräch (zwei Formen; Mund mit Hauchwolke).

92 Herz (mit Herzkammern).

93 Morgen (Sonne über dem Horizont).

94 Wasser, Strom.

95 Hügel (zwei Formen).

96 Baum (mit Krone und Wurzeln).

97 Frucht (auf dem Baum).

98 Himmel (Sonne auf Menschenleib).

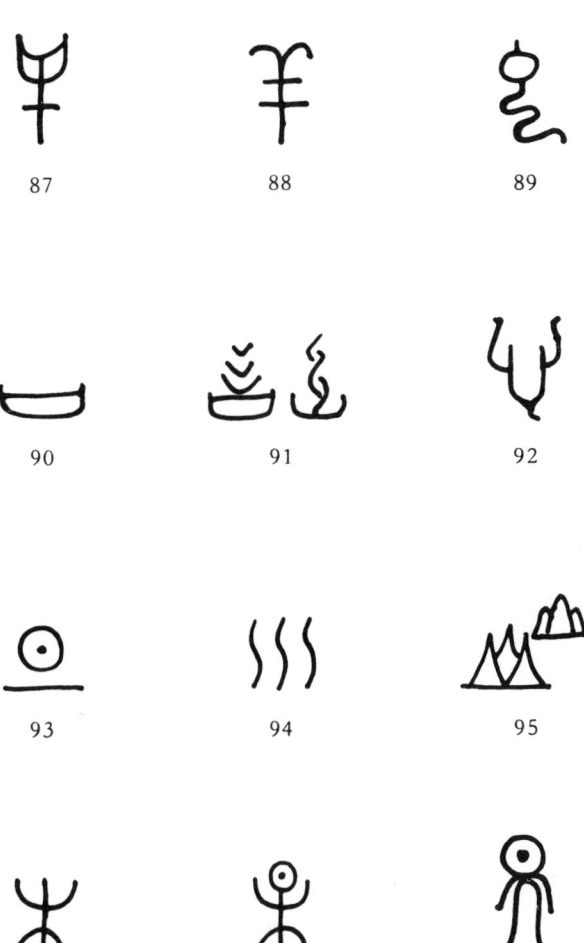

87

88

89

90

91

92

93

94

95

96

97

98

99 Archaisches Zeichen für Kind (unentwickeltes Wesen mit großem Kopf).

100 Wasserdrache (die drei vertikalen Striche bedeuten das Wasser)

101 Wasser (das aus der Wolke niederfallende Regenwasser, vgl. Nr. 12 und 16).

102 Vater (Hand mit dem Stock).

103 Feld (unterteiltes Land, vgl. Nr. 29).

104 Gegend (Swastika als Hinweis auf die vier Weltgegenden, vgl. Nr. 55—60).

105 Mitte (Zielscheibe mit Zentrum).

106 Verkehrt, nicht so sein (zwei von einander abgekehrte Hände).

107 Abend (Halbmond).

108 Hell (Sonne und Mond).

109 Vogel.

110 Singen (Mund und Vogel).

Wir verlassen damit den Bereich Altchinas und zeigen einige Symbole von Petroglyphen aus Sibirien, die ganz offenbar altchinesischen Einfluß zeigen, auch wenn sie zum Teil chronologisch wesentlich jünger sind.

111 Maske oder Gesicht, jungsteinzeitliche Felsritzung von Sakatschi-Alan, Ostsibirien.

112 Mensch oder übernatürliches Wesen (vgl. Nr. 198).

113 Pfeil und Bogen.

114 Vielleicht bespannter Karren, (vgl. Nr. 79 und 87).

115—118 Weitere Glyphen von altsibirischen Steingräbern, wie sie von den Forschungsreisenden Pallas und Messerschmidt im 18. Jahrhundert kopiert wurden. Ein Teil dieser in die Steinblöcke eingravierten Zeichen mag aus neuerer Zeit stammen, typologisch jedoch entsprechen sie den ältesten Zeichenformen Chinas.

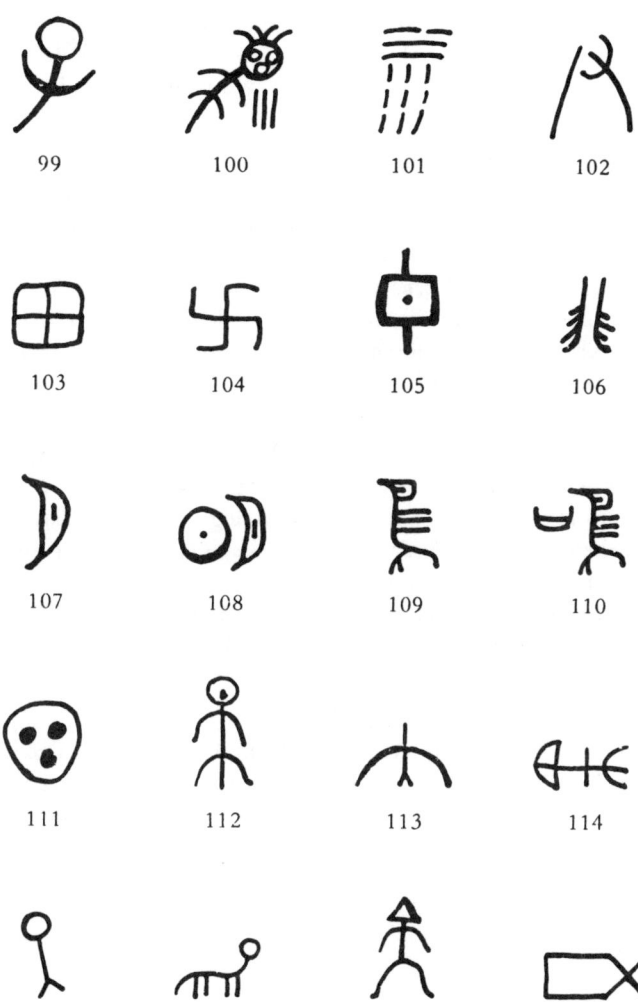

99 100 101 102

103 104 105 106

107 108 109 110

111 112 113 114

115 116 117 118

Zur Überleitung zum Hochkulturgebiet der Neuen Welt zeigen wir einige einfache Symbole aus Nordamerika, die zwar typologisch eher den Zeichen unseres 1. Abschnittes entsprechen würden, deren konventionelle Stilisierung im Sinne von Wortsymbolen jedoch nicht bezweifelt werden kann.

119–126   Felsgravierungen aus dem Nordosten der USA, von den Vorfahren der heutigen Indianerstämme dieses Landes wohl im Laufe von religiösen Zeremonien in Felsblöcke geritzt. 120 scheint ein Sonnensymbol zu sein, 121 ein Pfeil mit Bogen, 123 eine Pfeilspitze, 124 ein menschengestaltiges Wesen. Da einfache Linien wie Nr. 126 äußerlich an Runen erinnern, wurden diese indianischen Petroglyphen oft mit normannischen Inschriften verwechselt, so etwa der „Dighton Rock" in Massachusetts.

127–136   Felsmalereien aus dem Westen der USA, aus Californien. Auch bei ihnen ist nicht zu bezweifeln, daß es sich um Symbole aus religiösen Riten handelt. Auffällig sind viele radartige Zeichen (127–127b), da das Rad ursprünglich in diesem Teil Amerikas unbekannt war.
128–130 Menschengestaltiges Wesen, wohl „Übernatürliche".
136 Ein einfaches Pflanzen- oder Baumsymbol, das in dieser Form universell verbreitet ist.

Diese Felsmalereien wurden in der Nähe von Santa Barbara, im Inyo County und in der Tulare Region entdeckt. Die lückenlose Dokumentation dieser Piktographen ist ein dringendes Erfordernis der Wissenschaft, da viele von ihnen von Touristen bekritzelt und zerstört werden.

119

120

121

122

123

124

125

126

127

127a

127b

128

129

130

131

132

133

134

135

136

Echte Anklänge an die Hochkulturen Mittelamerikas im Hinblick auf konventionelle Symbolzeichen finden sich in den „Moundbuilder"-Kulturen des südöstlichen und zentralen Nordamerika. Etwa um 1000 n. Chr. entstanden in diesen Bereichen große Befestigungs- und Kultanlagen aus aufgeschütteter Erde, die eine formenreiche Keramik mit zahlreichen interessanten Dekormotiven bergen. Echte Kontakte mit den Kulturen des mexikanischen Hochlandes sind sehr wahrscheinlich.

Wir zeigen hier einige dieser Dekormotive, die den Charakter von Glyphen haben und aus dem „Southern Cult" genannten Komplex vorgeschichtlicher Indianerkulturen stammen.

137 Kreuzförmiges Zeichen, vielleicht ein Symbol der vier Weltgegenden.

138 Swastika-artige Bemalung, vielleicht ebenfalls als Symbol der vierfachen Orientierung zu deuten (vgl. Nr. 104).

139, 139a Aus Triskelen (vgl. Nr. 61) kommen hier vor, bei Nr. 139a mit dem Motiv der Stufenpyramide kombiniert.

140 Handsymbol mit Auge.

141 In vielen Varianten kommt in diesem Bereich ein Pfeil in Verbindung mit einem doppelaxtähnlichen Gerät vor, wahrscheinlich die zeichnerische Wiedergabe einer Zeremonialwaffe.

142 Blitzsymbol mit Auge.

143 An das aztekisch-mixtekische Tageszeichen miquiztli (Tod) erinnert dieser Totenkopf, der oft auf naturfern stilisiert auftritt.

144 Auch Langknochen mit zwei Gelenksköpfen in vielfachen Abwandlungen gehören zu den Todessymbolen unter den ikonographischen Glyphen des „Southern Cult"-Dekors.

137

138

139

139a

140

141

142

143

144

Die älteste und noch am wenigsten erforschte Hochkultur des alten Mittelamerika ist jene der Olmeken, deren Anfänge — soviel wir heute wissen — bis in die Zeit um 1200 v. Chr. hinabreichen. Wir kennen nicht die ältesten Schriftformen, die wohl auf vergänglichem Material fixiert wurden. Die olmekische „Kolonie" im mexikanischen Staat Morelos und Guerrero hinterließ wertvolles Belegmaterial für die alt-olmekische Glyphik. Besonders der Felsstock von Chalcacingo, vor allem durch Carlo T. E. Gay erforscht, lieferte interessante Symbol-zeichen.

145 Felsrelief von Chalcacingo, das wohl als Symbol der Regen-wolke (Kammstrich vgl. Nr. 12) aufzufassen ist; darunter ein Pflanzenkeim, wohl der Sproß des Maises.

146 Piktogramm eines drachenartigen Wesens.

147 Das Handsymbol ist auch in Chalcacingo nachweisbar, jedoch nicht als Abklatsch, sondern als Felsmalerei.

148 Liegende Gabelformen unbekannter Bedeutung.

149 „Tektiformes Zeichen" (vgl. Nr. 5) oder Symbol für „Feld" (vgl. Nr. 29).

150 Piktogramm eines liegenden Mannes mit Tiermaske?

151 Diese kleine, gemalte Figur erinnert an die chinesische Glyphe für „Himmel" (vgl. Nr. 98).

152 Piktogramm eines gehörnten menschengestaltigen Wesens.

153 Ritzbild auf einer olmekischen Steinaxtklinge aus dem Staat Guerrero, das offenbar ein Lautsymbol war.

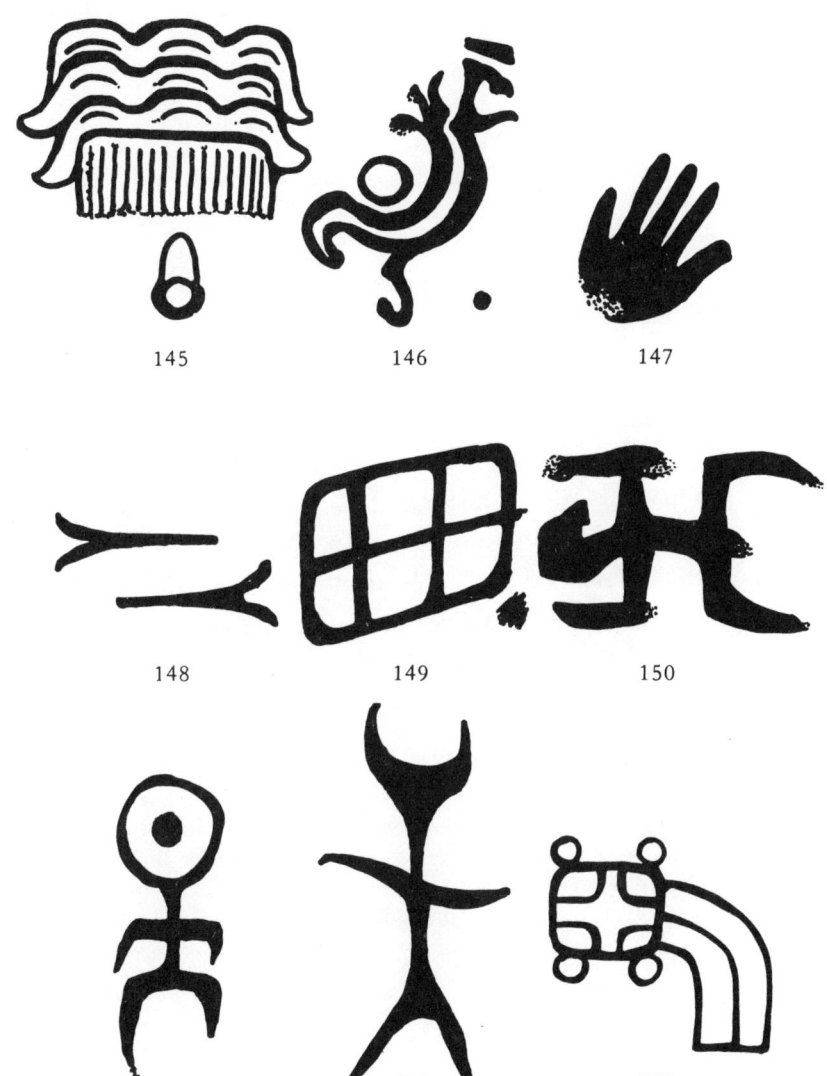

145   146   147

148   149   150

151   152   153

Von den Schrift-Vorstufen des alten Mittelamerika zu den reifen Silbensymbolen der Maya, deren Kultur ihre höchste Blüte um etwa 700 n. Chr. erreichte. Die Formen sind hier „barock" ausgestaltet und wirken ornamental – die Signatur einer verfeinerten, geistig hochstehenden Zivilisation.

154   Hieroglyphe „Kin", Sonne, abgeleitet wohl aus einem Kreis mit Zentralpunkt (vgl. Nr. 93, 98) mit Andeutung der vierfachen Orientierung.

155   Helldunkelsymbolik enthält dieses Zeichen für „Sonnenfinsternis".

156   Die Hieroglyphe „U", Mond, entstand aus der einfachen Mondsichel, ist jedoch durch Schmuckformen zu einer komplizierten Gestaltung geworden.

157   „Can", Himmel – ein zusammengesetztes Zeichen.

158   „Cab", Erde. Vielleicht steckt in den karierten Teilen das alte Symbol für „Feld" (Nr. 103).

159   „Nohoch ek", Symbol des Planeten Venus.

160   Ein Zeichen aus der Zahlschreibung, bei welcher ein Punkt für 1, ein Querstrich für 5 steht. Das hier gezeigte Zeichen bedeutet „Null" und leitet sich von einem leeren Muschel- oder Schneckengehäuse ab.

161, 162   Zwei kalendarische Symbole, und zwar Tageszeichen aus dem 20-Tage-Zyklus in der Form, wie sie in den Codices auftreten. 161 ist das Cimi-Zeichen, das „Tod" bedeutet. Die Binnenzeichnung scheint aus einem abgeschliffenen Bild zweier gekreuzter Knochen entstanden zu sein. 162 ist das Kan-Zeichen, das „Maiskorn" und daher auch Maisgott, Fülle und Überfluß bedeutet.

154   155   156

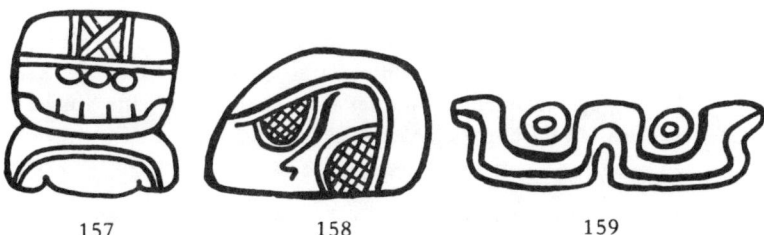

157   158   159

160   161   162

Die chronologisch jüngeren Kulturen des mexikanischen Hochlandes (sie fanden ihr Ende durch die Eroberung des Aztekenreiches durch Hernán Cortés, 1519–1521) wirken typologisch einfacher als jene der Maya. Ihre Symbole und Glyphen sind noch keine echte Lautschrift, wenn auch Ansätze für eine Bildung eines derartigen Systems zu bemerken sind.

163 Die Hauchwolke vor dem Mund einer Person („speech scroll") deutet an, daß der Abgebildete redet oder singt – ein Symbol, das viele Jahrhunderte hindurch verstanden wurde. Das hier gezeigte Bild ist ein Detail eines zapotekischen Altars der Ruinenstätte Monte Albán (um 700 n. Chr.).

164–173 Zehn der zwanzig aztekisch-mixtekischen Tageszeichen.

164 Miquiztli (Tod), vgl. Nr. 143.

165 Quiauitl (Regen). Dargestellt ist der Kopf des Regengottes Tlaloc im Profil, ohne Unterkiefer gezeichnet. Die aus der Oberlippe ragenden Zähne des Oberkiefers sind eine Spielart des uralten Kammstrich-Motives (vgl. Nr. 145).

166 Cipactli (Wasserdrache, Krokodil).

167 Ehecatl (Wind). Dargestellt ist die schnabelförmige Windgottmaske des Gottes Quetzalcoatl.

168 Acatl (Rohr), zwei zusammengebundene Schilfhalme.

169 Atl (Wasser), ein aus einer Öffnung hervorbrechender, handförmiger Wasserstrom.

170 Olin (Erdbeben, drehende Bewegung), ein „abstraktes" Symbol.

171 Xóchitl (Blume), in der Stilisierung an das altweltliche Lilienmotiv erinnernd.

172 Tecpatl (Feuerstein), das mandelförmige Obsidian-Messer.

173 Calli (Haus), vgl. Nr. 83.

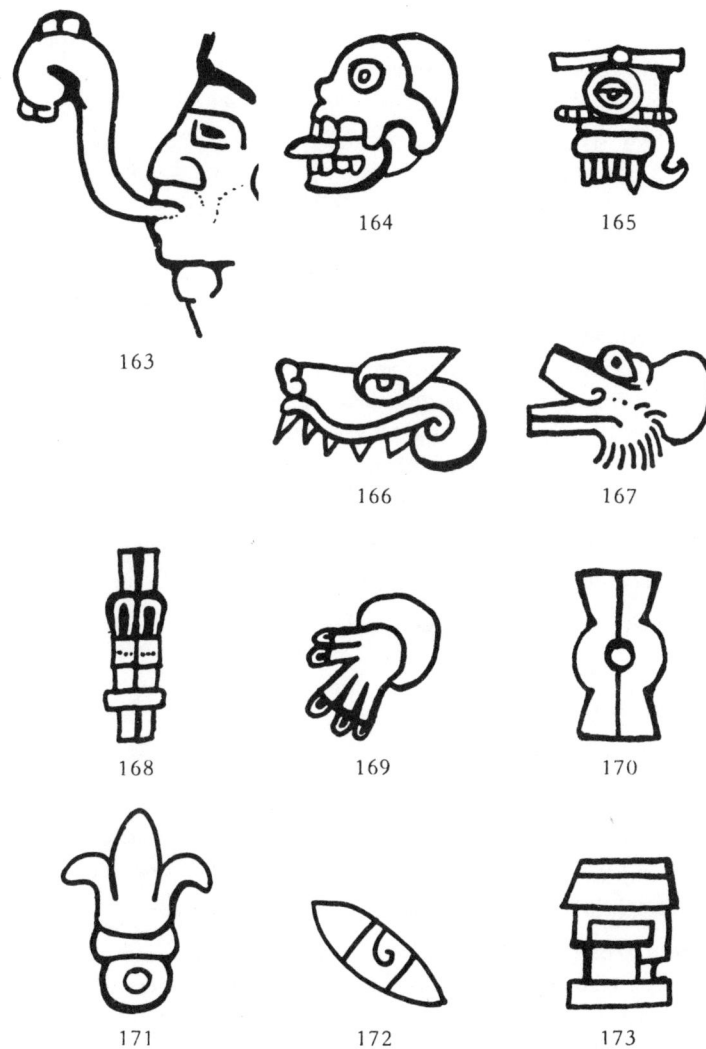

163

164

165

166

167

168

169

170

171

172

173

Als Beispiel für „stimulus diffusion" der Schrift zeigen wir die 1823–1824 von dem Cherokee-Indianer Sikwayi (Sequoia) entwickelte Silbenschreibung, die den phonetischen Eigenarten seiner Sprache entgegenkommt. Er kannte die europäische Schrift, ohne sie zu beherrschen, und bildete seine Schrift unseren Buchstaben nach.

174–189 Der Lautwert der hier gezeigten 16 (von insgesamt 85) Zeichen lautet in der gezeigten Reihenfolge me, ha, gwo, o, u, hu, i, sö, hna, ti, tla, dlö, dzu, dzi, dze und ho.

Auch bei vielen „primitiven Schriftsystemen" mag als Triebfeder ihrer Entwicklung die Kenntnis der Existenz eines echten Schreibsystems angesehen werden. Im östlichen und zentralen Nordamerika war im vorigen Jahrhundert eine Bilderschrift in Gebrauch, die auf Birkenrinde, Leder und ähnliche Materialien geschrieben wurde und bei zahlreichen Indianerstämmen verwendet wurde. Die von Schoolcraft notierten Zeichen bedeuten:

190 Ein Zauberer.

191 Übernatürliches Wesen (Vogel mit Menschenkopf).

192 Magische Kunst (ins Zentrum treffender Pfeil).

193 Zeiteinheit (Sonne oder Mond?).

194 Starkes Herz.

195 Böser Dämon.

196 Sonne (rundes Gesicht mit Hörnerkopfputz und Strahlen).

197 Magische Kraft (übernatürliches Wesen).

198 Kanu mit Bemannung (die Insassen zu vertikalen Strichen reduziert wie bei den Felsbildern der nordischen Bronzezeit!).

199 Nächtliches Wandern (dunkle Scheibe mit Beinen).

Obwohl zahlreiche ähnliche Schriftsysteme bekannt sind, deren Zeichen in psychologischer Hinsicht der Betrachtung wert wären, verbietet es die Raumeinteilung dieses Buches, noch mehr an Beispielen anzuführen.

174   175   176   177   178   179   180   181

182   183   184   185   186   187   188   189

190

191

192

193

194

195

196

197

198

199

Wir werfen nun einen Blick auf die altmittelmeerischen Hochkulturen, deren Glyphen an sich durch eine reiche Literatur erschlossen sind. Es sollen daher nur einige bezeichnende Formen gezeigt werden, zuerst aus der altägyptischen Hieroglyphik (Wort- und Lautsymbole sowie Determinative oder Kategorienzeichen):

200 Sonne, dann Licht, Zeit (vgl. Nr. 93, 154).

201 Berg(e).

202 Gehen.

203 Herrschen (Krummstab als Herrschersymbol).

204 Haus.

205 Wasser (auch verdreifacht) (vergl. Nr. 16).

206 Hand.

207 Fremdländer, Wüsten (die das Niltal umgebenden Berge).

208 Pflanzen.

209 Brechen, teilen.

210 Baum.

211 Abstrakta (zusammengebundene Papyrusrolle).

Nun einige magische Symbole Altägyptens:

212 Das Auge als Abwehr böser Kräfte.

213 „Schen", Umkreis der Herrschaft.

214 „Sa", Schutz.

215 „Tjet", ähnlich dem Kultknoten im minoischen Kreta, Leben.

216 „Was", Herrschaft.

217 „Anch" (Ankh), das Henkelkreuz, crux ansata, Symbol für höheres Leben. M. Erler (1965) liest es unter Berücksichtigung der Formassoziationen etwa „Aus dem Dunklen, aus der Nacht, öffnet sich die lichte Blüte, das Leben" (vgl. Nr. 347).

218 „Djed", ein gestufter Kultpfeiler, Dauer.

200

201

202

203

204

205

206

207

208

209

210

211

212

213

214

215

216

217

218

Einen interessanten neuen Ansatz für die Frage nach Vorstufen der sumerischen Bilderschriftzeichen, die später durch naturferne Stilisierung die Keilschrift ergaben, stellen die Studien von Prof. Denise Schmandt-Besserat (Harvard University) dar. Die Archäologin beobachtete bereits in Kulturschichten aus dem 9. Jahrtausend v. Chr. eigenartig geformte Tonstückchen, die mehrere standardisierte Typen (Kugel, Scheibe, Kegel, Zylinder; später Tetraeder, Ovoide, Dreiecke, Rechtecke, Spiralen und stilisierte Tierformen) repräsentierten: offenbar Zähl- und Registraturhilfen in frühen bäuerlichen Gemeinschaften, oft in hohlen kugel- oder kürbisförmigen „Bullae" eingeschlossen. Der aufblühende Handel bediente sich der Tonsymbole und setzte sie als „Frachtbriefe" ein. In den frühen Schichten der Stadt Uruk in Mesopotamien wurden sie dann durch die bekannten geprägten Tontafeln abgelöst, deren Schriftzeichen sich in manchen Fällen auf die Symbolkörper der älteren Epochen zurückführen lassen (vgl. „Vom Ursprung der Schrift" von D. Schmandt-Besserat, in „Spektrum der Wissenschaft", Dez. 1978).

218/1 — Grundform des scheibchenförmigen Ton-Zählsteins

218/2 — Variante mit Mittelkerbe: Bedeutung vermutlich erschließbar aus

218/3 — altsumerisches Schriftzeichen, Bedeutung „Sitz".

218/4, 218/5 — Scheibchen mit Mittelbohrung und seitlichen Kerben. Bedeutung vermutlich erschließbar aus

218/6, 218/7 — altsumerische Schriftzeichen, Bedeutung „Kleid" in 2 Varianten.

218/8, 219/9 — Scheibchen mit „Radkreuz"-Rillen und zusätzlicher Unterteilung eines Quadranten. Vermutliche Bedeutung erschließbar aus

218/10, 218/11 — altsumerische Schriftzeichen, Bedeutung „Schaf" und „Mutterschaf". Der Zwickel im rechten oberen Quadranten könnte symbolisch die Öffnung des Tierleibes beim Gebären andeuten.

218/1

218/2

218/3

218/4

218/5

218/6

218/7

218/8

218/9

218/10

218/11

Nun folgen einige Urbilder der Schriftzeichen aus dem Zweistrom-land, in der Form, die später durch die Umsetzung in ein neues Schreibmaterial (Tontafeln, in die mit gespitzten Hölzchen geprägt wurde) zu der sumerisch-babylonischen „Keilschrift" wurden:

219 – Schiff; 220 – Stadt; 221 – Rind; 222 – Stern, Himmel, Gott; 223 – Haus (auf Fundament); 224 – Fuß, gehen; 225 – Netz; 226 – Pfeil, laufen, teilen; 227 – Herz; 228 – Gebirge (vgl. Nr. 95); 229 – Feld, Pflanzung; 230 – Wasser; 231 – Hand; 232 – Getreide; 233 – Auge (vielleicht mit dem Sehnerv darunter).

219   220   221

222   223   224

225   226   227

228   229   230

231   232   233

Zu den noch immer nicht restlos entschlüsselten Schreibsystemen gehören die Hieroglyphen der Hettiter in Kleinasien. Einige der typischen Zeichen sind:

234 Die Doppelaxt.

235 Palast.

236 Sonne.

237 Silbe „ja".

238 Silbe „sá" (Rinderkopf).

239 Zeichen für „Land" (2 Berggipfel).

240 Silbe „hár".

Die älteste Schriftart des alten Kreta sind die von Middle Minoan I an nachweisbaren Hieroglyphen, deren Lautwert noch nicht feststeht.

241 – 247 Doppelaxt, Auge, Rinderkopf, Zweige, Schlange, Berge und Hand.

Das jüngere der beiden Linearschriftsysteme Kretas, das um 1400 v. Chr. gebräuchliche „Linear B", ist im Hinblick auf die Lautwerte festgelegt.

248 – 254 Silben a, zu, sa, mi, rjo, pte und ka.

Zwei Beispiele für alte westmittelmeerische Schriftarten folgen. Die alten iberischen Silbenzeichen, um 400 v. Chr. im Süden Spaniens in Gebrauch, erinnern formal an die Runen, besitzen aber völlig andere Lautwerte.

255 – 266 a, e, i, o, u, be, ki, gu, di, m, ts, da.

Ein formal ähnliches Schriftsystem ist das altnumidische in Weißafrika, das in den libysch-berberischen Schriften (etwa dem Tifinagh der Tuareg) bis in die neuere Zeit fortlebte. Auch hier sehen wir, daß angesichts verschiedener Lautwerte Formgleichheit nicht echte Verwandtschaft bedeuten muß.

267 – 270 b, ṯ, sch, t.

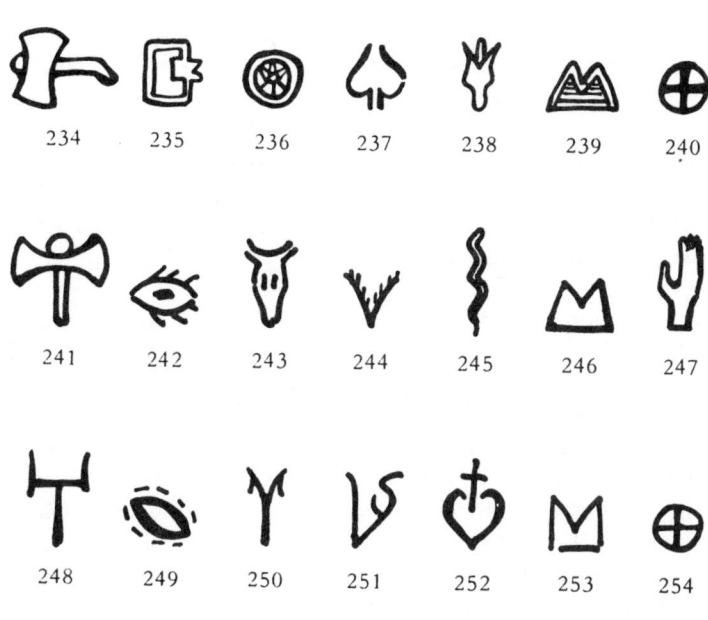

234   235   236   237   238   239   240

241   242   243   244   245   246   247

248   249   250   251   252   253   254

255 – 266

267   268   269   270

Wir beschließen diesen naturgemäß bloß skizzenhaften Abschnitt mit einem Hinweis darauf, daß auch die Buchstaben unseres Alphabetes letztlich auf alte konventionelle Bildzeichen zurückgehen. Vier Beispiele mögen dies erläutern – die Buchstaben A (Nr. 271), B (Nr. 272), M (Nr. 273) und R (Nr. 274).

Die Lautwerte der ägyptischen Hieroglyphen (jeweils unter a angeführt) entsprechen als Silbenzeichen dem aus ihnen abgeleiteten Buchstabenalphabet nicht; so wird Nr. 272 etwa mit p–r wiedergegeben, während der hebräische Name bait oder bēt (Haus) lautet.

Unter b sehen wir die Alphabet-Zeichen der „Sinai-Schrift", um 1700 v. Chr. entstanden, worin die Bilder der Hieroglyphen bereits stark vereinfacht aufscheinen. Unter c erkennen wir die alte nordsemitische Schreibung, wie sie uns etwa im Altphönizischen überliefert ist, unter d die hebräische und unter e schließlich die heutige Schreibung. Die Namen der Buchstaben lauten hebräisch aleph (Rind), bēt (Haus), mēm (Wasser, vgl. Nr. 205) und resch (Kopf). In unserem Wort „Alphabet" stecken also die altsemitischen Buchstaben-Namen „Rind" und „Haus" und auch in unseren Buchstabenformen sind noch schwach die alten Bilder zu erkennen.

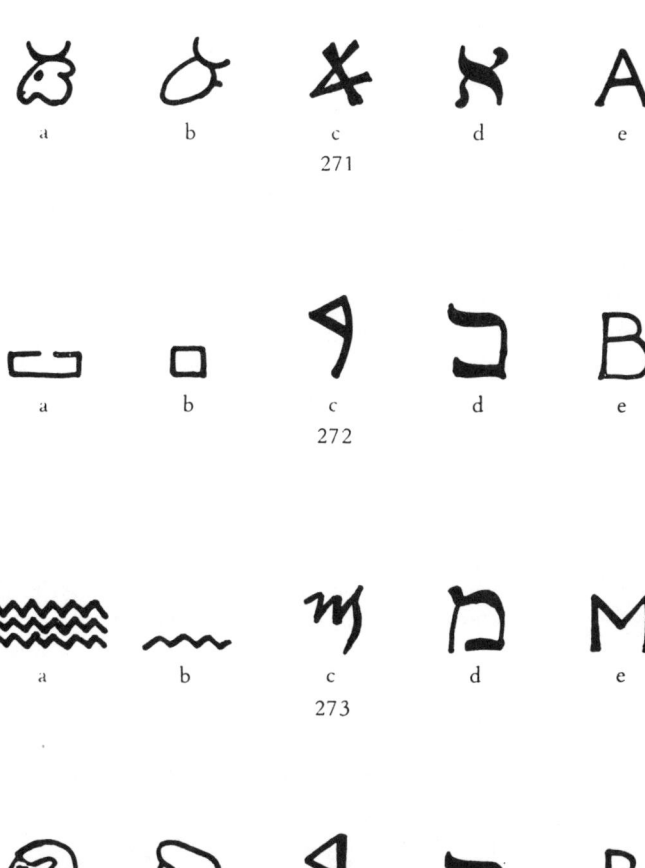

	a	b	c	d	e
271					
272					
273					
274					

LITERATUR

Anders, F.: Das Pantheon der Maya. Graz 1963.

Biedermann, H.: Altmexikos heilige Bücher. Graz 1971.

Coe, M. D.: Die Maya. Aufstieg, Glanz und Untergang. Bergisch-Gladbach 1968.

Danzel, Th. W.: Die Anfänge der Schrift. Leipzig 1912.

Diringer, D.: The Alphabet, London 1951.

Doblhofer, E.: Zeichen und Wunder. Wien 1957.

Driver, G. R.: Semitic Writing from Pictograph to Alphabet, London 1948.

Erdberg Consten v. E.: Das alte China. Stuttgart 1958.

Erler, M.: Das Symbol des Lebens im alten Ägypten. Eine symbolgeschichtliche Studie. Ora XXIII, München 1965.

Février, J.: Histoire de l'écriture, Paris 1948.

Friedrich, J.: Entzifferung verschollener Schriften und Sprachen. Göttingen 1954.

Gay, C. T. E.: Chalcacingo (Die amerikan. Felsbilder I), Graz 1971.

Hutchinson, W. R.: Prehistoric Crete. Harmondsworth 1963.

Jensen, H.: Die Schrift in Vergangenheit und Gegenwart. Berlin 1958.

Krickeberg, W.: Altmexikanische Kulturen. Berlin 1966.

Kühn, H.: Wenn Steine reden. Die Sprache der Felsbilder. Wiesbaden 1966.

Willey, G. R.: An Introduction to American Archeology, vol. 1, New Jersey 1966.

Sehr frühes Schrifttäfelchen aus Altägypten, den mit der Keule auf einen Feind schlagenden König „Hor-Aha" (kämpfender Falke) oder Aha-Men als personifizierte Tempeltür (serech) darstellend. Rechts eine ummauerte Stadt.

Die Runen

In das frühe Mittelalter fällt die Blütezeit eines ganz eigenartigen Systems von Zeichen und Symbolen, über die eine Fülle von Literatur — teils seriös, teils rein spekulativ und phantastisch — existiert: wir meinen die nordischen Runen.

Handelte es sich bloß um ein Alphabet, so hätten wir die Zeichen im Rahmen des zweiten Abschnittes dieser Sammlung zu nennen gehabt, in deren Rahmen eine ganze Reihe von äußerlich runenähnlichen Symbolen vorgestellt wurden (Nr. 255—266). Handelte es sich andererseits bloß um magische Symbole, so würden sie ihren Platz in dem übernächsten Abschnitt haben. In der Tat aber haben wir es mit einem Zeichensystem zu tun, dem beide Arten von Symbolen etwas mitteilten.

Über die Herkunft der Runen, die etwa von der Zeit um Christi Geburt an im Wohnraum der germanischen Stämme nachzuweisen sind, epigraphisch aber erst einige Jahrhunderte später in reicherem Ausmaße nachgewiesen werden können, wurde früher viel gerätselt. Heute ist die Fachwissenschaft recht einhellig davon überzeugt, daß sie ein Paradebeispiel für „stimulus diffusion" von Schriftzeichen darstellen, die von noch schriftlosen Völkern gewissermaßen als „großer Zauber" angesehen wurden (vgl. S. 58).

Es handelt sich offenbar um freie Repliken von Buchstaben, wie sie von den frühgeschichtlichen Schriftdenkmälern im norditalienischen Raum her überliefert werden. Volksstämme des Alpenraumes (vielleicht die Kimbern) müssen diese für sie faszinierend-geheimnisvoll wirkenden Zeichen übernommen und eigenständig umgebildet haben. Die Schreibkunst war für die Germanen etwas Zauberkräftiges, und das Medium einer Übermittlung von Gedanken an räumlich oder zeitlich Entfernte, das Zeichensystem, erschien ihnen als ein Ausdruck großer Macht. Die im Mittelmeerraum längst „entgeistigten" Buchstaben gewannen ihren ursprünglichen Charakter bei den Germanen — vielleicht bei den Markomannen im heutigen Böhmen —

eine ganz neue Sinngebung. Nicht übernommen wurde die Alphabet-Reihenfolge — die Runenreihe heißt nach ihren ersten Zeichen „fuðark", und jedes Einzelzeichen erhielt einen symbolträchtigen Namen. Diese Namen zeigen, daß der magische Charakter in dem Vordergrund stand und eine Interpretation von Zeichengruppen im divinatorischen Sinn angestrebt wurde. Die Runen haben Namen wie Dorn, Not, Sonne, Urstier, Wasser und Fahrt und wurden auch mit Gottheiten wie Odin, Ziu, Frigga, Freyr und Ullr in Verbindung gebracht. Es ist den historischen Quellen zufolge sehr wahrscheinlich, daß man ursprünglich Runen in Losstäbchen ritzte — unser Wort „Buchstaben" soll von „Buchenstäbchen" abzuleiten sein, was in neuerer Zeit freilich bestritten wird; wahrscheinlich kennzeichnet das Wort die in Büchern verwendeten „Stäbe" (Striche). Die Losstäbchen wurden geworfen und dann in der vom Zufall gegebenen Reihenfolge aufgehoben (auf-,„gelesen").

Im 3. und 4. Jahrhundert greifen im Germanenwohngebiet die Runeninschriften auf Steinen und — hier vorwiegend magisch verankert — auf Waffen und Schmuckstücken immer mehr um sich und erreichen in Nordeuropa den Höhepunkt ihrer Entwicklung. In Norwegen z.B. wurden ca. 50 Runeninschriften aus der Zeit zwischen 250 und 800 n. Chr. entdeckt — zum Teil auf „Bautasteinen", zum Teil auf Anhängern, Speerspitzen u.s.w., und im 5. Jahrhundert erreichten ihre angelsächsischen Varianten England, wo sie mehrere Jahrhunderte hindurch in Gebrauch blieben. Die monumentalsten Runendenkmäler entstanden im 10. Jahrhundert in Dänemark — die Jellingesteine; die Inschrift des kleineren sei hier in Umschrift und Übersetzung wiedergegeben:

kurmR kunu(n)kR karthi ku(m)bl thusi aft thurui kunu sina tanmarkaR but — d.h. Gorm, der König, machte dieses Denkmal für Thyra, seine Frau: der Verbesserer Dänemarks.

In Schweden gibt es etwa 2400 Runeninschriften, vorwiegend aus der Zeit zwischen 1000 und 1100 n. Chr., aber nun beginnt auch die rückläufige Entwicklung. Die christlichen Glaubensboten brachten mit den lateinischen Gebeten auch die lateinische Schrift mit sich, und der Gebrauch der Runen wurde, da sie mit dem altheidnischen Glauben untrennbar verbunden waren, verpönt. Nur in Rückzugsgebieten bedeutete die lateinische Schreibkunst zunächst sogar eine Bereicherung der runischen, indem dort ausgebaute und verbesserte Runenreihen entwickelt wurden. Im allgemeinen aber wurden sie gegen Ende des Mittelalters allgemein von der lateinischen Schrift verdrängt, nachdem sie auch in Büchern verwendet worden waren (wir erwähnen den dänischen „Codex runicus" vom Ende des 13. Jahrhunderts). In Gotland waren die Runen noch im 17. Jahrhundert in Gebrauch. Das erste Opfer eines in Island durchgeführten Hexenprozesses war ein Mann, in dessen Besitz als Indiz für Zauber ein einziges Runenzeichen gefunden wurde (1622). In Schweden wurden sie in Landschaften wie Dalarne und Härjedalen noch im vorigen Jahrhundert gelegentlich verwendet.

So ging die Epoche dieser zauberkräftigen Lautzeichen, deren Erfindung dem Himmelsgott Odin/Wodan zugeschrieben wurde, erst in der neuesten Zeit endgültig zu Ende.

Von den vielen Varianten der Runen wählen wir jeweils die verbreitetsten Formen aus, wobei die erstgenannte immer die „Standardform", die folgenden jüngere oder abweichende Linienzüge wiedergeben.

275, 276   Lautwert f; Name feh, faihu, fē (Vieh, Geld, beweglicher Besitz, Reichtum; dem Fruchtbarkeitsgott Freyr zugeordnet).

277–279   Lautwert u; Name ūr, uruz, ūrr (Urstier, männliche Kraft, später Schlacke oder Asche).

280, 281   Lautwert ð wie engl. th; Name thurs, thorn, thauris; der Thurse, Reiffriese; im Zauber wichtige Rune, „bringt den Weibern Qual").

282, 283   Lautwert a; Name ōs, aza, ansuz, ōss (der Ase-Wodan oder Odin, Schutzgott der runenkundigen Priesterschaft. Urbild vielleicht heiliger Balken, Ahnenpfahl?).

284   Lautwert r; Name rād, reið, raido. (der Ritt, Weg, die Reise, vielleicht die Fahrt in die Unterwelt).

285–287   Lautwert k; Name kan, kauna, cān (wohl Kahn, Schiff; vielleicht der von Tacitus erwähnten Göttin Nerthus, einer Parallelgestalt des in der Edda erwähnten Njördr, zugeordnet).

288, 289   Lautwert g; Name geofu, gebō, giba (Gabe, Opfer und Göttergabe) 289 eine jüngere „punktierte" Form.

290, 291   Lautwert w; Name wynn, wunjo, winne (Wonne, Herrlichkeit, ursprünglich wohl dem Flammengott Ullr aus der Götterfamilie der Wanen zugeordnet).

292–294   Lautwert h oder ch; Name haegl, hagal, haglaz (Hagel, Unwetter, bösartiger Wetterzauber. 294 ältere angelsächsische Form).

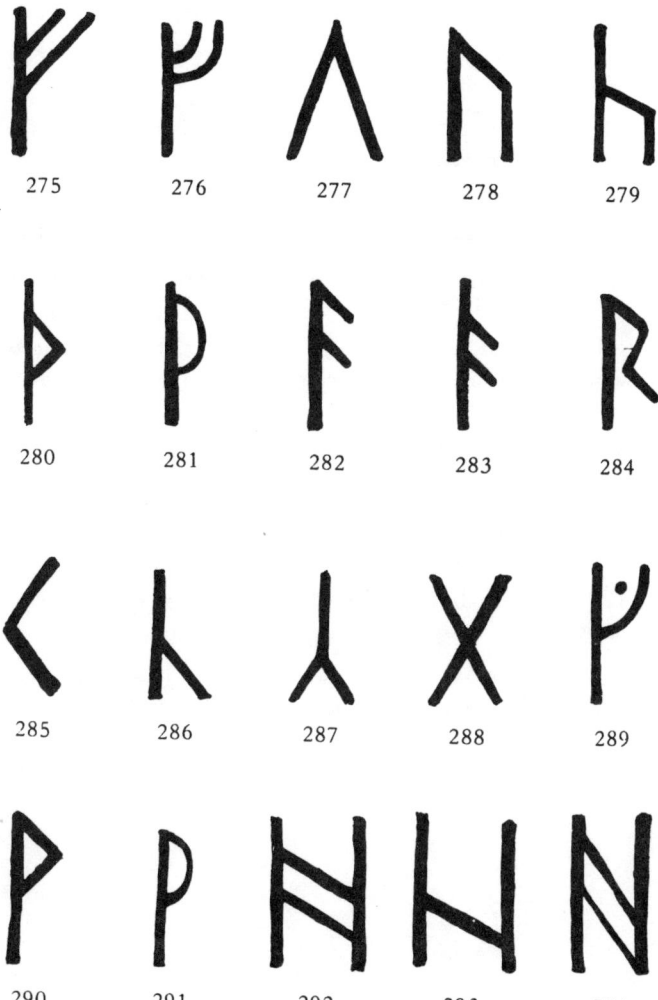

275 276 277 278 279

280 281 282 283 284

285 286 287 288 289

290 291 292 293 294

295, 296   Lautwert n; Name nied, nauths, nauthiz (Unfreiheit, Not, Zwang, Drangsal, Knechtschaft).

297   Lautwert i; Name īs, īsa, iss (Eis, Unheil, Kälte, aber auch Kühlung bei Fieber).

298, 299   Lautwert j; Name jar, aar, jera- (Jahr, fruchtbare Jahreszeit, Ernte, Ackersegen).

300, 301   Lautwert e; Name eoh, eihwaz, yr (Eibe, Bannung des Zaubers und anderer Gefahren. 301 angelsächsische Form).

302   Lautwert p; Name peorð, perd, petra (Bedeutung unklar, vielleicht Tanz und Spiel).

303, 304   Lautwert mouilliertes R am Wortende, nach oben oder nach unten weisend geschrieben, Bedeutung ambivalent (vgl. Nr. 324).

305–307   Lautwert s; Name sigyl, sōl, sōwelu (Sonne, damit auch Licht und Wärme, Fruchtbarkeit, Abwehr feindlicher Mächte).

308–309   Lautwert t; Name tir, tyr, teiwaz, tiu (der Kriegsgott Ziu, nordisch Tyr, auch Treue und Unbeugsamkeit.

310–312   Lautwert b; Name beorc, biarkan, bercna (Birkenzweig, Rune der Himmelsgötting Frigg; Hochzeit, neues Leben).

313, 314   Lautwert e; Name eoh, eh, ehwaz (Bedeutung Pferd, vielleicht als Opfertier und Begleiter des Sonnenwagens).

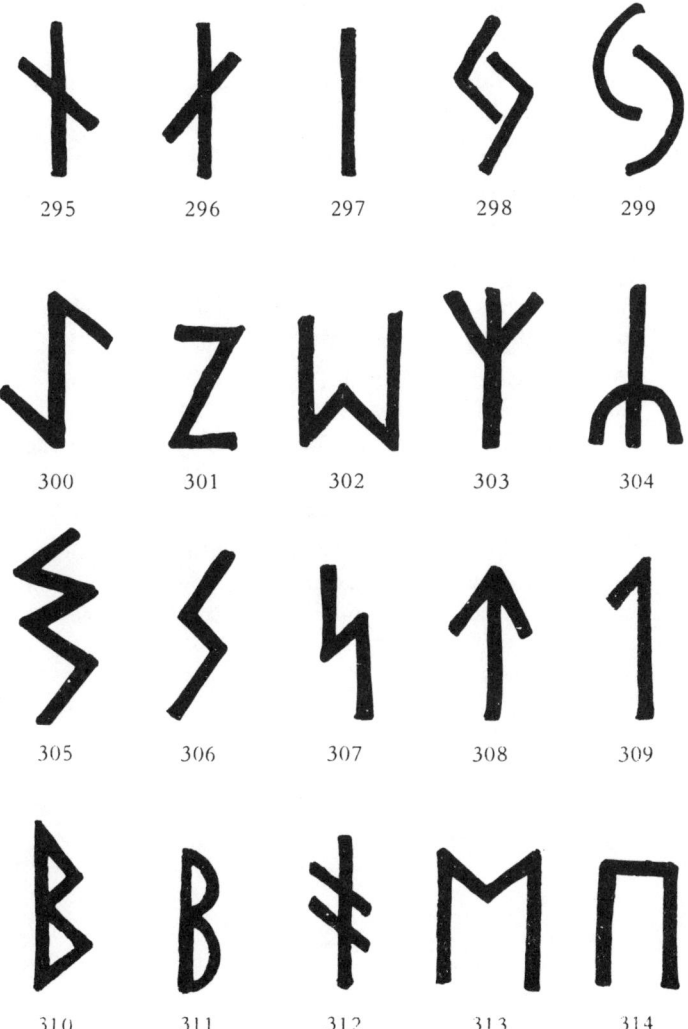

295 296 297 298 299

300 301 302 303 304

305 306 307 308 309

310 311 312 313 314

315–317 Lautwert m; Name man, maðr, mannuz (Mann, Mensch; vielleicht der von Tacitus erwähnte Stammvater Mannus). 317 – spätere Formen.

318 Lautwert l; Name lagu, legr, laguz (Wasser, Meer, See, Quelle, früher vielleicht Wasser der Unterwelt).

319 Lautwert ng (wie in singen); Name ing, inguz (Gott oder Stammesheros Ingwi, Yngw, Stammvater des Bundes der Ingväonen.

320 Lautwert d (ð), Name dagaz, daeg (Tag, die Helle, ursprünglich vielleicht „heiliges Feuer").

321–323 Lautwert o; Name eðel, ōthala, odil (unbeweglicher Besitz, Grundbesitz, im Gegensatz zu feh, Nr. 275).

324, 325 Lautwert z; Name algiz, elox, ilcs (Elch; vereinigt beide Varianten von R, Nr. 303, 304 ursprünglich vielleicht Symbol eines göttlichen Brüder- oder Zwillingspaares, Vereinigung aufwärts- und abwärtsstrebender Richtung). Fehlt als Lautsymbol in den meisten Runenreihen. 325 angelsächsisches „zap".

326 Keine Rune der Fuðark-Reihe, aber häufig mit ihr zusammen gebraucht, vor allem in neuerer Zeit, ist der „Thorshammer", im mittelalterlichen Island als Schutz vor Dieben verwendet.

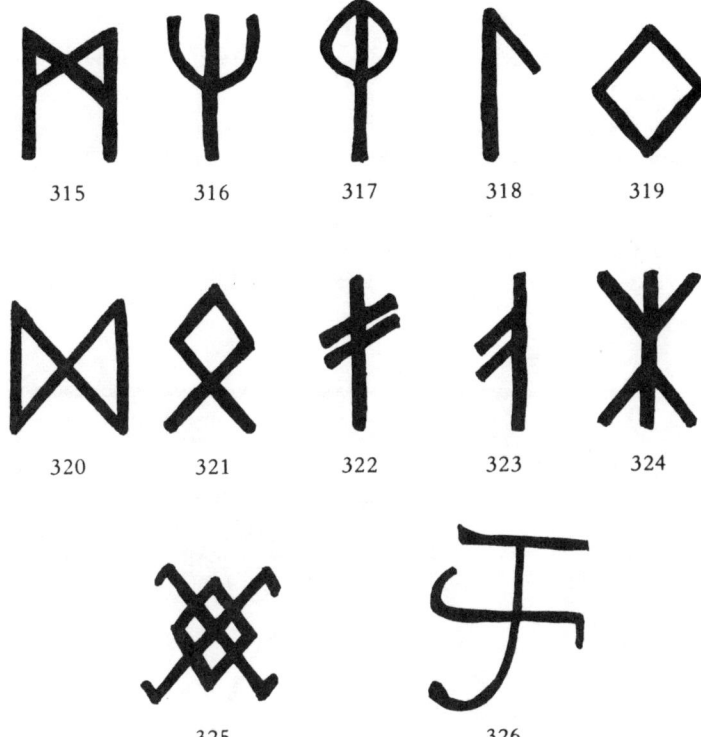

315   316   317   318   319

320   321   322   323   324

325   326

LITERATUR

Altheim, F. und E. Trautmann: Vom Ursprung der Runen. 1939.

Arntz, H.: Handbuch der Runenkunde, Halle 1935, 2. Aufl. 1944.

Arntz, H. und H. Zeiss: Gesamtausgabe der älteren Runendenkmäler, Bd. 1, 1939.

Elliott, Ralph W. V.: Runes, 1959.

Jensen, H.: Die Schrift in Vergangenheit und Gegenwart, 1958.

Krause, W. (mit Beiträgen von H. Jahnkuhn): Die Runeninschriften im älteren Futhark. I, II. Göttingen 1966

Schneider, K.: Die germanischen Runennamen, 1956.

de Vries, J.: Altgermanische Religionsgeschichte, 2. Aufl. 1956—57.

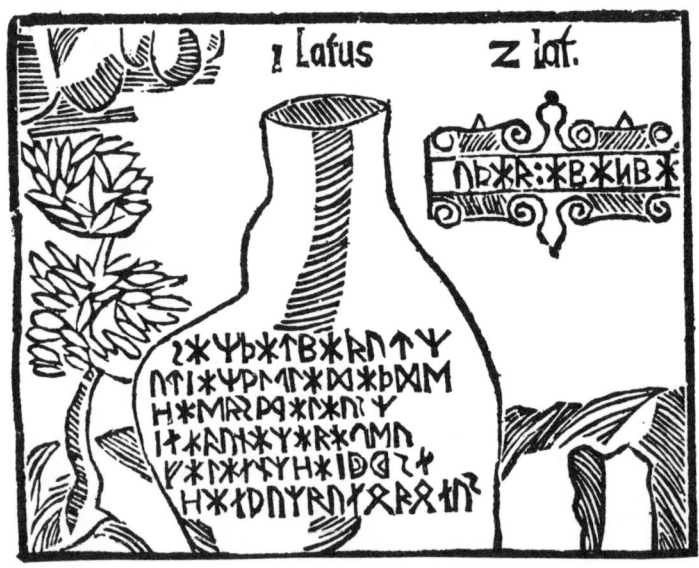

Ausschnitt aus einer Holzschnitt-Illustration eines frühen Hauptwerkes der Runenkunde (,,Runer, Seu Danica literatura antiquissima" von Olaus Worm, Kopenhagen 1636).

Christliche Symbole

„Durch die ganze Geschichte der christlichen Kunst geht neben den auf unmittelbare Wirkung gestellten Darstellungen das seinen Inhalt mehr oder minder nur andeutende Symbol, Sinnbild" (V. Schultze). Der außergewöhnliche Reichtum an Gleichnissen, Allegorien und Typologien (Lehre, daß bestimmte Ereignisse und Gestalten des Alten Testamentes ihre Entsprechung im Neuen Testament haben) in der christlichen Lehre mag ebenso mitgespielt haben wie die Tatsache der starken Übernahme und christlichen Umdeutung heidnischer Symbole. Ein großer Teil dieser symbolhaften Darstellungen müssen unberücksichtigt bleiben, da sie den gesetzten Rahmen der einfachen graphischen Zeichen und Symbole sprengen würden. Der interessierte Leser wird in der angeführten Literatur mehr darüber finden. Als Quelle dieser Symbolik haben wir einerseits die stark bildliche Sprache des Neuen Testamentes, andererseits die typologischen Bezüge zwischen Altem und Neuem Testament, wie wir sie besonders ausgeprägt in den Armenbibeln finden. Aufbauend auf dem um 200 n. Chr. entstandenen „Physiologus", der selbst eine Mischung aus antiken Quellen, Alten und Neuen Testament in allegorisierender Form ist, entsteht eine reiche Tiersymbolik. Weitere Sammlungen für die Erkenntnis der christlichen Allegorie und Typologie sind die Legenda aurea des Jacobus de Voragine aus dem 13. Jahrhundert, der Hortus deliciarum der Äbtissin Herrad von Landsberg aus dem 12. Jahrhundert und das Speculum des Vincentius von Beauvais aus dem 14. Jahrhundert (Nachdruck Graz 1965). Das 16.–18. Jahrhundert bringt uns mit seinen Emblembüchern eine weitere Fundgrube zur Kenntnis christlicher Sinnbilder.

Die ersten bildlichen Darstellungen finden wir in den Katakomben. Ihr Themenkreis umfaßt in der Hauptsache Jenseitshoffnungen und Jenseitsvorstellungen. Wenn wir uns auf die rein graphischen Symbole beschränken, so ist das eigentliche kirchliche Sinnbild, wenn auch nicht das älteste, das Kreuz. Warum es bei den frühesten Darstellungen der Katakomben fehlt, dafür gibt es verschiedene Theorien. Eine der geläufigsten (wenn auch nicht unwidersprochen) ist, daß die Christen sich verstecken mußten und das Kreuz aus Gründen der Geheimhaltung mieden oder nur in versteckter Form (die sogenannten „verhüllten" Kreuze) anbrachten. Eine andere Theorie ist die, daß das Kreuz zu sehr noch als Hinrichtungsstätte in Gebrauch und der Wandel von der entehrenden Schmach zum Ehrenzeichen noch nicht vollzogen war.

Das bei weitem ältere und in den ersten Jahrhunderten verbreitetste Sinnbild war der Fisch (griechisch ICHTHYS). Seine eigentliche Bedeutung ist noch immer dunkel. Er ist ein uraltes Symbol des Wassers, des Lebens und der Fruchtbarkeit und spielt im Mittelmeerraum schon in vorchristlicher Zeit als Talisman eine Rolle. Eusebius hat uns zwar die Belehrung hinterlassen, daß wir es hier mit einem Akrostichon zu tun haben, also mit einem Wort, dessen einzelne Laute die Anfangsbuchstaben anderer Worte sind:

I	=	JESOUS
CH	=	CHRISTOS
TH	=	THEOU
Y	=	YIOS
S	=	SOTER

zu deutsch: Jesus Christus Gottes Sohn Heiland. Aber wenngleich solche Rätselworte in Alexandrien, wo das Symbol in Aufnahme gekommen ist, sehr beliebt waren, so klingt doch diese Erklärung, so früh sie erscheint, mehr wie eine nachträgliche gelehrte Spielerei und ist zu gekünstelt, als daß sie ein wirkliches Sinnbild für die Gemeinde gewesen sein konnte. Vielmehr scheint es, daß das Fischsymbol zuerst mit naheliegendem Rückbezug auf die Evangelien verwendet wurde (Matth. 4, 19, Luk. 5, 1–10): der wunderbare Fischzug, die Speisung der Zehntausend. Vielleicht soll aber auch der Fisch an das Wasser der Taufe erinnern oder wie Tertullian schreibt: „Aber wir Fischlein werden gemäß unserem Ichthys Jesus Christus im Wasser geboren." Jedenfalls ist der Fisch als ein christliches Gemeinschaftszeichen aufzufassen und als Sinnbild sowohl des Herrn als der Gläubigen zu denken.

Das mit der Spitze nach oben weisende Dreieck als Symbol der himmlischen
Welt, über Tod und Hölle triumphierend. Detail aus einem Emblem-Holz-
schnitt des Christopher von Sichem zu H. Hugo SJ: Pia Desideria Emblematis
Elegiis et affectibus S. S. Patrum Illustrata, 1628.

328 Zeigt den Fisch in Verbindung mit den vorhin genannten Akrostichon.

Das zweite frühe Symbol der neuen Gemeinschaft ist das Chrismon, das Christusmonogramm.

329, 330 Zeigen die beiden Grundformen. Nr.329 beschreibt Eusebius (Vita Constant. I, 31); es zeigt die beiden ersten Buchstaben X und P der griechischen Schreibung von Christus ineinander gesetzt. Nr. 330 zeigt das X gedreht und die Spitze zum P umgeformt, beschrieben von Lactantius (De mort. persecut. c. 44). In dieser zweiten Form könnte man ein „verhülltes" Kreuz vermuten, allerdings wird zwar im klassischen griechischen Alphabet X geschrieben, im korinthischen und anderen östlichen griechischen Alphabeten wird das X auch gedreht als + wiedergegeben. Diese Form ist ausschließlich christlichen Gebrauchs, wenn auch Ähnlichkeiten zu nichtchristlichen Formen gegeben sind (vgl. Nr. 217). Nr. 329 ist dagegen als Monogramm sicher vorchristlichen Ursprungs. Es erscheint bereits auf attischen Tetradrachmen, auf Münzen der Ptolemäer und auf einer der Isis geweihten Inschrift 137/38 v. Chr. Der Legende nach hatte Kaiser Konstantin vor der Schlacht gegen Maxentius eine Erscheinung des Chrismon mit den Worten: „In diesem Zeichen wirst du siegen!" Nach dem Sieg machte Konstantin das Christentum zur Staatsreligion. Wir wissen jedoch, daß das Labarum, die Hauptfahne des kaiserlichen Heeres, mindestens ein Jahr vor dem Sieg (312 n.Chr.) an ihrem oberen Ende das Christusmonogramm im goldenen Kranz trug, so ist es auf vielen Münzen Konstantins abgebildet. Im 5. Jahrhundert tritt Nr. 329 gegen Nr. 330 zurück und weicht dann völlig dem Kreuz.

331, 332 Die ebenfalls in frühchristlicher Zeit übliche Form des Christusmonogrammes I und X zusammengezogen zu Nr. 332.

333 Das Chrismon vermehrt um einen Hauptbalken, wie ein „verhülltes" Kreuz wirkend.

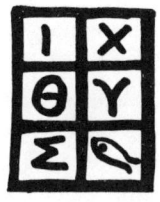

328

329

330

331

332

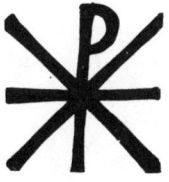

333

334–336 Die beiden vorhergehenden Formen als Medaillon, wie
wir es häufig vor allem auf frühchristlichen Sarkophagen, aber
auch auf Mosaiken und Fresken finden. Nr. 336 eine sehr vereinfachte Form; bei allen drei ist die Verbindung sowohl zum
Sonnenrad als auch zu Kreuzformen gegeben (vgl. Nr. 397).

337 Monogramm Christi in Verbindung mit dem Wort: Fisch (vgl.
Nr. 328).

338 Monogramm Jesus (IC) verbunden mit dem Monogramm Christus (XC). Es ist die gewöhnliche Abkürzung beider Namen, wie
wir sie in den ältesten Handschriften des Neuen Testamentes
finden, ebenso kommen sie auch auf byzantinischen Münzen
vor. Hier in Verbindung mit dem griechischen Wort für: siege!
Wir finden dieses Zeichen in einer neapolitanischen Katakombe
und als Stempel auf griechischen Hostien.

339 Christusmonogramm mit verlängerten geraden Balken, an den
Balkenenden ist zusätzlich das IC vom Jesusmonogramm angebracht.

340–342 Eine häufige Verbindung ist das Christusmonogramm mit
dem ersten und letzten Buchstaben des griechischen Alphabetes A und Ω. Es wird später ebenso mit dem Kreuz oder mit
Monogramm und Kreuz in Verbindung gebracht. Der Ursprung
dürfte in die vorkonstantinische Zeit zurückgehen; im 4. Jahrhundert ist es bereits im ganzen Mittelmeerraum, aber auch in
Gallien nachweisbar. Wir finden es in Büchern, auf Sarkophagen
und in Mosaiken, aber auch auf Gebrauchsgegenständen des
täglichen Lebens. Die Quelle dafür ist die Offb. Joh. 22, 13:
Ich bin das A und das O, der Erste und Letzte, der Anfang und
das Ziel. Das Chrismon mit dem A und Ω wird auch einige
Male von dem Namen ABPACAZ (lat. ABRAXAS)=Mithras begleitet. Mithras wird als Vorausbild Christi empfunden.

Die Christusmonogramme treten im 5. Jahrhundert immer mehr zurück und werden vom Kreuz als Hauptsymbol abgelöst. Im späten
Mittelalter tritt ein Jesusmonogramm auf, auf das wir noch zu sprechen kommen.

334

335

336

337

338

339

340

341

342

Das Kreuz tritt uns ab der nachkonstantinischen Zeit als das häufigste und bald führendste christliche Symbol entgegen.

343, 344 Vertreten die beiden Hauptformen der crux immisa, mit dem in den Langbalken hineingelassenen Querarm. Nr. 343 das griechische Kreuz mit gleich langen Quer- und Langarmen, es wird auch als crux quadrata bezeichnet. Nr. 344 das lateinische oder Passionskreuz mit ungleicher Teilung des Langholzes. Beide Formen treten ungefähr gleichzeitig auf.

345 Das sogenannte Petruskreuz. Es ist eigentlich nur ein umgedrehtes lateinisches Kreuz. Nach der Legende wurde Petrus verkehrt gekreuzigt.

346, 347 Die sogenannte crux commissa, ein Kreuz, bei dem der Querarm auf dem Langbalken aufliegt; es wird Tau-, Antoniusoder ägyptisches Kreuz genannt. Taukreuz kommt vom griechischen Buchstaben T = Tau. Dieses Kreuz steht in enger Verbindung in der Form zum Anchkreuz, dem sogenannten Nilschlüssel (Nr. 117, 217). Es wird in der Form des ägyptischen Henkelkreuzes (Nr. 347) auch von den Christen, zuerst von den koptischen Christen, verwendet. Den Gebrauch des T als christliches Symbol finden wir auch schon bei Ezech. 9, 4 beschrieben: der Prophet bezeichnet die Stirn der Glaubenstreuen mit einem T. Später gab man den Mönchsstäben oben die T-Form, so wurde es zum Attribut des Wüstenvaters Antonius d.Gr. und zum Zeichen der Antoniter. Der Hl. Franziskus verwendete dieses Kreuz als Unterschrift.

348 Ankerkreuz, ein verhülltes Henkel- oder Taukreuz. Der Anker selbst hatte im Mittelmeerraum früh schon symbolische Bedeutung; für die Schiffahrt war er das Symbol der Hoffnung, als solches finden wir ihn auch in Hebr. 6, 18 ff.

343   344   345

346   347   348

349 Das sogenannte Andreaskreuz, crux decussata (decussata = Zeichen für die Zahl Zehn). Es tritt als christl. Symbol erst im Mittelalter auf. Auf einem solchen Kreuz soll der Hl. Andreas gekreuzigt worden sein. Es war schon früher als Weg- oder Grenzkreuz in Gebrauch (z.b. bei den Römern).

350 Das Gabel-(=Furca) oder Schächerkreuz. Aber nicht immer werden nur die Schächer darauf dargestellt, manchmal auch Christus selbst. Die Ähnlichkeit mit dem Lebensbaum dürfte von Bedeutung sein. In der Form dieses Kreuzes wurde das Taufwasser segnend angehaucht.

351 Das vierspeichige Radkreuz. Altes vorchristliches Licht- und Sonnensymbol (bei asiatischen Völkern wie bei Germanen); in der christlichen Kunst wird es das Zeichen der leben- und lichtbringenden Herrschaft Christi über die Welt.

352 Christliches Weihekreuz mit augenscheinlicher Verwandtschaft mit dem Sonnenrad (vgl. Nr. 38, 335).

353, 354 Die „Swastika" (vgl.Nr.55 f.), abgeleitet aus dem Sonnenrad durch Unterbrechung des Umkreises, wird in ihrer eckigen Form zum Swastikakreuz: eine Form, die im frühen Christentum öfters verwendet wird und manchmal als „crux dissimulata" (verhülltes Kreuz) bezeichnet wird. Über die Frage, wie weit es sich tatsächlich um eine Verhüllung handelt, siehe die Einleitung dieses Abschnittes, S. 82. Von der Form her wird es im christlichen Bereich auch vom griechischen Buchstaben Gamma = Γ hergeleitet, daher „crux gammata". Über das Fortleben dieses Symbols im weltlichen Bereich (vgl. Nr. 1137).

355 Ein Doppelhörnerkreuz, von einem Türsturz aus Engelstadt (Rheinhessen), ist wohl ebenfalls vom Sonnenrad her abzuleiten. (Dieses und die beiden folgenden Beispiele nach Behn, 1948).

356 „Sonnenrad" und Kreuz, von dem frühchristlich-fränkischen Grabstein der Bertisind und des Randoald, Mainz, zeigt ebenfalls diese Verbindung.

349   350   351

352   353   354

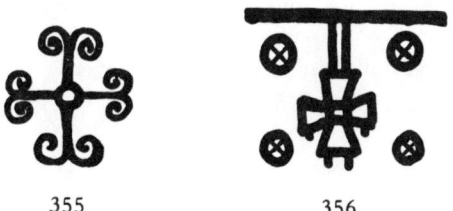

355   356

357 Frühmittelalterliche (karolingische) „Kreuzigungsgruppe", bei der das Kreuz Christi als Doppelspirale aufgefaßt ist, flankiert von zwei sechsspeichigen Sonnenrädern (Würzburg).

358 Dieses koptische Kreuz zeigt, hier in einem ganz anderen Kulturraum, ebenfalls das Einbeziehen früherer Elemente in die christliche Symbolik. Die Grundform entspricht weitgehend dem Anch-Kreuz (vgl. Nr. 217), ist aber gleichzeitig eine Parallele zum Radkreuz und dem Sonnenrad (vgl. Nr. 351).

359, 360 zeigen zwei weitere koptische Synthesen. Nr. 359 verbindet wieder Anch-Kreuz mit Sonnenrad, nur ist das Sonnenrad mehr zu einer vierblätterigen Blume geworden. Die Form ist stärker dem lateinischen Kreuz angenähert, bei der zweiten Form ist das Sonnenrad so gestellt, daß es wie ein von einem Kreis umschlossenes griechisches Kreuz wirkt.

361 Hier sehen wir sowohl das Übertragen von Symbolformen in andere Gegenden, als auch das Fortleben über einen langen Zeitraum. Das hier ganz einem Anch-Kreuz nachempfundene Standbild, flankiert von zwei Sonnenscheiben, stammt aus Unterfranken und nach M. Erler (s. S. 62) aus dem 17. Jh.

362 Ein koptisches Kreuz in der Form der crux quadrata, im Schnittpunkt der Kreuzbalken eine Sonnenscheibe, zwischen die Kreuzarme sind 4 stilisierte Nägel gelegt. Die Form dieser Nägel hat eine erstaunliche Parallele im nächsten Symbol,

363 einem gnostischen Sonnenmonogramm; die Querstriche an den Enden, die so sehr unseren Nägeln gleichen, werden hier als Himmelsgewölbe gedeutet.

357   358

359   360   361

362   363

Die folgenden Kreuzformen sind wieder aus dem lateinischen Kreuz gebildet.

364   Das sogenannte Doppelkreuz, ein lat. Kreuz mit einem zweiten Querbalken.

365   Hier sind die beiden Kreuzbalken unterschiedlich in der Länge und näher aneinander gerückt. Es wird erzbischöfliches oder Patriarchenkreuz genannt. Später wird es zum Lothringerkreuz und mißverstanden zum Symbol der Jungfrau von Orleans (die es nach den Prozeßakten nicht in ihrer Fahne führte); von hier abgeleitet werden wir dieser Kreuzform noch unter den politischen Symbolen begegnen (vgl. Nr. 1136).

366   Das dreifache oder päpstliche Kreuz. Es wird auch als Hierophantenkreuz bezeichnet. Die französischen Rosenkreuzer im Gefolge von St. de Guaita verwendeten dieses Symbol.

367   In der Form wie Nr. 365, nur mit kleeblattförmigen Enden, wird als Kardinalskreuz bezeichnet.

368   Ebenfalls mit drei Querbalken, doch ist hier der mittlere Balken der längste, der unterste Balken wird als Fußholz bezeichnet. Es ist das achtendige Kreuz russischer Sekten.

369   Das üblichere russische Kreuz mit schrägem Fußbalken.

370–374   Erhöhte oder „Erzengelkreuze".

364

365

366

367

368

369

370

371

372

373

374

375 Wieder eine crux gammata, nur sind die gamma kreuzförmig und nicht verhüllt angeordnet, wie bei Nr. 354.

376 Aus ineinander verschlungenen Gamma gebildetes romanisches Weihekreuz.

377 Weihekreuz. Seine Form wird auch Wiederkreuz (Vervielfachung des Kreuzes) oder Deutsches Kreuz genannt. Bei den Gnostikern galt diese Form als Symbol des vierfachen Geheimnisses.

378, 379 Die einfache und die ausgebildete Form des „Jerusalemkreuzes". Es war das Abzeichen der Ritter vom Hl. Grab, die fünf Kreuze wurden als Hinweis auf die fünf Wunden Christi verstanden.

380, 381 Das Krucken- oder Krückenkreuz, aus dessen Vervielfachung das „Jerusalemkreuz" gebildet wurde. Das Krückenkreuz selbst ist eine Zusammenstellung von vier Taukreuzen (vgl. Nr. 346) und findet sich bereits auf Münzen der Merowingerzeit. Im 19. und 20. Jahrhundert wird es erneut als christliches Symbol beliebt, bis es schließlich zum politischen Symbol wird (vgl. Nr. 1138).

382 Ein Ankerkreuz, das an Nr. 348 erinnert, nur ist hier sicher kein verhüllender Zweck damit verbunden. Dieses und die folgenden Kreuze sind zwar einerseits als christliche Symbole aufzufassen, andererseits, wie auch bereits Nr. 379, sind sie als Wappen (meist christlicher Vereinigungen) oder Wappenteile eine Brücke zur Heraldik, auf die wir in einem späteren Abschnitt noch zu sprechen kommen.

383 Kleeblattkreuz. Das Kleeblatt war eine alte Zauberpflanze der Druiden. Der Hl. Patrick, der Patron Irlands, hat angeblich mit dem Kleeblatt seinen Landsleuten die Hl. Dreifaltigkeit erklärt. Das Emblem Irlands ist der Kreuzstab mit den Kleeblattenden, den der Hl. Patrick der Schlange in den Rachen stößt.

375   376   377

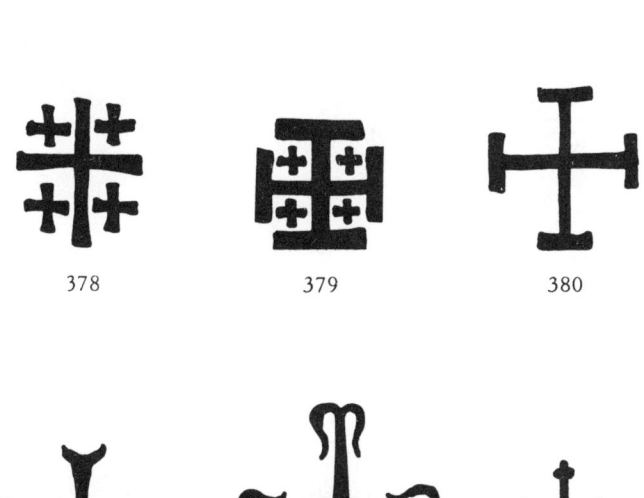

378   379   380

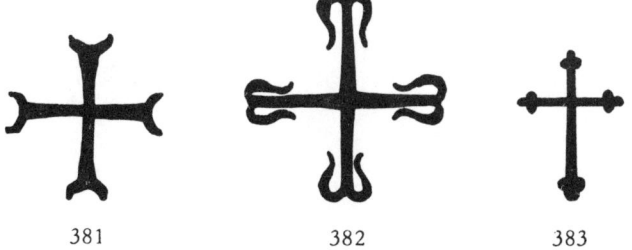

381   382   383

Auch die auf dieser Seite besprochenen Kreuzformen werden hauptsächlich im Zusammenhang mit Wappen verwendet.

384 Das Johanniter- oder Malteserkreuz (beide Orden hatten denselben Ursprung).

385 Das in der Form sehr ähnliche und ebenfalls von der crux quadrata abgeleitete Tatzenkreuz. Eine Form, die wir auch häufig auf Steinreliefen früher Kirchen finden, z.b. auf den Chorschranken der byzantinischen Kirche von Advat (Israel).

386 Kolben- oder Apfelkreuz.

387 Lilien- oder Klevenkreuz.

388 Kugelkreuz.

389 Astkreuz.

390 Sparrenkreuz.

391, 392 Zwei Steckkreuze, das zweite in der Form des Jakobskreuzes.

384   385   386

387   388   389

390   391   392

393 Der Kreis ist in der christl. Symbolik mit der Ewigkeit gleich-
zusetzen. Häufig wird er auch als Schlange gebildet, die sich in
den Schwanz beißt. Er ist aber auch ein Sonnenzeichen (man
denke nur an Nr. 335, 336) und er wird endlich auch zum
Heiligenschein (= Nimbus, wörtlich „Wolke"). Der Nimbus ist
außerchristlichen Ursprungs und repräsentiert ebenso die Sonne
wie die Königskrone. Auf hellenistischen Darstellungen krönt
er die Götter, aber sowohl die vorderasiatischen Großkönige
als auch die römischen Herrscher sind mit dem Nimbus geschmückt. Ab dem 2. Jahrhundert trägt ihn Christus (Kata-
kombenfresken), dann geht er auf die anderen Heiligen über.
Bei den Personen der Hl. Dreifaltigkeit wird er zum

394 Kreuznimbus. Ursprünglich ein Kreuz im Kreis, der untere
Balken wird vom Kopf verdeckt und dann weggelassen, seine
verbliebenen drei Balken werden als Dreifaltigkeitssymbol aufgefaßt. In der byzantinischen Kunst wird, wie auf unserer
Zeichnung in die Balken OΩH (= die griechische Übersetzung
von Jahwe „der Seiende") eingefügt.

395 Der rechteckige Nimbus ist das Zeichen, daß der damit ge-
schmückte noch lebt.
Der mandelförmige Nimbus, die sogenannte Mandorla, die die
ganze Figur umschließt und hauptsächlich bei Christus verwendet wird, ist asiatischen Ursprungs und dort ein Symbol der
Meditation.

396 Sehr ähnlich 394, nur gedreht, ist das Sinnbild der Weltscheibe,
im Sinne der Rad- oder T-Karten. Der Punkt steht für Jerusalem, es ist der Mittelpunkt der Welt. Das obere Segment ist
Asien, der senkrechte Strich steht für das Mittelmeer, rechts
davon liegt Afrika, links Europa. In frühen Darstellungen trägt
der Herr diese Weltscheibe in der Hand.

397 Durch eine Drehung und Bekrönung mit dem Kreuz wird daraus die Kugel, die er auf späteren Bildern trägt.

393

394

395

396

397

398, 399   Hatten wir schon bei Nr. 394 in den drei Balken einen
Hinweis auf die Dreieinigkeit, so ist das Dreieck ein reines
Dreifaltigkeitszeichen. Es war schon ein Symbol der Manichäer
und wird vom Hl. Augustinus verworfen. Dennoch bleibt es,
nur wird sein christlicher Inhalt durch Einfügung des „Auge
Gottes" (das Auge ist bei vielen Völkern ein Symbol des Son-
nengottes, im christlichen Sinn Zeichen der Allwissenheit und
Allgegenwart Gottes) oder seines Namens JHWH verstärkt.

400—404   Zeigen eine Anzahl von Möglichkeiten, in denen der Versuch unternommen wird, das Dreieck als Dreieinigkeitsmotiv
noch durch Hinzufügen von Chrismon, Alpha und Omega und
dem Kreuz zu verstärken.

405   Eine andere Form, das schwierige Dogma, daß drei gleich eins
ist, darzustellen: die drei sich überschneidenden Kreise. In diesem Sinne ist auch die Darstellung des dreiblätterigen Klee-
blattes aufzufassen, ebenso die nicht mehr in unseren Rahmen
gehörige Darstellung von drei Hasen, die gemeinsam an drei
Ohren hängen. Einen Hinweis auf die Dreifaltigkeit übertrug
man auch in Kreuze, die aus drei Balken gebildet sind (vgl. Nr.
346 und 350).

398

399

400

401

402

403

404

405

Im späten Mittelalter löste das Jesusmonogramm völlig das Christus-monogramm (vgl. Nr. 329, 330) ab. Da hier die Verbindung zu Kult-symbolen (Sonnenrad, Kreuz) nicht in der Urform gegeben ist, ein Kreuz wird höchstens beigefügt, können wir das Jesusmonogramm nur eine reine Buchstabenverbindung ansprechen, die symbolischen Charakter annimmt. Eine Symbolform, wie wir sie im paläographi-schen Abschnitt noch häufig finden werden.

406 Die beiden ersten Buchstaben aus dem griechischen, das S aus dem lateinischen Alphabet genommen. Infolge der teilweisen Unkenntnis der griechischen Buchstaben sowie der Annahme, daß IHESUS die richtige Schreibung sei (man schrieb z.b. auch IHERUSALEM), wurde aus dem griech. IHC, das lat. IHS. Dieses Monogramm wurde im 14. Jahrhundert besonders durch den Prediger Bernardino von Siena propagiert. Im 16. Jahrhun-dert übernimmt es der Jesuitenorden als Devise: JESUS HABE-MUS SOCIUM. Weitere Ausdeutungen sind: IN HOC SIGNO (zu ergänzen VINCES), die Worte der Erscheinung Konstantins, die sich allerdings auf das Christusmonogramm bezog. Oder auf deutsch: Jesus Heiland Seligmacher.
Dieses Jesuitenemblem war, wie wir am Reformationsdenkmal in Genf sehen, auch das Zeichen Calvins: eine verblüffende Tatsache, die sich allerdings aus der gemeinsamen Schule der beiden Männer erklärt, dem Collège Montaigu in Paris, die das IHS als Emblem führte.

407, 408 Jesusmonogramm mit Kreuz verbunden. Die Linie dar-über wird als Zeichen der Heiligkeit bzw. des Hl. Geistes ge-deutet.

409, 410 Weitere Schriftabbreviaturen, die das Monogramm der Gottesmutter bilden. Das erstere griechisch METER THEOU hier abgekürzt in MER THU. Das zweite deutsch MARIA. M und A sind ineinander verschlungen, das A nur einmal darge-stellt. Die Deutung des Striches wie bei Nr. 408.

IHS   JHS

406   407

408

409

410

LITERATUR

Aurenhammer, H.: Lexikon der christlichen Ikonographie. Wien 1967.

Braun, J.: Tracht und Attribut der Heiligen in der deutschen Kunst. Stuttgart 1943.

Heinz-Mohr, G.: Lexikon der Symbole. Bilder und Zeichen der christlichen Kunst. Düsseldorf-Köln 1981.

Henkel A. und A. Schöne: Emblemata. Stuttgart 1967.

Herzog, J. J. und D. A. Hauck: Realencyklopädie der protestantischen Theologie und Kirche. Leipzig 1896–1913. Nachdr. Graz 1969–71.

Künstle, C.: Ikonographie der christlichen Kunst. Freiburg i.Br. 1926–28.

Molsdorf, W.: Christliche Symbolik in der Mittelalterlichen Kunst. Leipzig 1926. Nachdr. Graz 1968.

Piper, F.: Mythologie und Symbolik der christlichen Kunst. Weimar 1847–51.

Strzygowski, J.: Der Bilderkreis des griechischen Physiologus (Byzantinisches Archiv H. 2). Wien 1899. Nachdr. 1969.

Wilpert, J.: Die römischen Mosaiken und Malereien der kirchlichen Bauten. Freiburg i. Br. 1916.

Wilpert, J.: Die Malereien der Katakomben Roms. Freiburg i.Br. 1903.

Weitere Literatur siehe Seite 124

Symbolzeichen
der nichtchristlichen Religionen

Wie im Christentum, so erscheinen auch in den anderen Religionen symbolische Worte oder Formeln und Symbolzeichen als der oft angemessenste Ausdruck intuitiv erfaßter Heilswahrheiten. Und wo das einmal gefundene Symbolzeichen Wesentliches aussagen konnte, haben es die Religionen über Jahrtausende und über alle Änderungen der Lehrmeinung hinweg bewahrt, ja das Symbol wurde oft zum einigenden Band der Glaubensgemeinschaft. Das beste Beispiel hierfür bietet das christliche Zeichen des Kreuzes, obwohl wir uns darüber klar sein müssen, daß das Kreuz — ganz abgesehen von seinem Formwandel — erst seit dem Siegeszug des Christentums in konstantinischer Zeit an die Stelle älterer Symbole, wie des Akrostichon-Zeichens des Fisches getreten ist. Andere seit den Anfängen der Religion unveränderte Zeichen sind ‚das Rad der Lehre', seit dem 2. Jh. v. Chr. Hauptsymbol des Buddhismus und der *Svastika* der Jainas.

Dagegen haben, besonders in den gewachsenen Religionen, wie dem Hinduismus, die Symbolzeichen mehrfach einander abgelöst. Das hier für den Hinduismus wiedergegebene *Om*-Zeichen ist erst seit dem 8. Jh. inschriftlich bezeugt, und es ist auch heute noch keineswegs das einzige Symbol des Glaubens geblieben. Gegenüber anderen zum Teil älteren Zeichen verdient es jedoch deswegen den Vorzug, weil es alle Sekten und Lehrrichtungen umfaßt.

So gilt für die nachstehend abgebildeten religiösen Symbole die Einschränkung, daß sie nicht eine historische Entwicklung, sondern nur den gegenwärtigen Stand festhalten. Der Leser, der sich für das historische Werden und den Wandel der Symbole interessiert, wird in der unten angegebenen Literatur weitere Aufschlüsse finden.

Die Religionen des ewigen Weltgesetzes

R 1   Hinduismus

Die Abbildung zeigt die kalligraphische Wiedergabe der heiligen Silbe *Om,* entwickelt aus den Buchstaben *A U M.* Das am Anfang aller religiösen Texte stehende Zeichen gilt als Sinnbild des Absoluten oder, nach anderen, der Trias Vishnu, Shiva, Brahman.

R 1

R 2   und R 2 a Buddhismus

R 2   Das ‚Rad der Lehre' *(dharma-cakra)* symbolisiert die Predigt
       des Buddha; sofern es mit zwei seitlich lagernden Gazellen
       dargestellt ist, die erste Predigt des Buddha im Gazellenhain
       bei Benares, die in buddhistischen Worten als „das in-Be-
       wegung-Setzen des Rades der Lehre" betrachtet wird.

R 2

R 2a Als zweites Symbol tritt zu dem Rad ein dreispitziges Orna-
ment, das *Triratna-* (drei Edelsteine-) Symbol, dessen Spitzen
den Buddha, die Lehre und die Gemeinde versinnbildlichen.
Bei dem *Triratna*-Zeichen handelt es sich um ein altin-
disches, auf Inschriften, Münzen und Reliefs überliefertes
Symbol (zuerst in der Jaugada-Inschrift Kaiser Ashokas
im 3. Jh. v. Chr.), das vom Buddhismus in seinem Sinne
umgedeutet und zu einem Wahrzeichen des Glaubens erhoben wurde.

R 2a

R 3 Jainismus

Das altindische (und alt-indogermanische) Symbol des *Svastika* (Hakenkreuz) hat sich in den Jahrhunderten um die Zeitwende zum Hauptsymbol der indischen Jaina-Religion entwickelt. Die Arme des *Svastika* bedeuten die vier Daseinsstufen, in denen die Seele wiedergeboren werden kann: die Götterwelt (oben), Menschenwelt (links), Tierwelt (rechts), Unterwelt (unten). Die drei Punkte darüber stehen als Zeichen für das rechte Wissen, den rechten Glauben und den rechten Wandel, über diesen die Mondsichel mit Stern als Erlösungszeichen.

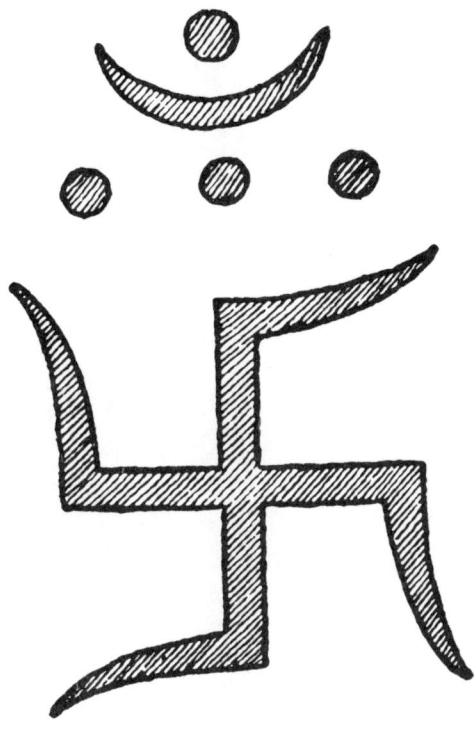

R 3

R 4 Die Sikh-Religion

Das Symbol des Sikhismus spiegelt die zahlreichen kriege-
rischen Auseinandersetzungen im Überlebenskampf gegen
die Muslims wider. Zwei Krummschwerter fassen eine Wurf-
scheibe und ein zweischneidiges Kurzschwert ein. Das Kom-
positzeichen steht schwarz auf safranfarbenem, die Religion
verbildlichendem Grund.

116

R 4

R 5 Chinesischer Universismus (vgl. 708 – 721)

Mit dem Begriff chinesischer Universismus ist nach de Groot
die allen chinesischen Glaubensrichtungen, dem Taoismus,
dem Konfuzianismus und dem Buddhismus zugrundeliegende
Anschauung von der Harmonie von All und Mensch zu kennzeichnen. Diese Grundanschauung beherrscht das chinesische
Denken auch in Zeiten, in denen die überlieferten Religionen
durch westliche, marxistische Vorstellungen abgelöst scheinen. Die Bildmitte zeigt das *Tai-dji-* (Uranfangs-) Symbol,
in dem sich das lichte Prinzip Yang von dem dunklen Prinzip
Yin schon getrennt hat. Beide tragen aber keimhaft schon ihr
Gegenbild, als Punkte dargestellt, in sich.

Acht Trigramme aus vollen, starken und geteilten, schwachen
Linien umgeben die Mittelfigur. Ihre Anordnung versinnbildlicht das Wechselspiel männlicher und weiblicher Kräfte.

R 6 Shintoismus

Die einheimische Religion Japans wird am unverwechselbar-
sten durch den *Torii*, das Jochtor vor dem Eingang des
Shinto-Schreins repräsentiert, obwohl auch andere Symbole,
wie der Spiegel für die Sonnengöttin oder die japanischen
Reichsinsignien für diese Naturreligion stehen könnten.

R 5

R 6

R 7 Die Zarathustrische Religion

Der Zarathustrismus lebt noch heute bei den Parsen Indiens und in einzelnen verstreuten Gemeinden im Iran fort. Der Flügelmensch stellt den Gott Ahura-Mazda dar, dessen Oberkörper vom Mond ringförmig umschlossen ist. Das seit dem 6. Jh. v. Chr. als Symbol verwendete Zeichen hat sich auf langem Wege über Hethiter, Hurriter und Assyrer aus der ägyptischen Flügelsonne entwickelt.

R 8 Die Jüdische Religion (vgl. 1144, 1162)

Das Hexagramm des Davidsterns (zuerst im 7. Jh. v. Chr. auf einem hebräischen Siegel in Sidon) ist durch zwei ineinandergeschobene Dreiecke gebildet. Nach kabbalistischer Deutung wird durch ihn das göttliche Wirken in der irdischen Welt versinnbildlicht. Neben dem Davidstern hat der siebenarmige Leuchter als Symbol des Judentums dadurch an Bedeutung gewonnen, daß er im Staatswappen Israels erscheint.

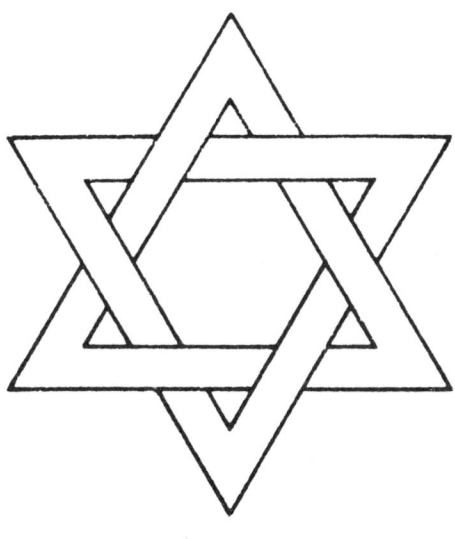

R 7

R 8

R 9   Islam
Das Symbolzeichen gibt in kalligraphischer Schrift das arabische Glaubensbekenntnis wieder: „Es gibt keinen Gott
außer Gott und Mohammed ist sein Gesandter". Der heute
als typisch islamisch empfundene Halbmond mit Stern ist ein
ursprünglich türkisches Sinnbild.

R 10 Baha 'i-Religion
Das Symbol des 1863 gestifteten Baha 'i-Glaubens ist aus
dem Schriftzug der Gottesanrufung „Ya Baha 'ul-Abha"
gebildet. Die drei Querbalken stellen die drei Seinsebenen:
das Gottesreich, die Offenbarung und die Menschenwelt dar,
der Längsbalken den Baum des Lebens, die Sterne symbolisieren die beiden Propheten Bab und Baha-Ullah.

R 9

R 10

LITERATUR

(einschließlich der Schriften über christliche Symbolik, die von allgemeinerem religionsgeschichtlichen Interesse sind)

Auboyer, Jeannine, u.a.: La grammaire des forme et des styles Asie, Fribourg 1978

Aurenhammer, Hans: Lexikon der christlichen Ikonographie, Wien 1959 – 1967

Beigbeder, Olivier: Lexique des symbols, 1969

Bhattacharya, B. C.: The Jaina Iconography, Delhi, Varanasi, Patna 1974[2]

Bhattacharyya, Benoytosh: The Indian Buddhist Iconography, Calcutta 1959

Bosch, F.D.F.: De gouden kiem. Inleiding in de Indische Symboliek, Amsterdam, Brussel 1948

Champeaux, de / Sterck: Introduction au monde des symbols, 1966

Coomaraswamy, Ananda K.: Notes on Indian Coins and Symbols, in: Ostasiatische Zeitschrift 14, NF 4 (1927/28)

Coomaraswamy, Ananda K.: Elements of Buddhist Iconography, New Delhi 1972[2]

Dikshit, S. K.: The Mother Goddess, New Delhi o.J.

Ferguson, G.: Signs and Symbols in Christian Art, London 1955[2]

Forstner, Dorothea: Die Welt der Symbole, Innsbruck 1967[2]

Gillis, René: Le symbolisms dans l'art religieux, 1943

Heinen, Wilhelm: Bild-Wort-Symbol in der Theologie, Würzburg 1969

Helle, Adolf: 200 Biblische Symbole, 1950

Henkel, Arthur u. Schöne, Albrecht: Emblemata. Handbuch zur Sinnbildkunst des XVI und XVII Jahrhunderts, Stuttgart 1967

Herrmann, Ferdinand (Hrsg.): Symbolik der Religionen. Eine religionswissenschaftliche Reihe. Stuttgart
Textbände
    I. Symbolik des chinesischen Universismus. Von Hermann Köster. 1958.
    II. Symbolik des Islam. Von Rudi Paret. 1958.

Tafelbände

Jouveau-Dubreuil, G.: Iconographie of Southern India, Paris 1937

Kirschbaum, Engelbert: Lexikon der christlichen Ikonographie, Rom, Freiburg, Basel, Wien 8 Bde. 1968 — 1976

Künstle, Karl: Ikonographie der christlichen Kunst, 2 Bde. Freiburg 1926 — 1928

Lurker, Manfred: Symbol, Mythos und Legende in der Kunst, in: Studien zur deutschen Kunstgeschichte, Bd. 314, 1958

Lurker, Manfred: Der Kreis als Symbol im Denken, Glauben und künstlerischen Gestalten der Menschheit. Tübingen 1981

Lurker, Manfred: Adler und Schlange. Tiersymbolik im Glauben und Weltbild der Völker. Tübingen 1983

Menzel, Wolfgang: Christliche Symbolik, 2 Bde. 1856[2]

Molsdorf, Wilhelm: Christliche Symbolik der mittelalterlichen Kunst, Leipzig 1929, Nachdruck Graz 1968

Pal, Pratapaditya: Vaisnava Iconology in Nepal, Calcutta 1970

Réau, Louis: Iconographie de l'Art Chrétien, 3 Bde. Paris 1959, Nachdruck Nendeln/Liechtenstein 1974

Schiller, Gertrud: Ikonographie der christlichen Kunst, 4 Bde. Gütersloh 1969 – 1976

Sen Gupta, Shankar: Tree symbol worship in India, Calcutta 1965

Simpson, William: The Buddhist Praying-Wheel, Lucknow 1976

Tucci, Giuseppe: The Theory and Practice of the Mandala, London 1961

Williams, C. A. S.: Outlines of Chinese Symbolism and Art Motives, Shanghai 1941[3]

Wilson, Thomas: The Swastika, Washington 1896

Wisse, Stephan: Das religiöse Symbol 1963

Zimmer, Heinrich: Mythen und Symbole in indischer Kunst und Kultur, Zürich 1951

Magische Zeichen und Symbole

Jene Gedankensysteme an der Grenze zwischen Religion und Wissenschaft, die an die Stelle der uns geläufigen kausalen Gedankengänge reine Entsprechungen und „Synchronizitäten" („wie hier, so auch dort") setzen, pflegen wir als „magisch" zu bezeichnen. Dieser Geisteswelt liegt ein Denkstil zugrunde, der von dem heute herrschenden sehr verschieden ist. Die in unserer Zivilisation im Vordergrund stehende Frage nach Ursache, Wirkung und Zweck bedeutet dem magischen Denken und Handeln wesentlich weniger als uns. Parallelitäten des Geschehens (etwa im Makrokosmos der Sternenwelt und im Mikrokosmos des Menschen, oder auch beispielsweise in den Chemikalien des Alchemisten und in dessen Seele) werden als wirkkräftig erfahren, ohne daß die Frage nach dem „Wieso" dieser Wirkungen sich aufdrängen muß.

Die Astrologie ist mehr und etwas anderes als eine vorwissenschaftliche Astronomie, die Alchemie ist mehr und etwas anderes als eine vorwissenschaftliche Chemie. Im Vordergrund ihrer Bemühungen steht der Mensch als in ein großes Weltganzes hineingestellter kleiner Kosmos. Seine Gesetzlichkeit soll aus dem Makrokosmos erkannt werden, sein Inneres soll sich zugleich mit den Erdenstoffen in ein immer geistigeres Reich emporläutern und veredeln.

Es wäre irrig, sollten wir den magischen Menschen („homo divinans" nach Danzel, da er die Zukunft mit Hilfe des Entsprechungsdenkens auch divinatorisch aus den Vorgängen der Umwelt zu erfahren sucht) als rein irrational und unfähig des logischen Denkens bezeichnen. Seine ganze Lebensweise, etwa jeder Werkzeuggebrauch, zeigt deutlich genug, daß er auch kausaler Deduktion fähig ist; die Wissenschaft steht daher heute der Theorie einer „prälogischen" Mentalität des frühen Menschen skeptisch gegenüber.

Hingegen nahmen in seinem Geistesleben „Paralogismen", also neben der Logik verlaufende Gedankengänge, einen breiten Raum ein. Die intuitive Erfahrung, das Erleben des Unbegreiflichen (ohne daß immer nach dem „Wie" gefragt wurde) spielte eine große Rolle, und es wäre falsch, diese Geistigkeit ausschließlich früheren Geschichtsperioden zuordnen zu wollen – lebt sie doch auch in der Gegenwart in größerem Ausmaße fort, als wir dies meist wahrhaben wollen.

Der Religion und der Magie (im weitesten Sinne des Wortes) ist die Anerkennung eines übernatürlichen Bereiches gemeinsam. Während jedoch der „homo religiosus" gewillt ist, sich dem göttlichen Willen zu unterwerfen („Nicht wie ich will, sondern wie Du willst"), unternimmt es der Magier, von einer autonomeren Haltung aus den überweltlichen Bereich zu lenken, zu manipulieren und ihn sich nutzbar zu machen.

Die Welt der Gestirne ist für den Magier nicht ein leerer Weltraum, aus dem ferne Himmelskörper herüberstrahlen, sondern eine Sphäre, die von machtvollen Wesenheiten belebt und voll von geheimen Zeichen für den Erdenmenschen ist. Versucht die Astrologie, die makrokosmischen Vorgänge als Parallelen irdischer Schicksale zu erfassen, so ist die Alchemie bestrebt, die irdischen Gegenbilder der Planetenkräfte in Form der Metalle zu den betreffenden astrologisch definierbaren günstigen Zeitpunkten wirken zu lassen – im Dienste des Strebens, mit den sich läuternden Metallen auch den laborierenden Menschen auf eine höhere Stufe zu heben. Die Symbole für Gestirne und Metalle sind daher der Astrologie und der Alchemie gemeinsam!

Neben diesen Entsprechungs-Lehrsystemen gibt es die verschiedenen Formen der Inkantations- und Evokationsmagie, die sich bemüht, durch bestimmte Rituale die überweltlichen (etwa planetarischen) Mächte – als Engel, Intelligenzen, Dämonen, Planetengeister usw. bezeichnet – zu einer körperlichen Manifestation zu zwingen. Die ersten greifbaren Spuren solcher Beschwörungen sind im vorislamischen Orient festzustellen. Sie spielten noch in der Neuzeit in den verpönten „Grimoires" und Zauberbüchern eine große Rolle. Auch diese Art der Magie bediente sich einer großen Zahl von alten „characteres" und Symbolzeichen, meist als Siegel bestimmter übernatürlicher Wesenheiten (oft dem dunklen Reich des Satans zugeordnet) beschrieben.

Was von den Symbolzeichen der ur- und frühgeschichtlichen Epochen dem großen Reich der magischen Künste angehört, ist angesichts der fehlenden Überlieferung nicht sicher auszusagen. Mit großer Wahrscheinlichkeit trifft dies für die Pfeil- und Speerspitzen zu, die der Eiszeitmensch im Sinne eines Jagd-Bildzaubers in die Höhlengemälde seiner Beutetiere zeichnete (Nr. 3, 4). In den alten Kulturen sind religiöse und magische Symbole kaum zu trennen. Eine echte magische Tradition mit geheimen Symbolen, die sich bewußt von den offiziellen Lehren absondert und daher für den Profanen nicht deutbare Zeichen braucht, läßt sich eigentlich erst in der Spätantike, in der Zeit der konkurrierenden Sekten und Religionssysteme mit esoterischen Traditionen (oft aus der erst andeutungsweise erforschten Geisteswelt der Gnosis herrührend) erfassen. Dann aber nimmt das Schrifttum einen so großen Umfang an, daß hier nur ganz charakteristische und wichtige Symbole festgehalten werden können. Allein in den alchemistischen Handschriften und Drucken lassen sich mehrere tausend Symbole und Symbolvarianten finden. Was wir daraus entnehmen, ist naturgemäß eine Auswahl, da die auch nur angestrebte Lückenlosigkeit der Dokumentation bedeuten würde, einen eigenen starken Band mit den Symbolzeichen dieser Kategorie zu füllen. Die Auswahl basiert zum Teil auf dem handschriftlichen Nachlaß eines Alchemiehistorikers, der in der ersten Hälfte dieses Jahrhunderts in traditionellem Sinne laborierte; zum anderen Teil sind jene Zeichen ausgewählt, die paläographische Schlüsse auf ihre Herkunft zulassen und häufiger als bloß ein- oder zweimal nachzuweisen sind.

Die Standardformen der astrologischen Planetensymbole und der alchemistischen Metallzeichen sind aufgrund des alten Entsprechungssystems identisch, wie bereits erwähnt wurde. Meist werden sie als graphisch vereinfachte Bilder gedeutet, z.B. Nr. 412 als „Handspiegel der Göttin Venus". Eine andersartige Erklärung bringt K.A.Nowotny (1967), der diese „Sigel" als abgeschliffene Buchstabenkombinationen auffaßt: so das Symbol des Saturn (Nr. 416) aus Kr (Kronos), jenes des Jupiter (Nr. 415) aus Zs (Zeus), das des Mars (Nr. 414) aus Ths (Thourios), das des Merkur (Nr. 411) aus St (Stilbon) und das

der Venus (Nr.412) aus Phs (Phosphoros – Lichtträger Morgenstern).
Mit diesen Hinweisen soll die reiche Problematik, die hier zu finden
ist, wenigstens angedeutet werden.

Im Bereich des Magischen spielen all diese Sigel des Unerforschten
eine überaus bedeutsame Rolle; für den im Banne dieser Geisteswelt
stehenden Menschen sind sie Manifestationen und Chiffren über-
menschlicher Wesenheiten und Kräfte, die sie graphisch-zweidimen-
sional vertreten können wie geheime Namen und Worte im akusti-
schen Bereich – ungeachtet der Tatsache, daß der Historiker in vielen
Fällen eine rein paläographische Ableitung dieser fremdartigen Zeichen sieht. So finden wir diese Symbole nicht nur in handschriftlich
oder in Form von Drucken überlieferten magischen Texten, sondern
auch in Talismanen (Glücksbringern) und Amuletten (Unglücksab-
wehrern), oft in edle Steine und Metalle graviert. Der Glaube an die
Wirkung derartiger „Antennen unfaßbarer Schwingungen" konnte
zweifellos Kraft und Selbstvertrauen verleihen; allein die Tatsache,
daß es noch immer überzeugte Anhänger der Talismanik gibt und daß
in der Mehrzahl der Kraftwagen wenigstens irgendwelche Maskott-
chen hängen, zeigt deutlich genug, daß die magische Welt – wenn
auch in der Verkleidung des Spielerischen – noch immer lebendig ist.
Daß viele ihrer Symbole in neuer Deutung und Sicht auch in unserer
Zeit eine große Rolle spielen, wird der letzte Abschnitt dieses Buches
illustrieren.

Magische Zeichen von einem Talisman, der Glück im
Handel und Spiel verleihen soll. Aus einem in Köln
(1722) erschienen „Grimorium" (Zauberbuch).

Simili ratiõe charaĉter Saturni traĉtus eſt à falce. ♄. ⟨symbol⟩ Iouis à ſceptro.♃

♃.Martis à dardo.♂. ſolis à rotũditate &aureo fulgore ☉ ⟨symbol⟩ Veneris, à ſpeculo. ♀. Mercurii à caduceo. ☿ ⟨symbol⟩ Lunæ à creſcẽtis decreſcentisq́ʒ cornibus. ☽. Ex iſtis deinceps iuxta mixtiões ſignoꝝ & ſtellarũ naturarũq́ʒ conſtituuntur etiam charaĉteres mixti,ut triplicitatis igneæ, ⟨symbol⟩ ⟨symbol⟩ terreæ, ⟨symbols⟩ aëreæ, ⟨symbol⟩ aqueæ, ⟨symbols⟩ Similiter iuxtacentum & uí ginti planetarum coniunĉtiones totidem complexi ſiue compoſiti charaĉteres multiplicibus figuris reſultant : ut Saturni & Iouis, ſic ſcilicet. ⟨symbol⟩ ⟨symbol⟩ uel ſic: ⟨symbol⟩ uel ſic: Saturni & Martis. ⟨symbol⟩ uel ſic: ⟨symbol⟩ Iouis & Martis, ⟨symbol⟩ uel ſic: ⟨symbol⟩ Saturni Iouis & Martis, ⟨symbol⟩ uel ſic: ⟨symbol⟩ Et ſicut hęc de duobus & tribus exemplificata ſunt, ita etiam de reliquis & pluribus formari debent.

Ein Beispiel dafür, wie die graphischen Symbole und ihre Kombinationen in einem alten gedruckten Buch wiedergegeben wurden: Absatz aus der „Occulta Philosophia" des Henricus Cornelius Agrippa ab Nettesheym, Köln 1533 (vgl. S. 160).

133

Wir zeigen zuerst die Standard-Symbole der Astrologie, die uns später
– im Sinne einer magischen Entsprechung bestimmter Planeten mit
korrespondierenden Metallen (Sonne – Gold, Mond – Silber) nochmals bei der Betrachtung alchemistischer Zeichen begegnen werden.

411–420   Symbole der „Planeten" Merkur (411), Venus (412), Erde
(413; kommt in der eigentlichen Astrologie nicht vor!), Mars
(414), Jupiter (415), Saturn (416), Uranus (417; wie das nächst-
folgende nur in neueren astrologischen Schriften) und Neptun
(418). Der sonnenfernste Planet, Pluto, spielt in der Astrologie
praktisch keine Rolle. Sonne (419) und Mond (420) werden
astrologisch ebenfalls als Planeten bezeichnet.

421–423   Symbole der Kleinplaneten (Planetoiden) Ceres, Pallas
und Vesta, in neueren astrologischen Schriften gelegentlich verwendet.

424, 425   „Knoten" heißen die Schnittpunkte der Planetenbahn
mit der Ekliptik-Ebene. 424 – aufsteigender, 425 – absteigen-
der Knoten.

426   Ein R mit durchgestrichenem Balken zeigt an, daß ein Planet
sich rückläufig bewegt.

427, 428   Symbole für „morgens" und „abends".

429, 430   Die Reihe der Aspekte, d.h. der Positionen der Planeten
zueinander im Horoskop, beginnt mit Opposition (Winkel 180°)
und Konjunktion (eigentlich Verheiratung; Winkel 0°).

411   412   413   414   415

416   417   418   419   420

421   422   423   424   425

426   427   428   429   430

Weitere Symbole astrologischer Aspekte folgen, wobei häufig in der Praxis nur Quadratur und Trigon beachtet werden.

431   Halbsextil (20°).

432   Quadratur (20°).

433   Trigon (120°).

434   Eineinhalb-Quadrat (135°).

435   Quincunx (150°).

436   Halbquadrat (45°).

437   Sextil (60°).

Es folgen die üblichen Symbole der Zeichen des Zodiakus (Tierkreises) in der Reihenfolge

438   Cancer (Krebs).

439   Virgo (Jungfrau).

440   Leo (Löwe).

441   Gemini (Zwillinge).

442   Aquarius (Wassermann, vgl. Nr. 16).

443   Pisces (Fische).

444   Aries (Widder).

445   Taurus (Stier).

446   Libra (Waage).

447   Scorpio (Skorpion).

448   Sagittarius (Schütze).

449   Capricornus (Steinbock).

431   432   433   434   435

436   437   438   439   440

441   442   443   444   445

446   447   448   449

Die orientalischen Handschriften der Spätantike und des Frühmittelalters dienten dazu, die Wissenschaft des Hellenismus dem Abendland zu vermitteln. Im British Museum, London befindet sich eine syrische Alchemisten-Handschrift, die D. Lüdy in seinem Sammelwerk auszugsweise veröffentlichte. Die dort dargestellten Symbole wirken in vieler Hinsicht wie die typologischen Vorstufen der vertrauten Standard-Zeichen aus Astrologie und Alchemie.

450 Sonne, Feuer (entspricht dem Gold).

451 Mond, Silber (vgl. Nr. 516).

452 Zeus, Blei (vgl. Nr. 545).

453 Ares, Eisen (vgl. Nr. 521).

454 Kronos, Blei (vgl. Nr. 548).

455 Hermes, Quecksilber.

456 Ein anderes Symbol für Quecksilber.

457 Tierkreiszeichen Krebs, entspricht dem Wasser (vgl. Nr. 438).

458 Tierkreiszeichen Löwe, Feuer (vgl. Nr. 440).

459 Tierkreiszeichen Stier, Erde.

460 Arsenik.

461 Himmel.

462 Erde (im Gegensatz zum Himmel).

463 Tag.

464 Nacht.

465 Eisenrost, abgeleitet aus Nr. 453.

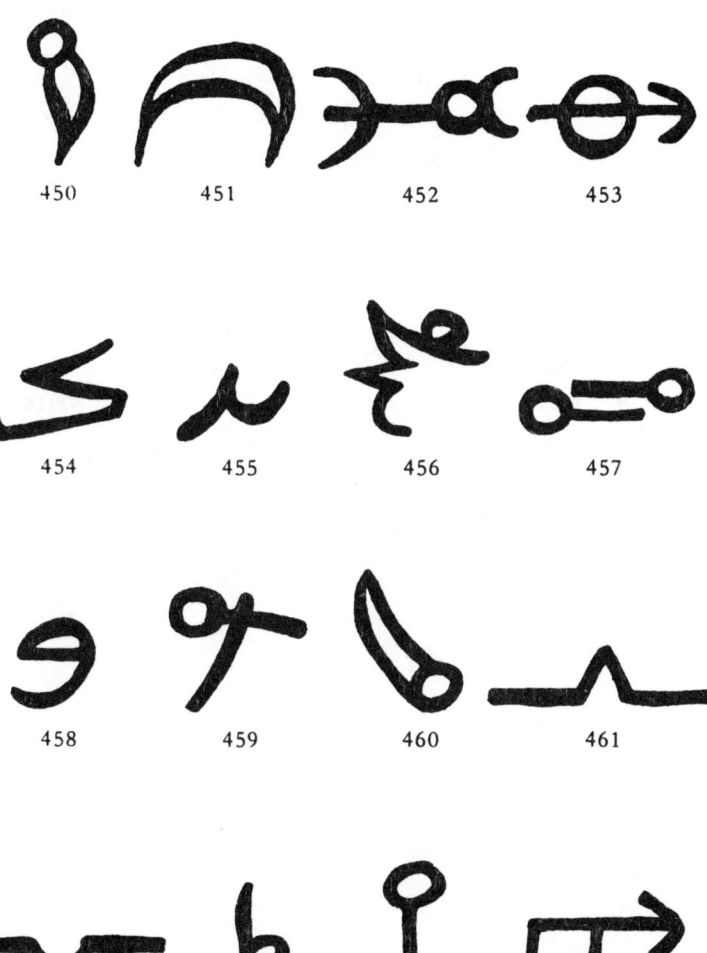

450   451   452   453

454   455   456   457

458   459   460   461

462   463   464   465

Nun folgen, nach Handschriften aus dem späten Mittelalter und der Renaissance sowie aus gedruckten Büchern bis zum 18. Jahrhundert, die wichtigsten Symbole der Alchemie.

Zunächst die üblichen Symbole der „4 Elemente":

466–469   Feuer, Wasser, Erde und Luft.

470   Das Hexagramm (Davidstern, sigillum Salomonis) als Vereinigung der 4 Element-Zeichen.

471–472   Zwei weitere Symbole der „4 Elemente".

473   Spiritus (vgl. Himmel, Nr. 573).

474   Essentia.

475–477   „Quinta Essentia", das geistige Element.

478, 479   Varianten des Symbols für Wasser. Nr. 479, vgl. Nr. 16).

480, 481   Zwei Varianten des Zeichens für Erde (Nr. 468).

482–485   Vier Zeichen für Luft. Nr. 485 erinnert äußerlich stark an Nr. 76.

466 467 468 469

470 471 472 473

474 475 476 477

478 479 480 481

482 483 484 485

Weitere Symbole für Grundbegriffe der alchemistischen Lehre:

486–488   Drei Symbole für „materia prima", den Ausgangsstoff des in mehreren Stufen vorgestellten Weges zum „Stein der Weisen", dem Ziel aller Bemühungen.

489–492   Vier Varianten des Zeichens für „Salz" (sal), und zwar nicht im Sinne von Natriumchlorid, sondern als Weltbaustoff in der paracelsischen Doktrin. Diese drei „philosophischen Elemente" sind das hier gezeigte „sal" (das Materielle), weiters „sulphur" (Schwefel, das Brennende, Nr. 493–504) und „mercurius" (das Flüchtige, Quecksilber im übertragenen Sinne, mit dem Planetensymbol Nr. 411 wiedergegeben); auch 523–532.

493–504   Zwölf verschiedene Symbole für „sulphur" (siehe oben), wobei das erste Zeichen die „Standardform" ist. Sein mit der Spitze nach oben weisendes Dreieck ist das Zeichen für das Element Feuer, Nr. 466, im Sinne der Lehre von den „vier Elementen", die sich von jener der drei „philosophischen Elemente" unterscheidet.

505   Cinis, Asche.

506   Fumus, Rauch.

507   Caput mortuum, Totenkopf: Schlacke.

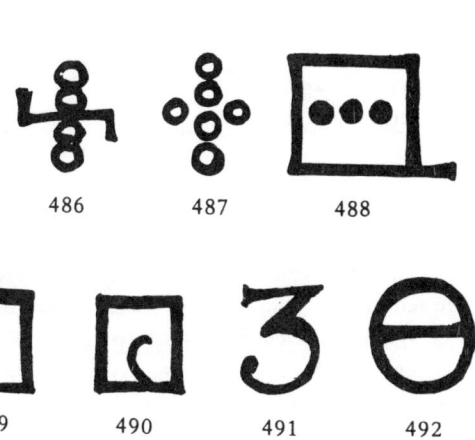

486   487   488

489   490   491   492

493  494  495  496  497

498  499  500  501  502

503  504 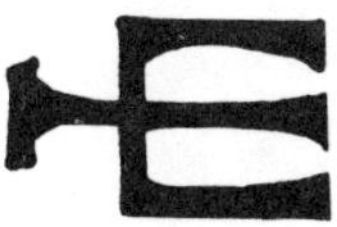 505  506  507

Alchemistische Symbole für die wichtigsten Metalle:

508–512 Gold, Aurum (Sonne).

513–517 Silber, Argentum (Luna).

518–522 Eisen, Ferrum (Mars).

523–532 Quecksilber (Mercurius; gleichzeitig das dritte der drei „philosophischen Elemente", vgl. Nr. 489, 493). Die Standardform (Nr. 411) ist mit dem üblichen astrologischen Symbol des Planeten Merkur identisch, wie auch sonst die alchemistischen Metallsymbole jenen der „korrespondierenden" Planeten entsprechen, im Sinne der Lehre, daß die Metalle auf Erden das Gegenbild der makrokosmischen Planeten seien.

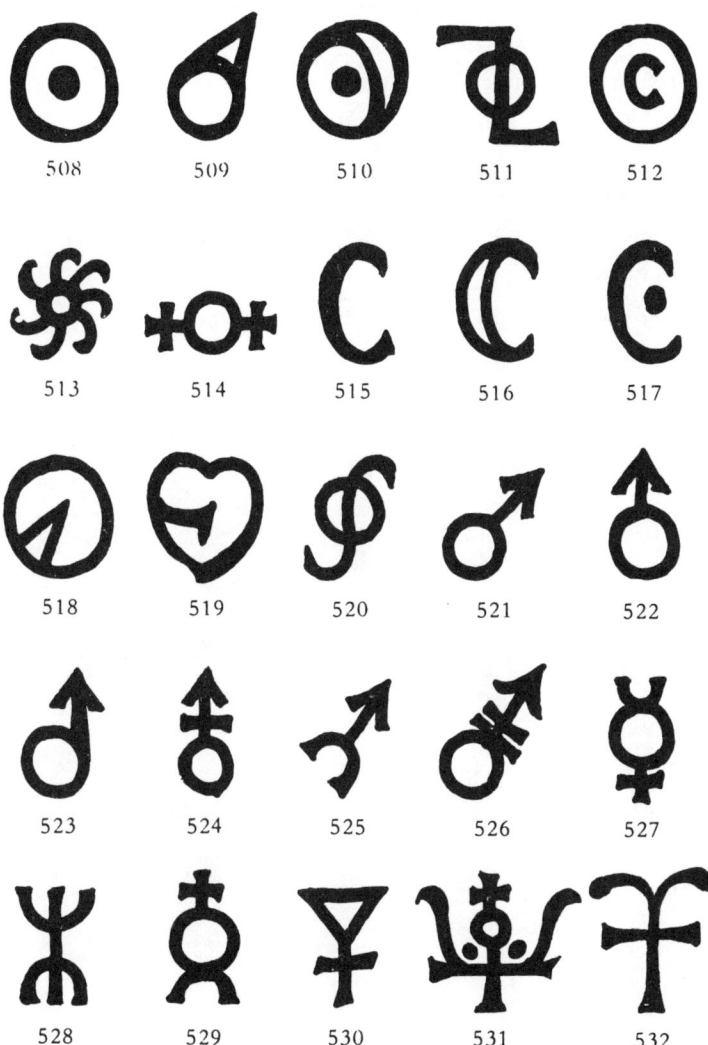

508   509   510   511   512

513   514   515   516   517

518   519   520   521   522

523   524   525   526   527

528   529   530   531   532

533, 534   Zwei weitere Mercurius-Symbole (vgl. Nr. 523 ff.)

535–539   Fünf Zeichen für Venus (Kupfer).

540–544   Fünf Zeichen für Jupiter (Zinn).

545–550   Sechs Zeichen für Saturn (Blei).

551–554   Vier Zeichen für Antimon, einst in der Heilkunst als Basis
           für mineralische Medikamente sehr geschätzt. Nr. 552 entspricht
           dem astronomisch-astrologischen Symbol für „Erde", Nr. 413.

555   Kobalt.

556   Zink.

557   Arsen(ik).

533 534 535 536 537

538 539 540 541 542

543 544 545 546 547

548 549 550 551 552

553 554 555 556 557

Alchemistische Prozesse in den häufigsten Symbolzeichen:

558—561   Solvere, auflösen.

562—565   Distillare, destillieren.

566—568   Filtrare, filtrieren.

569—572   Calcinare, oxydieren, veraschen, verglühen.

573   Sublimare, sublimieren (vgl. Nr. 473 und 461).

574, 575   Praecipitare, niederschlagen oder ausfällen (vgl. Nr. 462).

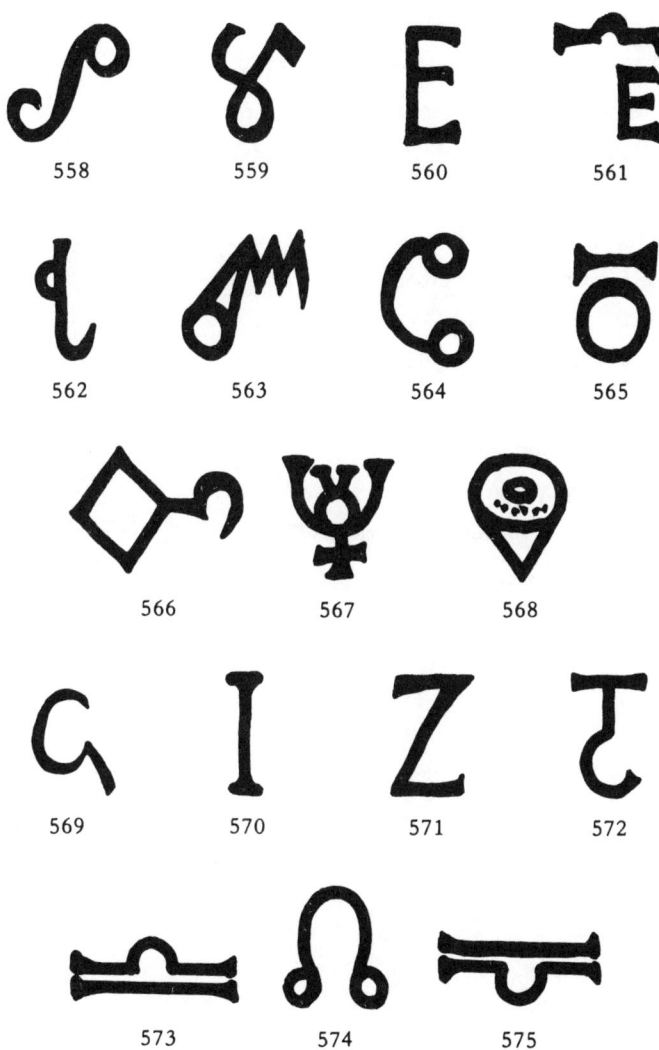

558   559   560   561

562   563   564   565

566   567   568

569   570   571   572

573   574   575

Weitere alchemistische Prozesse und anschließend Arbeitsgeräte:

576, 577   Putreficare, verfaulen lassen.

578, 579   Fixare, festmachen, starr werden lassen.

580   Coagulare, verfestigen, zusammenballen.

581   Digerere, digerieren, längere Zeit hindurch milde erwärmen.

582   Purificare, reinigen.

583   Tigillum, offenes Gefäß.

584, 585   Cucurbita, Kolben.

586, 587   Retorta, Retorte.

588, 589   Alembic, Destilliergefäß.

590   Fornax, eigentlich „Backofen", Erhitzer für längere Zeiträume.

591   Reverborium, Flammofen.

592   Balneum Mariae, eigentlich „Marienbad", Wasserbad.

593   Balneum arenosum, Sandbad als Thermostat.

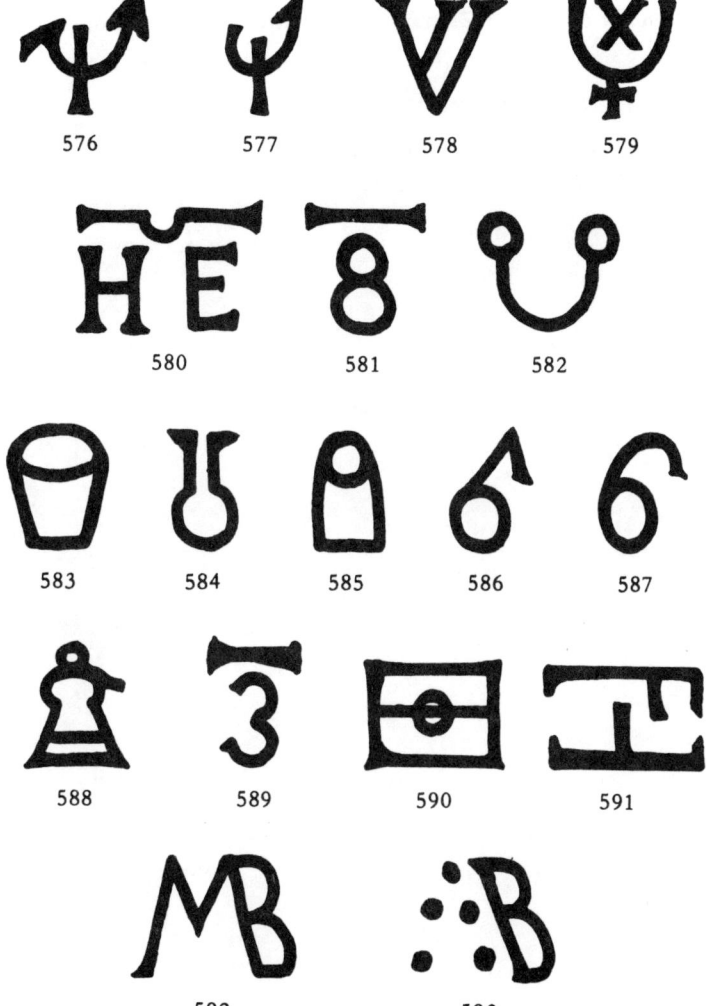

576   577   578   579

580   581   582

583   584   585   586   587

588   589   590   591

592   593

Zeitangaben spielten bei alchemistischen und auch pharmakologischen Vorschriften für die Herstellung von komplizierten Substanzen, die sich oft über lange Zeiträume hin erstreckten, eine große Rolle.

594−598 Hora, Stunde (Nr. 595 vom Bild der Sanduhr abgeleitet).

599−604 Sechs verschiedene Zeichen für Dies, Tag.

605, 606 Zwei Zeichen für Nox, Nacht.

607 Tag und Nacht (vgl. Nr. 603).

608−610 Mensis, Monat.

611−614 Annus, Jahr.

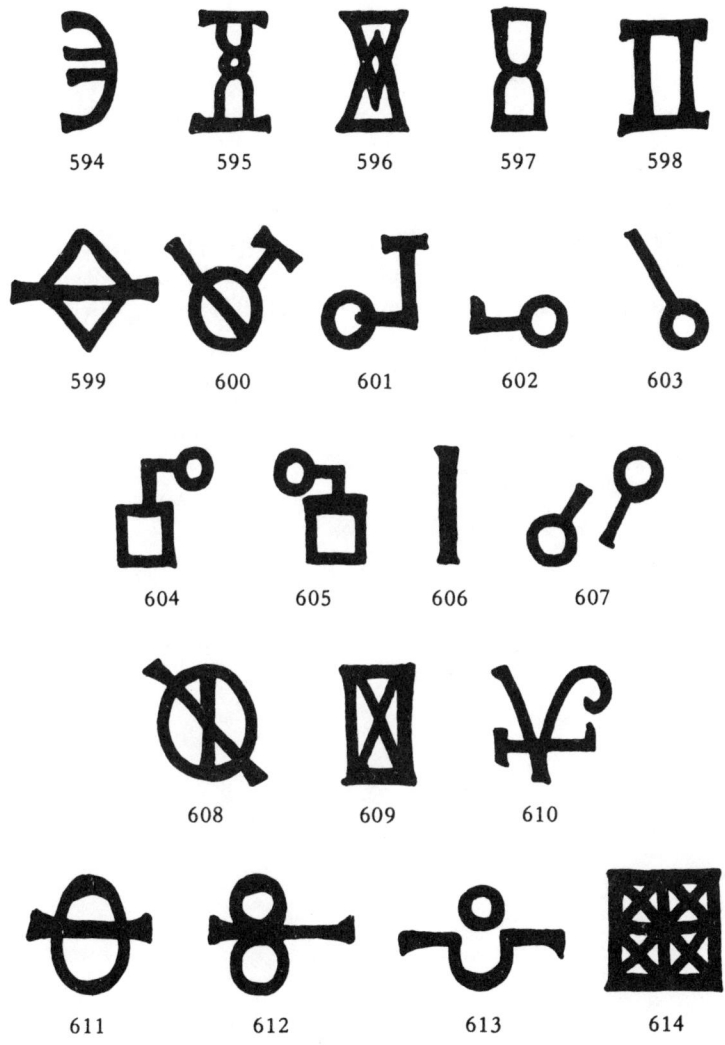

594   595   596   597   598

599   600   601   602   603

604   605   606   607

608   609   610

611   612   613   614

Wir schließen die Auswahl aus den alchemistischen Zeichen mit der Wiedergabe von Symbolen für einige wichtige chemische Verbindungen.

615–618   Vier Zeichen für Sal commune, Kochsalz (nicht zu verwechseln mit Sal als „philosophisches Element, Nr. 489–492).

619   Acteum (Essig).

620–623   Vier Symbole für Zinnober.

624–627   Vier Symbole für Auripigment (Operment, Arsensulfid), ein Mineral, das lt. Plinius d.Ä. schon zur Zeit des Caligula als Ausgangspunkt für Experimente der „Goldsynthese" diente. Es handelt sich um ein Arsenerz.

628–630   „Calces metallorum" (Metallkalke) heißen in der Alchemie die Oxide der Schwermetalle. Calcinare (Nr. 630) heißt daher oxydieren.

631   Vitriolöl, Schwefelsäure.

632, 633   Zwei Zeichen für Amalgam.

615   616   617   618

619   620   621   622   623

624   625   626   627

628   629   630   631

632   633

Weitere alchemistische Symbole für Chemikalien:

634—637   Vier Zeichen für Borax.

638   Lasurstein.

639—641   Drei Zeichen für Alumen (Alaun).

642   Sal alkali.

643   Glas.

644, 645   Zwei Zeichen für Crocus martis, Eisensafran (Rost). Crocus ist die Bezeichnung für rötliche, pulverige Metalloxide (vgl. Sammelzeichen Nr. 628, 629).

646   Weinstein.

647   Laugenstein.

648, 649   Zwei Zeichen für Arsenik.

634   635   636   637

638   639   640   641

642   643   644   645

646   647   648   649

Weitere Symbole für Chemikalien:

650, 651   Zwei Zeichen für Ammoniak.

652   Pottasche.

653   Crocus metallorum (vgl. Nr. 628, 629).

654   Essig.

655–657   Drei Zeichen für Grünspan, lat. „Aerugo"; rein formal erinnern Nr. 656 und 657 an Radkreuze und christliche Symbole (vgl. Nr. 351).

658–661   Vier Symbole für Realgar (ein Arsenerz).

662–664   Drei Symbole für Aurichalcum, Messing.

665   Bleiweiß.

666   Weingeist.

667–669   Vitriol, durch drei der häufigsten Symbolzeichen repräsentiert, ist ein vieldeutiger Terminus, der meist allgemein mit „Säure" zu übersetzen wäre (vgl. Nr. 631, Schwefelsäure).

650   651   652   653

654   655   656   657

658   659   660   661

662   663   664   665

666   667   668   669

Als hochgebildeter Humanist war Henricus Cornelius Agrippa von Nettesheim (1486–1535) bestrebt, die im Gegensatz zu dem offiziellen Weltbild der Scholastik existierende neuplatonische („magische") Unterströmung des abendländischen Geisteslebens durch Sammlung alter Quellen dokumentarisch zu erfassen. Aus seiner berühmten „Occulta Philosophia" zeigen wir die „signacula" wichtiger Himmelskörper, die es dem Kundigen erlauben sollten, mit den geistigen Hütern der Planeten in Verbindung zu treten und ihre Weisheit mitgeteilt zu erhalten. Wie K. A. Nowotny, der Herausgeber der Edition Graz 1967 des genannten Werkes, zeigen konnte, basieren diese Zeichen auf magischen Zahlen- und Buchstabenquadraten, und zwar sollen die kreisförmigen Endpunkte der Figuren bestimmt signifikante Stellen dieser Quadrate kennzeichnen und verbinden. In der Regel handelt es sich um aus Buchstabenquadraten gebildete Monogramme.

670–672 Signaculum solis (der Sonne), ihrer Intelligentia und ihres Daemoniums.

673–676 Signaculum des Mondes, der „Intelligentia Intelligentiarum" und ihres Daemoniums.

677–679 Signaculum der Venus, ihrer Intelligentia und ihres Daemoniums.

680–682 Signaculum des Merkur, seiner Intelligentia und seines Daemoniums.

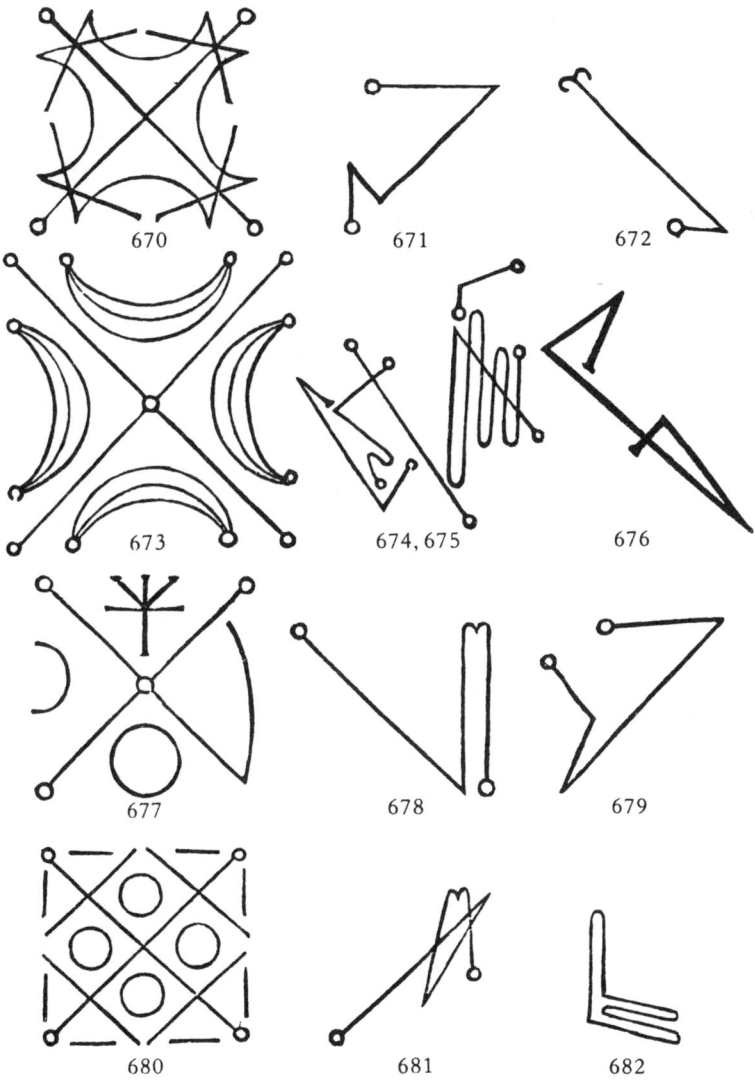

670   671   672

673   674, 675   676

677   678   679

680   681   682

683 Agrippa von Nettesheim bildet in seiner „Occulta Philosophia"
eine sehr eigenartige Art der Ziffernschreibung ab, die er „in
zwei sehr alten astrologischen und magischen Büchern" gefunden haben will. Mit Hilfe dieser „notas elegantissimas" ist es
möglich, alle Zahlen von 1 bis 9999 in Form von an Hausmarken erinnernden Figuren zusammenzuziehen, wie es Agrippas Beispiele in der untersten Reihe zeigen.

Da nach Agrippa vor allem Jahreszahlen gelegentlich in dieser
Geheimschreibung notiert wurden und ihre Resultate an magische Figuren erinnern, setzen wir das gesamte System nach dem
ältesten Druck der „Occulta Philosophia" (1533) in übersicht-
licher Anordnung in diese Sammlung.

| 1. | 2. | 3. | 4. | 5. | 6. | 7. | 8. | 9. |

| 10. | 20. | 30. | 40. | 50. | 60. | 70. | 80. | 90. |

| 100. | 200. | 300. | 400. | 500. | 600. | 700. | 800. | 900. |

| 1000. | 2000. | 3000. | 4000. | 5000. | 6000. | 7000. | 8000. | 9000. |

| 1510. | 1511. | 1471. | 1486. | 3421. |

Monogramme anderer Art, ebenfalls der „Occulta Philosophia" entnommen, sind diese paläographischen Kompositionen, die wir wegen ihrer magisch-theurgischen Verankerung bereits in diesem Abschnitt unserer Sammlung wiedergeben.

684–686 Monogramme des Erzengels Michael in hebräischen, griechischen und lateinischen Buchstaben.

Astrologie war für Agrippa kein banales Horoskopstellen, sondern eine auf antiken Philosophemen basierende magische Kunst. Er befaßte sich daher mit der altgriechischen Lehre von den Urqualitäten (Stoicheia) und mit den aus ihnen abgeleiteten Somata („Elementen") im Hinblick auf ihre astrale Symbolik.

687–690 Zeichen für die feurige, erdige, luftige und wässerige Qualität der Planeten.

691 Drei Varianten des Symbols für die „große" oder „goldene" Konjuktion der Planeten Saturn und Jupiter (vgl. Nr. 415 und 416). Diese Konjunktion wurde als besonders schicksalhaft angesehen.

Auch die Fixsterne hatten in der umfassenden Astromagie Agrippas ihren Platz.

692–697 Sechs Fixstern-Symbole aus einer längeren Reihe in der „Occulta Philosophia".

684

685

686

687

688

689

690

691

 Caput Algol,

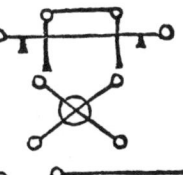 Cor Scorpii,

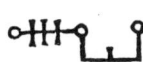 Pleiades,

Vultur cadens,

 Aldebaram,

Cauda capricorni

692 – 697

Einige Beispiele aus der heute fast unverständlich gewordenen Geisteswelt der Invocationsmagie und der Talismanik sollen diesen Abschnitt beschließen.

698 Magisches Zeichen des Hagith, „Gubernator" der Venus, der Herren über 4000 Legionen von Geistern.

699 Magisches Zeichen des Ophiel, „Gubernator" des Planeten Merkur. Beide aus dem Buch „Arbatel de magia veterum", Basel 1575.

Kraus und wirr erscheinen diese Dämonencharacteres aus dem oft aufgelegten Zauberbuch „Lemegeton":

700 Zeichen des Teufels Aschtaroth.

701 Zeichen des Teufels Ba'al.

702 Zeichen des Teufels Asmodeus (Aschmedai).

Characteres, wie sie auf Talismanen (Glücksbringern) gezeigt wurden (nach J. J. Bellermann, 1817):

703 Zeichen auf einem Talisman, der Schönheit verleihen soll.

704 Zeichen auf einem Tierkreis-Talisman des Sternbildes Sagittarius (Schütze).

Auf Talismanen taucht häufig das Wort „Agla" auf, gebildet aus den Anfangsbuchstaben des hebräischen Satzes „Ateh gibor le-Olahm Adonai", d.h. „allmächtig bist du in Ewigkeit, o Herr".

705 „AGLA" in verdoppeltem Krückenkreuz (vgl. 380) mit um das Zentrum gezeichnetem Kreis, von einem Anhänger des 18.Jahrhunderts.

706 „AGLA" aus dem Zauberbuch „Vincula Salomonis", einem mehrmals aufgelegten Beschwörungsbuch.

Das Pentagramm, ein dämonenbannendes Symbol, geht vielleicht auf ein Zeichen der Manichäer zurück, denen die Fünfzahl heilig war.

707 Normalform des Pentagramms, mit einer Spitze nach oben. Die Umkehrung tritt als Symbol schwarzmagischer Zirkel auf.

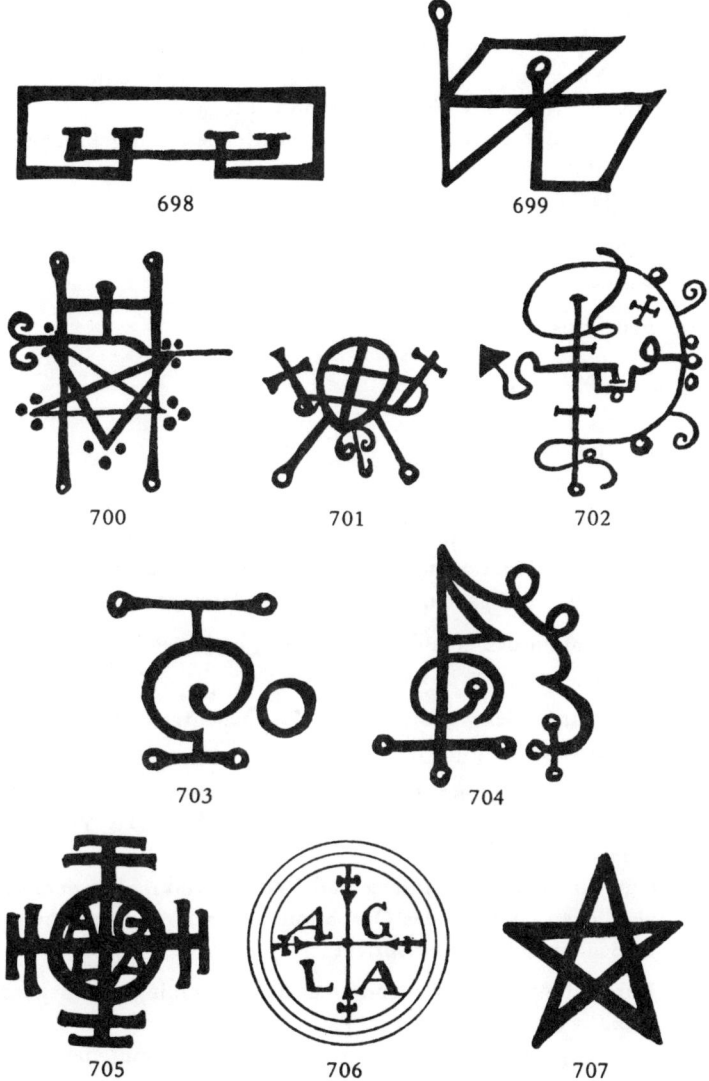

698

699

700

701

702

703

704

705

706

707

Als einziges Beispiel für magische Kosmogramme aus fremden Kulturen soll dieser Abschnitt von den Symbolen aus dem altchinesischen „I-Ging" (Yih-king), dem „Buch der Wandlungen", beschlossen werden, dem die Stufen des Yin-Yang-Symboles folgen. Zunächst die acht Trigramme aus durchlaufenden und gebrochenen Linien mit ihrer Bedeutung im Orakelwesen:

708   Himmel.

709   Wind.

710   Wasser.

711   Feuchtigkeit (vgl. Nr. 101).

712   Feuer.

713   Berg.

714   Donner.

715   Erde.

Werden je zwei Trigramme zusammengezogen, so entstehen Sinn- und Zeichenkombinationen, die zu tiefschürfenden kosmologischen Spekulationen Anlaß gaben. Wir bilden zwei davon ab:

716   Hexagramm des männlichen Prinzips, bedeutet Leben und Bewegung, aus „Feuer" und „Donner".

717   Hexagramm des weiblichen Prinzips, bedeutet Ruhe und Dunkel; Erde über Himmel.

718   Die acht Trigramme (Nr. 708—715) umgeben das Symbol des Yin-Yang, Zeichen der kosmischen Ganzheit. Das Yin-Yang-Symbol besteht aus

719   dem Kreis, „ohne Anfang und Ende" (Wu-ki), der dem altweltlichen Symbol des Ouroborus, der sich in den Schwanz beißenden Schlange entspricht.

720   Durch die teilende Wellenlinie entsteht Yu-ming, das Benennbare.

721   Yin-Yang, das Symbol des kosmischen Dualismus, besitzt in jeder Hälfte den Keim des Gegenpols.

708

709

710

711

712

713

714

715

716

717

718

719

720

721

LITERATUR

Agrippa ab Nettesheym, H. C.: De Occulta Philosophia (Kommentiert und erläutert von K. A. Nowotny). Ausgabe Graz 1967.

Bellermann, J. J.: Versuch einer Erklärung einiger morgenländischer Talismanne etc., Erfurt 1817.

Biedermann, H.: Handlexikon der magischen Künste von der Spätantike bis zum 19. Jahrhundert. 3. Auflage Graz 1986.

Biedermann, H.: Materia Prima. Eine Bildersammlung zur Ideengeschichte der Alchemie. Graz 1973.

Cavendish, R.: The Black Arts. London 1967. Deutsche Ausgabe: Die schwarze Magie. Frankfurt 1969.

Gessmann, C. W.: Die Geheimsymbole der Alchymie, Arzneikunde und Astrologie des Mittelalters. Graz 1899, Nachdruck Berlin 1922.

Gundel, W.: Sterne und Sternbilder im Glauben des Altertums und der Neuzeit. Bonn 1922.

Hansmann, L. und L. Kriss-Rettenbeck: Amulett und Talisman. Erscheinungsform und Geschichte. München 1966.

Hartlaub, G. F.: Der Stein der Weisen. Wesen und Bilderwelt der Alchemie. München 1959.

Laarss, R. H.: Das Buch der Amulette und Talismane. Leipzig 1932.

Lüdy, D.: Alchemistische und chemische Zeichen. Berlin 1928.

Nowotny, K. A.: Zur Geschichte der astrologischen Medaillen. Numismatische Zeitschrift Bd. 74/1955.

Peuckert, W. E.: Pansophie. Ein Versuch zur Geschichte der schwarzen und weißen Magie. 2. Aufl. Berlin 1956.

Rosenberg, A.: Zeichen am Himmel. Die Entwicklung des astrologischen Weltbildes. Zürich 1949.

Van Lennep, J.: Art et Alchimie. Étude de l'Iconographie Hermétique et de ses Influences. Paris-Bruxelles o.J. (=1966).

Symbole aus der Paläographie

Der Symbolcharakter der Schrift tritt uns in den verschiedenen Schriftsystemen immer wieder gegenüber (vgl. dazu die Kapitel „Die frühen Schriftsysteme" und „Die Runen"). Die historischen Hilfswissenschaften, Paläographie, Epigraphik, Diplomatik und Numismatik, bringen uns immer wieder Beispiele dafür.

Wir kennen die Verwendung von Buchstabenfolgen als Abkürzung für Namen und Titel, besonders häufig auf Münzen: z.B. A.F.S.G.V.R. für Adolphus Fridericus, Suecorum, Gothorum, Vandalorumque Rex (1751–1771). Diese Buchstabenfolgen auf Münzen können sowohl den Münzherrn, als auch die Münzstätte, die Stempelschneider oder Münzmeister angeben. Manchmal ist auch nur ein Buchstabe als Symbol verwendet worden; so steht z.b. auf ungarischen Münzen „M" für Matthias Corvinus (König von Ungarn 1458–1490) oder auf Münzen Kaiser Friedrich I. (1152–1190) für Salzburg ein „S".

Andere Buchstabenfolgen stehen als Abkürzungen für Devisen. Als Beispiel sei hier der Wahlspruch Kaiser Friedrich III. (1440–1493) angeführt: AEIOU. Wir finden ihn auf vom Kaiser errichteten Bauwerken, auf seinen Münzen, Siegeln und Geräten. Die Deutung der 5 Vokale ist zahlreich. Köhler im 3. Teil seiner „Münzbelustigungen" erwähnt gegen 60 Auslegungen in deutscher und lateinischer Sprache, die nach Schlickeysen alle falsch sind. Die ursprüngliche, durch ein gleichzeitiges Denkmal, einen Kristallbecher beglaubigte, ist

AQUILA
EJUS
JUSTE
OMNIA
VINCIT

In sein Tagebuch hat der Kaiser eigenhändig geschrieben: Austria Est Imperare Orbi Universo und Alles Erdreich Ist Oesterreich Untertan. Zum Schluß sei noch die gebräuchlichste, wenn auch sicher nicht richtige Auslegung angeführt: Austria Erit In Orbe Ultima

(= Österreich wird ewig sein). Abschließend sei aber noch ein Hinweis auf einen vielleicht unterschwellig bestehenden Zusammenhang hingewiesen: in Griechenland symbolisierte die Folge der 7 griechischen Vokale den gesamten Kosmos (vgl. H. Biedermann, Handlexikon der magischen Künste, Graz 1968, S. 389).

Buchstabenfolgen als Devisen bzw. als symbolhafte Abkürzungen finden wir bis in die heutige Zeit. Man denke nur an Parteiabkürzungen wie CDU, SPÖ oder NSDAP (Vgl. Nr. 242).

Ineinander verschlungene Buchstaben bilden Monogramme und werden damit zum Symbol der durch sie dargestellten Person. So die griechischen Monogramme der Herrscher von Byzanz.

Bei diesen oft sehr schwierigen Formen spielt es nicht unbedingt eine Rolle, daß einzelne Buchstaben fehlen (Doppelbuchstaben werden wie schon früher oft nur einmal aufgenommen). Finden sich nicht alle Buchstaben des Namens, so spricht man von einem Monogr. incompletum. Bis zum 13. Jahrhundert blieben die Herrschermonogramme in allgemeinem und ständigem Gebrauch, aber bereits Friedrich II. bediente sich nicht mehr ausschließlich dieser Monogramme beim Unterzeichnen von Urkunden, obwohl wir bis Maximilian I. Herrschermonogramme nachweisen können. Im späteren Verlauf tritt an die Stelle des vom Herrscher nur ergänzten Monogramms die eigenhändige Unterschrift.

In kirchlichen Urkunden werden häufig auch Kreuze und das Chrismon verwendet, vor allem bei Anreden und vor der Grußformel (vgl. dazu das Kapitel „Christliche Symbole" S. 79).

ui cuique. adulaat mo nedario
p dedire &hir quipdicaur &c · re
demonida · adulteraccione·
fuarta adp batur· igni b; conce
matur·;

Detail der Handschrift 731 aus St. Gallen (Salisches Gesetz, geschrieben 794)
mit dem Monogramm Karls des Großen (vgl. Nr. 727).

722 Theodosius II. (408–450).

723 Justinian der Große (527–565).

724 Das wahrscheinlich am leichtesten lesbare Monogramm von Kaiser Manuel II. (1391–1423), einem der Herrscher aus der Dynastie der Paläologen, die nach der Wiedereroberung von Byzanz herrschten.

725 Ebenfalls ein Monogramm aus Byzanz, es stammt vom Bischof Ulfila, dem Apostel der Goten, der durch Kaiser Theodosius dem Großen nach Byzanz berufen worden war.

726 Eine Abweichung insoferne, als das Monogramm Pipin des Kurzen (741–768) nicht aus Buchstaben, sondern lediglich aus einem Kreuz gebildet ist. Sowohl für dieses als für die übrigen Herrschermonogramme gilt, daß sie ihrem oft schwierigen Duktus zufolge selbstverständlich nicht vom Herrscher selbst unter die Urkunde geschrieben wurden; sie wurden vom Schreiber ausgeführt, der Herrscher fügte lediglich einen bestimmten Strich oder, bei Pipin, einen Punkt eigenhändig bei.

727 Das erste der hier abgebildeten Monogramme in lateinischen Buchstaben. Diese Buchstaben, die den Namen Karls des Großen (768–814) symbolisierten, sind kreuzförmig angeordnet; nicht ganz leicht zu erkennen, das in den Schnittpunkt der Kreuzbalken gestellte A.

722

723

724

725

726

727

728 Arnulf von Kärnten (887–899). Im Aufbau sehr ähnlich der Unterschrift Karls des Gr., lediglich N und F am linken Querbalken sind nochmals ineinander verschlungen.

729 Besonders schön im graphischen Aufbau, begünstigt durch die Tatsache, daß der Name aus vier Buchstaben besteht, von denen immer zwei gleiche sind, das um ein Kreuz gruppierte Monogramm Otto I. (936–973).

730 Das Monogramm Heinrich III. (1039–1056) zeigt bereits die seit dem 11. Jahrhundert immer komplizierter werdende Form. In die Monogramme werden auch Buchstaben, die sich auf Titel beziehen, aufgenommen. Aus dem reinen Monogr. nominale wird das Monogr. titulare.

731 Ist das einzige im Urkundenwesen bekannte Spruchmonogramm, der päpstliche Abschiedsgruß BENE VALETE (= lebt wohl!). Diese Grußformel ist von hohem Alter, anfänglich wurde sie buchstäblich ausgeschrieben und zwischen zwei Kreuze gesetzt. Seit Leo IX. wird sie in eine monogrammartige Form gebracht, wobei Form und Ausführung variieren. Die Formel wurde bis ins 13. Jahrhundert häufig bei Privilegien und wichtigen Bullen verwendet. Nach dem 13. Jahrhundert ist der Gebrauch nicht mehr nachzuweisen.

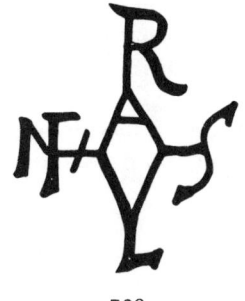

728

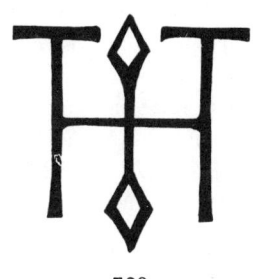

729

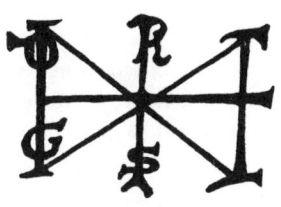

730

731

Die in späteren Jahrhunderten immer wieder vorkommenden Monogramme von Herrschern, besonders auf Münzen und Medaillen, sind in ihrem Duktus der in einander verschlungenen Buchstaben meist zu kompliziert und sprengen daher den für dieses Buch gesetzten Rahmen.

Am Rande seien in diesem Abschnitt auch noch Künstlersignaturen erwähnt, die wir zum Teil auch im Abschnitt über das Kunstgewerbe finden werden (vgl. Nr. 1112–1120).

732 Albrecht Altdorfer.

733 Albrecht Dürer.

734 Hans Sebald Beham.

735 Hans Baldung Grien.

Sie sind nicht unbedingt das Zeichen für Eigenhändigkeit; wir kennen z.B. bei Dürer Formen, die nur auf Werkstattarbeiten Verwendung finden.

Eine andere symbolhafte Umformung der Schrift ist dann gegeben, wenn Buchstaben und Buchstabenformen an Stelle von Zahlen verwendet werden.

„Zu den Wundern der Kulturgeschichte gehört die weltweite Ausbreitung von 22 Zeichen der Phöniker für die Mitlaute ihrer semitischen Sprache", schreibt K. Menninger in seinem grundlegenden Werk über „Zahlwort und Ziffer". Hatte dieses Schriftsystem die Griechen inspiriert, so kam die von Griechen eingeführte Gleichsetzung eines Zahlwertes mit einem Buchstaben zurück in den semitischen Kulturraum. Aus dieser Verbindung von Buchstabe und Zahl blühte bei jüdischen und frühchristlichen Schriftgelehrten, aber auch bei den Griechen selbst, die sogn. GEMATRIA, wahrscheinlich eine Verstümmelung vom griech. Geometria (hebräisch nur GMTR geschrieben). Da alle Buchstaben Zahlwert haben, hat auch das Wort selbst eine ihm zukommende Zahl, die häufig symbolhaft verwendet wird, z.B.

$$AMEN = 1 + 40 + 8 + 50 = 99;$$

deshalb wird oft am Ende eines griechischen Gebetes statt AMEN nur 99 geschrieben.

732

733

734

735

Aus der Gleichzahligkeit schuf man Zusammenhänge, z.B. Christus und Mithras (vgl. S. 86).

Eine eigene Zahlschrift, die bis in das Mittelalter und in die heutige Zeit fortgewirkt hat, haben die Römer ausgebildet. Die bekanntesten und noch heute geläufigen Zeichen sind

I = 1   V = 5   X = 10   L = 50   C = 100   D = 500   M = 1000.

Nach Schönemann und Gloria sind die römischen Zahlzeichen nichts anderes als Abbreviaturen, eine Ansicht, der aber bereits Capelli widerspricht. Man könnte höchstens bei C = Centrum und M = Mille versuchen, eine solche abzuleiten. Aber bei einem Teil der Zahlzeichen ist es überhaupt fraglich, ob die Ähnlichkeit mit römischen Buchstaben ein verbindlicher Beweis ist, daß wir es mit einer Gleichsetzung von Buchstaben und Zahl zu tun haben. Menninger vermutet durch Vergleiche mit Kerbhölzern (in bäuerlichen Gebieten ist die Form des Zählens durch Einkerben auf Hölzern bis in unsere Zeit hinein noch üblich gewesen), daß es sich zumindest bei I, X und V um ehemalige Kerbholzformen handelt. Wenn wir uns kurz vergegenwärtigen, daß der Anfang von Zahlsystemen darin zu suchen ist, daß man Zählreihen durch Reihung und durch Bündelung bildet, so wäre X eine Bündelung von zehn Strichen, und V die auch noch heute auf Kerbhölzern vorkommende Halbierungsform. Nicht klar ist die Entstehung der Zeichen für Hundert und Tausend.

736   Bedeutet 1000 (vgl. dazu Nr. 1235, das moderne mathematische Zeichen für „unendlich") und kommt von

737, 737a, 738   dem ältesten römischen Zeichen, aus dem man durch Teilung das römische Zeichen für 100 ableiten könnte. Schwieriger ist zu erklären, wo dieses Tausenderzeichen seinen Ursprung genommen hat. Man versuchte es durch Ähnlichkeiten mit griechischen oder etruskischen Buchstaben.

736

737

737a

738

739 Zeigt aber auch die Problematik. Auch hier haben wir eine Ähnlichkeit mit einem griechischen Buchstaben Π = P, hat aber einen ganz anderen Zahlwert.

740 Zeigt die ursprüngliche Form, zwei Einser mit einem darüber gezogenen waagrechten Strich. Dies bedeutet, daß die Zahl tausendfach zu verstehen ist, also 2000. Dieses Überstreichen darf jedoch nicht verwechselt werden mit dem Unter- und Überstreichen, das auch noch heute verwendet wird, um den Buchstaben X von der Zahl X zu unterscheiden (ein seit dem Mittelalter bestehender Brauch).

741 Das Einschließen der Zahl bedeutet: ihr Wert wird mit 100.000 multipliziert. Beispiele dafür finden sich an der Columna Rostrata (eine Gedenksäule für den Seesieg über die Karthager 260 v. Chr. bei Mylae. Ihr Name kommt von rostrum = Schnabel, im übertragenen Sinn Rammsporn eines Schiffes, weil sie mit eisernen Schiffssspornen geschmückt war).

742, 743 Zeigen Weiterbildungen; durch Anfügen von je einem C rechts und links (aus Gründen der Symmetrie wird das rechte C immer gedreht) entsteht 10.000 bzw. dann 100.000. Mittelalterliche Formen, die immer mehr zu graphischen Symbolen umgeformt werden.

744 Die beiden äußeren C werden zu einem Kreis zusammengeschlossen. Dieses Symbol für 100.000 wird noch bei Agrippa von Nettesheim verwendet.

745, 746 Zwei Formen, die aus dem alten Zeichen für Tausend (vgl. Nr. 738) gebildet wurden, die beiden C sind zu einem einzigen Strich zusammengezogen.

747, 748 Tausend, graphische Umformungen von Nr. 736.

749 Durch Verdoppelung besteht eine andere Möglichkeit, 2000 auszudrücken.

739

740

741

743

742

744

745

746

747

748

749

750–754   Ornamentale Umgestaltungen des Zeichens für 10.000.

755, 756   Halbierungsformen davon, also 5.000.

757–759   Halbierungsformen von 100.000, also 50.000.

Je stärker die Zahlzeichen jedoch verschriftet wurden, umso stärker werden auch geistreiche symbolische Spielereien, so die beliebten Chronogramme. Als Beispiel sei eines auf die Bartholomäusnacht angeführt:

LVtetIa Mater natos sVos DevoraVIt

= Die Mutter Lutetia (keltischer Name für Paris) hat ihre eigenen Kinder verschlungen. Die in Versalien gebrachten Buchstaben mit Zahlwert werden addiert und ergeben 1572! Viele zum Teil seltsame Zeichen wurden im Mittelalter und in der beginnenden Neuzeit gebraucht, um Münzen, Gewichte und Maße zu bezeichnen. Nach der alten Sitte des Geldwiegens hatten die Bezeichnungen meist dreierlei Bedeutung. So unterscheiden wir beim Pfund: Gewichtspfund (= ein Pfund Kartoffel), Zählpfund (= ein Pfund Pfennige) und Münzpfund (= Geldstück). Die in Europa im Mittelalter und zum Teil noch heute gültigen Bezeichnungen gehen auf die römischen Bezeichnungen zurück, jedoch mit Varianten.
Das römische AS (vom gr. heis, mundartlich has, as = Eins) entsprach im Gewicht dem Pfund. Die Römer sagten AS LIBRALIS = die gewogene Eins. Von dieser Ausdrucksweise stammt franz. LIVRE und ital. LIRA. Die Bezeichnung Pfund kommt vom römischen LIBRA PONDO (= eine Waage dem Gewicht nach), im germanischen Raum wird die Bezeichnung Pfund jedoch häufig mit der Kürzung für Libra verwendet;

760, 761   Zwei Zeichen für Libra aus dem 8. Jahrhundert.

762, 763   Ein As wird in 12 Unzen unterteilt; zwei Unzenzeichen.

750   751   752   753   754

755   756   757

758   759   760   761

762   763

764, 765   Zwei weitere Unzen, die in der Apothekerunze bis in die
            Neuzeit weiterleben.

766, 767   Zwei Zeichen für Sextans, eine Bezeichnung für 2 Unzen;
            der Name erklärt sich daraus, daß es sich um ein Sechstel eines
            Pfundes handelte.
            Auch die folgenden Zeichen fanden in Alchemie und Pharmazie
            häufigen Gebrauch:

768   Ein Librazeichen.

769, 770   Zwei Zeichen für Scrupulus (lat. kleiner spitzer S̄tein),
            kleine Gewichtseinheit, 1 Scrupel war 1/24 Unze.

771   Gran, als Medizinalgewicht 1/20 Scrupel, das Wort kommt vom
       lat. granum = Körnchen.

772, 773   Zwei Zeichen für 10 Gran oder 1 Obulus.

774   Zeichen für 24 Gran.

775—777   Zwei Zeichen für Drachme (griech. Handvoll), ursprüng-
           lich griechische Münz- u. Gewichtseinheit, in Deutschland und
           Rußland ein Medizinalgewicht von 1/8 Unze.

Diese wenigen Zeichen können natürlich nur eine Andeutung für die
Fülle von Maßeinheiten geben. Weitere Symbole aus dem Bereich
der Pharmazie finden sich im Abschnitt „Magische Zeichen und
Symbole".

764

765

766

767

768

769

770

771

772

773

774

775

776

777

777/1 Bevor wir die Zahlen bzw. die Maßeinheiten verlassen, noch ein Beispiel für ein frühes Zahlsystem, daß weit bis in die moderne Zeit hineingewirkt hat: ein steirischer Bauernkalender mit sog. Bauernzahlen, und darunter als Erklärung die Zahlen 1, 2, 5, 10 und 15. Auf dieser Basis können alle weiteren Zahlen ausgedrückt werden (ein ähnliches System hat Agrippa von Nettesheim angeblich in alten magischen Büchern gefunden. Siehe Nr. 683).

Auf einem steirischen Bauernkalender (der noch bis heute gedruckt wird) stammen auch die folgenden Zeichen, Vorläufer unserer meteorologischen Zeichen (siehe Nr. 1256 – 1262).

777/2 Warm, schön, angenehm.

777/3 Donner, Blitz, Gewitter.

777/4 Nebelwetter.

777/5 Regen.

777/6 Sonnenschein.

1   2   5   10   15

777/1

777/2   777/3   777/4   777/5   777/6

In der mittelalterlichen Brachygraphie (Lehre von den Kürzungen) finden wir aber auch eine ganze Zahl zumeist nicht alphabetischer oder doch stark umgeformter Zeichen, die fast immer allein stehend dazu dienten, ein Wort oder eine Wendung häufigen Gebrauchs darzustellen. Vielfach sind ihre, allerdings sehr stark variierten, Grundformen bei den sogenannten Tironischen Noten zu suchen. Bereits bei den Griechen hatten wir Versuche für eine Kurzschrift gefunden (das sogenannte Akropolis-System, 4. Jahrhundert v. Chr. oder die Delphischen Konsonanten-Tafeln um 300 v. Chr.). Bei den Römern soll als erster der Dichter Ennius (239–169 v. Chr.) etwa 1100 sogenannte Notae vulgares geschaffen haben, Wortkürzungen unter Beibehaltung der gewöhnlichen Buchstaben. Aus ihnen hat sich eine römische Kurzschrift entwickelt, deren weiterer Ausbau in erster Linie Tiro, dem Sekretär Ciceros (ca. 100 v. Chr. bis 1 n. Chr.) zu danken ist.

Das System beruht darauf, daß die Grundzeichen entweder Buchstaben der Capitalschrift oder der Majuskelkursive oder auch Verkürzungen derselben sind. Indem nun ein Grundzeichen eine etwas veränderte Form oder Stellung einnimmt, steht es für ein ganzes Wort.

778 Die tironische Note für A, die folgenden daraus entstehenden Kürzel:

779 ager

780 animus

781 amicus

782 Die tironische Note für L; die zugehörigen Kürzel:

783 lego

784 legis

785 legit

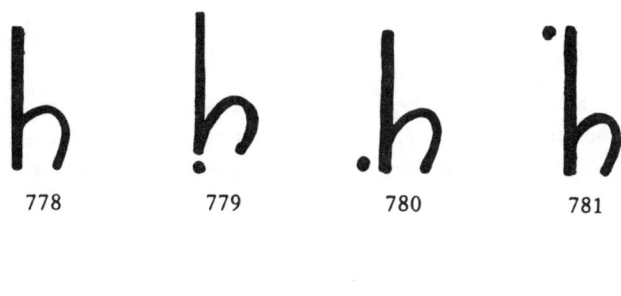

778 779 780 781

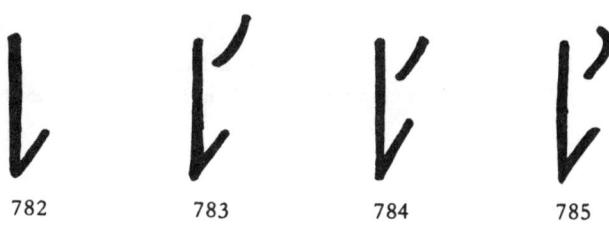

782 783 784 785

786 Die tironische Note für „co".

787 Das vorige Zeichen, auf den Kopf gestellt, ist eine der häufigsten mittelalterlichen Kürzel für die Vorsilbe „con".

788 Umformung dieser Kürzung im 15. Jahrhundert.

789 Zeichen für „contra" in einer Form aus dem 15. Jahrhundert.

790–792 Dreimal das Zeichen für „et", wieder als Beweis dafür, wie stark die als bekannt vorausgesetzte Grundform abgewandelt wurde.

793 Ein anderes Zeichen, das besonders häufig ab dem 8. Jahrhundert auftritt. Eine Verbindung zu einer tironischen Note ist nicht feststellbar. Es wird auch heute noch für „und" verwendet.

794 Eine Weiterbildung für „et cetera".

795 Die tironische Note für „e".

796–798 Daraus gebildete Formen für „est".

799, 800 Zwei Formen für „esse", die zweite lebt noch in unserem mathematischen Ist-Zeichen weiter.

801–803 Drei Zeichen für Paragraphus. Nr. 803 aus dem 15. Jahrhundert hat schon eine große Ähnlichkeit mit unserem §.

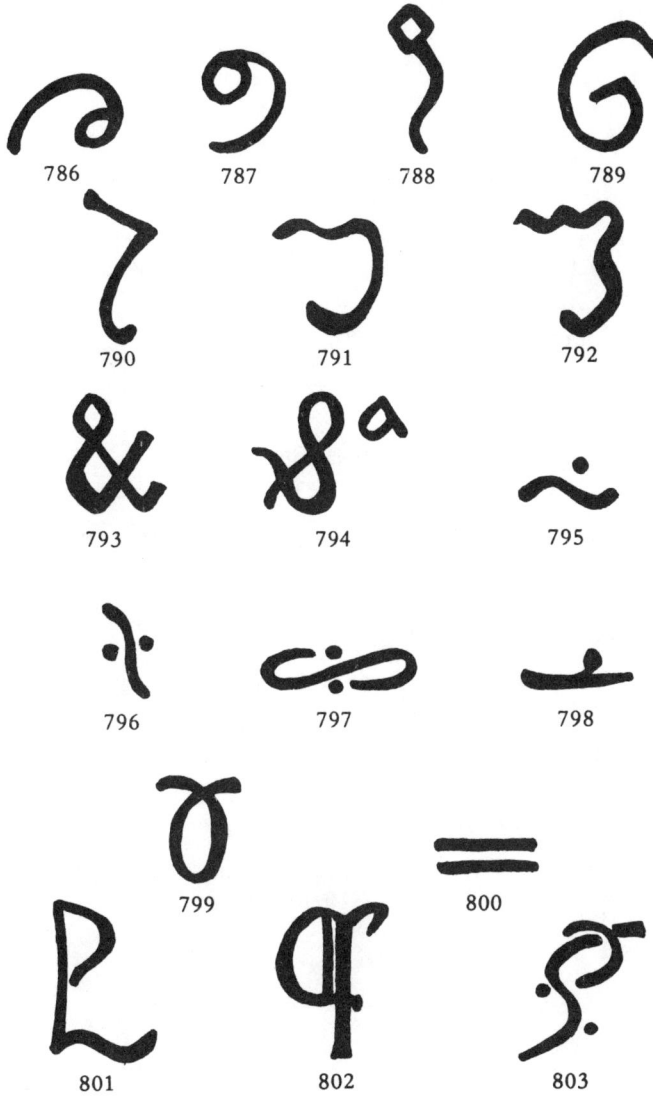

786   787   788   789

790   791   792

793   794   795

796   797   798

799   800

801   802   803

Beim Kopieren der antiken Texte stellten sich auch Versuche einer Textkritik ein, die von den Schreibern mit bestimmten Zeichen annotiert wurde. Wir folgen den Schreiberzeichen des anonymen Fragments „Anecdotum Parisinum", in dem antike Texte vor Verunstaltung bewahrt werden sollen, und zwar nach dem Sammelband „Die Textüberlieferungen der antiken Literatur und der Bibel", dtv–WR 4176, München 1975, S. 329.

803/1 „asteriscus", Sternchen, d. h. „richtig an dieser Stelle".

803/2 „asteriscus cum obelo", d. h. „Verse stehen hier nicht an der richtigen Stelle".

803/3 „antisigma", d. h. „hier ist die Reihenfolge der Verse zu ändern".

803/4 „ceraunion", d. h. „hier ist eine Textverderbnis eingetreten, viele Verse sind hier offenbar schlecht wiedergegeben".

803/5 „obelus adpunctus", d. h. „diese Textstelle ist vielleicht korrumpiert".

803/6 „diple superne obelata", d. h. „hier wurden Zeit, Ort und Personen geändert".

803/7 „chi et ro" – nota bene! Zur Beachtung! (vgl. Nr. 329, das Christus-Monogramm).

803/8 „phi et ro", d. h. „hier ist Vorsicht geboten!"

803/9 „ancora superior", Anker nach oben, d. h. „egregie", besonders hervorragend.

803/10 „ancora inferior", Anker nach unten – eine Äußerung des Mißfallens mit dieser Textstelle („Pfui!").

803/1

803/2

803/3

803/4

803/5

803/6

803/7

803/8

803/9

803/10

Zum Abschluß dieses Kapitels noch einige paläographische Zeichen, die man nicht direkt mit Buchstaben in Verbindung bringen kann, die aber auf Schriftstücken immer wieder vorkommen.

804   Amen. Hauptsächlich am Schluß von Briefen.

Auf der Rückseite von Briefen finden sich oft Beförderungsbestimmungen:

805, 806   „per staffetta" (durch einen reitenden Eilboten).

807   „per cavalcata" (durch einen Reitertrupp).

Als letztes Zeichen sei ein ebenfalls manchmal auf die Rückseite eines Briefes gesetztes Zeichen angeführt, das in seiner makabren Drohung für uns einer gewissen Komik nicht entbehrt.

808   Ein Galgen. Im 15. Jahrhundert bei dringenden Briefen hochgestellter Herren als Drohung für den Kurier, falls die Zustellung nicht rechtzeitig erfolgt.

804

805

806

807

808

LITERATUR

Agrippa ab Nettesheym, H. C.: De Occulta Philosophia (Kommentiert und erläutert von K. A. Nowotny). Ausgabe Graz 1967.

Brunner, K.: Kerbhölzer und Kaveln (Zeitschrift des Vereins für Volkskunde 22) 1912.

Capelli, A.: Lexicon abbreviaturarum. Deutsche Ausgabe, 2. Aufl. Leipzig 1928.

Erhard, H. A.: Diplomatische Zeichenkunde (in Ersch-Gruber, Allg. Enzyklopädie der Wissenschaften und Künste, Teil 29) Leipzig 1818–1898. Nachdruck Graz 1971.

Foerster, H.: Abriß der lateinischen Paläographie. 2. Aufl. Berlin-Leipzig 1929.

Jakob, S. und D. Leicher: Schrift und Symbol. München 1977.

Jensen, H.: Die Schrift in Vergangenheit und Gegenwart. Berlin 1958.

Menninger, K.: Zahlwort und Ziffer. Eine Kulturgeschichte der Zahl. Göttingen 1958.

Schlickeysen, F. W. A. u. R. Pallmann: Erklärung der Abkürzungen auf Münzen. Berlin-Stuttgart 1896. Nachdruck Graz 1961.

Steffens, F.: Lateinische Paläographie. 2. Aufl. Berlin-Leipzig 1929.

Geheimschriften

Ein Randphänomen der Schriftgeschichte sind die verschiedenen Geheimschriften, die in diesem Buch wenigstens andeutungsweise vorgestellt werden sollen. Voraussetzung ist die Kenntnis des Schreibens, doch soll der Mitteilungscharakter der betreffenden Zeichengruppen auf einen bestimmten „eingeweihten" Leserkreis beschränkt bleiben. Die Motive für die Erstellung von Geheimschriften sind sehr mannigfach – es gibt militärische und diplomatische, kaufmännische und kriminelle, schließlich auch magisch-esoterische Geheimschriften. Die Kunde der Kryptographie (Geheimschreibung), Kryptoanalyse (Geheimschriftlesung), des Codierens und Chiffrierens (zum Teil mittels komplizierter Maschinen vorgenommen) ist bereits eine Wissenschaft für sich, der umfangreiche Studien gewidmet wurden (SMITH 1955). In dieser Übersicht sollen vorwiegend einige kulturgeschichtlich interessante und belangvolle Beispiele für esoterische und freimaurerische Geheimschriftsysteme dargeboten werden, über die anderweitig wenig Basismaterial zu finden ist.

Schon in der Antike gab es Chiffrierverfahren – bei Römern und Griechen, Indern, Phönikern und Juden. Sie beruhen vorwiegend auf Vertauschungen von Lautwerten der betreffenden Alphabete. Der Ersatz der normalen Buchstaben durch ihnen entsprechende Symbolzeichen ist bereits in karolingischer Zeit nachgewiesen.

Ein interessantes Beispiel dafür, wie Kurzschrift (Tachygraphie), Geheimschrift (Kryptographie) und der Gedanke an Magie in einander übergehen können, ist die häufig angewendete Schreibweise des gelehrten Gerbert von Aurillac (ca. 945 – 1003, ab 999 Papst Silvester II.). Er war der Lehrer von Kaiser Otto III., zugleich einer der größten Universalisten seiner Zeit und führte u. a. in Europa den Gebrauch der indisch-arabischen Ziffern ein; seines ungewöhnlichen Wissens wegen wurde er vielfach für einen Hexenmeister gehalten, um dessen Person sich bald viele Sagen rankten. Da er in politisch unruhigen Zeiten in Frankreich seine Korrespondenz abwickeln mußte, bediente er sich häufig einer in Italien gebräuchlichen, in Frankreich aber unbekannten Silbenkurzschrift, die dort als Geheimschrift dienen konnte. – Die diplomatische Geheimschrift ist ein wichtiges Kapitel der historischen Hilfswissenschaften, kann aber in diesem Rahmen nur anhand eines einzigen Beispiels (G 2) andeutungsweise dargeboten werden.

Da eine auch nur einigermaßen komplette Geschichte der Geheimschrift nur mit reichem Bild- und Textmaterial dargeboten werden könnte, sei der interessierte Leser, der mehr über dieses kulturhistorisch noch keineswegs ausreichend behandelte Gebiet erfahren will, auf die Arbeit „Übersicht über die nichtdiplomatischen Geheimschriften des Mittelalters" von Bernhard Bischoff (s. Literaturangaben) verwiesen, die einen gangbaren Weg in diese Richtung darstellt. Viele der hier geschilderten Beispiele wirken so, als habe es sich nicht um das Bestreben gehandelt, große Geheimnisse verbergen zu müssen, sondern als herrsche ein gewisser Spieltrieb und eine Freude am Mysteriösen vor. Erforderlich war Kryptographie aber sicherlich dort, wo sich Menschengruppen aus religiösen und politischen Gründen vor der Mehrheit der Zeitgenossen schützen mußten, ihre Schriften aber dennoch verbreiten wollten. Dies gilt etwa für die südfranzösischen Katharer (aus dieser Bezeichnung ist das Wort „Ketzer" entstanden), die ihr „Liber de duobus principiis" mit Hilfe von Buchstabenvertauschung sowie durch Verwendung von Ziffern mit Lautwert schwerer lesbar machten.

In der Welt der Geheimwissenschaften nehmen die Werke des geistlichen Okkultisten Johannes Trithemius (eigentlich Johannes von Heidenberg, 1462 – 1516) einen bedeutenden Rang ein – die „Polygraphia" (1518 u.ö.) und die „Steganographia" (1606 u.ö.), obwohl sie eher spielerischen als magischen Charakters sind. Die geheime Zahlschreibung des Agrippa von Nettesheim wurde bereits erwähnt (Nr. 638).

a b c d e f g h i k l m n

o p q r s sch t th u x . y z &

Eines der Geheimschriftsysteme des
Johannes Trithemius

Eine interessante mittelalterliche Steinmetzen-Geheimschrift (?) weist im Wiener Stephansdom auf Herzog Rudolf IV., den Stifter (der auch den Weiterbau des Domes energisch vorantrieb) hin. Der Herzog lebte von 1333 — 1365, und bald nach seinem Tode muß die Inschrift eingemeißelt worden sein. Nach den zu erwartenden Einleitungsworten „Hic est sepultus" (hier liegt begraben) ist die Inschrift unschwer zu dechiffrieren. Bei Karl Lukan (Hergottsitz und Teufelsbett, Wien 1979) wird sie folgendermaßen transkribiert: Hic est sepultus Dei gratia dux Rudolphus Fundator. Die nebenstehende Abschrift, wegen der leichteren Anbringung der Übertragung etwas auseinandergezogen wiedergegeben, zeigt den Text HIC EST SEPULTUS DENS (?) DUX RUDOLFUS FUNDATOR. Das N, das zu Dei gratia nicht paßt, ist auch in dem Wort fundator (Stifter) enthalten, das ovale S kommt mehrfach vor. Das Wort „dens" (lat. Zahn) ergibt hier keinen Sinn — vielleicht liegt eine Fehlschreibung für die epigraphisch geläufige Abkürzung „DNS." (dominus — Herr) vor.

Sicher ist, daß diese Schreibweise unter Rudolf IV. von Österreich sehr geschätzt wurde, und sie wird in Dokumenten mit „Schrift von Groß-Indien" und „Schrift der Chaldäer" bezeichnet. Fraglich ist jedoch, ob sie vom Herzog selbst erfunden wurde; eher mag ihr magischer Nimbus, der sich in den exotischen Bezeichnungen ausdrückt, zu ihrer Wertschätzung beigetragen haben. Vielleicht stammt sie aus den Dombauhütten des Mittelalters, von deren „Heimlichkeiten" später viel in das Symbolgut der Freimaurerei eingegangen ist.

G 1 Steinmetzen-Geheimschrift im Wiener Stephansdom.

H I C E S T

S E P U L T U S

D E N S D U X

R U D O L F U S

F U N D A T O R

G 1

Als Beispiel für das unübersehbare Gebiet der „profanen" Krypto-graphie (Geheimschreibung) steht hier die verkleinerte Wiedergabe einer Seite aus dem überaus interessanten Codex 2398 der Öster-reichischen Nationalbibliothek — das sorgfältig erarbeitete Chiffren-protokoll für den diplomatischen Gebrauch, das im Jahr 1475 durch Francesco Tranchedino, Mitglied der Cancellaria segreta (Geheimkanzlei) der Mailänder Sforza-Herzöge, zusammengestellt wurde. W. Höflechner, Kommentator der 1970 in Graz publizierten Faksimile-Ausgabe des Codex, schreibt dazu: „Kennzeichnend für die italienischen Chiffren ist, daß sie sich fast ausschließlich frei erfundener oder aber in Anlehnung an Buch-staben oder Zahlen geformter Zeichen bedienen. Die relative Klein-räumigkeit der italienischen Verhältnisse führte nicht nur zur ra-schen Ausprägung eines brauchbaren und dabei doch verhältnismäßig einfach zu handhabenden Chiffrensystems, sondern erforderte auch in erhöhtem Ausmaß die Chiffrierung von Depeschen. Dies hat später zu eigenen Chiffrenkanzleien in den größeren Staaten ge-führt ... Die Beherrschung und Leitung einer derart umfangreichen Korrespondenz, wie sie von der Sforza-Kanzlei geführt wurde, brach-te die Protokollierung der Chiffrenschlüssel zwangsweise mit sich, wollte man Schwierigkeiten vermeiden." — Fol. 16 v der Handschrift zeigt den Schlüssel vom Juli 1458 der Geheimkanzlei von Mailand für die Korrespondenz mit Herzog Ferdinand von Kalabrien. Nach Datum und Überschrift werden die Ersatzzeichen für die einzelnen Buchstaben, für häufig gebrauchte kurze Worte, für Silben, unten für Namen und Sachen (Papst, Kaiser, Kardinäle, Städtenamen usw.), den „Nomenklator". Unter der Rubrik „Nulle" stehen Leerzeichen, die nichts bedeuten und nur zur Verwirrung eines unbefugten Ent-zifferers bestimmt waren. „Die Anzahl der Chiffren, die erfunden werden mußten, führte eo ipso zur intensiveren Beschäftigung mit der Materie, die in der Durchbrechung der Chiffren anderer Kanzleien im Ausland dienen sollte" (W. Höflechner).
Über Kryptographie und Chiffriermethoden informiert David Kahn, „The Codebreakers", New York 1973.
G 2 Mailänder Diplomaten-Geheimschrift des 15. Jahrhunderts

M. cccc Lviij
Mij. vi luij

Cum Ill.mo · D.no · D · Ferdinando Duce Calabrie ar̄)

A b c d e f g h i k L m n o p q r s t u x z y &

Q. ua que qui quo o~ che non per nuy vuy come la g~ la~ v

Hulle . . . . ofo . . . mot . cott .

Ab ac ad af ag al am an ap ar as at ax · Eb ec

ed ef eg el em en ep er es et ex · Ib ic id if ig

Il im in ip ir is it ix · ob oc od of og ol om on

or os ot ox · Vb uc ud uf ug ul um un · vp vc vs

| | vt ux |
| ct ct |

Papa		Bononienses		Januenses	
Imperator		Dux Mutine		Excitui Janue	
Cardinalis		Marchio Mantue		D · Bnard' villamarin	
Colleguii car.lium		D · Sigismundus		D · Bnarduc Adurnus	
R. ex francor.		D · Alex. sforcia		D · Jo · Phi · de flisco	
R · ex Anglie		Comes Urbini		Armati	
R · ex Navarre		Comes Jacobus		Naues	
Princeps Navarre		D · Alalatesti		Galee	
R · ex Castelle		D · Astorgius		Pedites	
Dux Burgundie		Carlio Columna			
Dux Renanus		Carlio Venetus			
Dux Lotharingie r/l		Carlio Ursinus			
Dux Sabbaudie		Carlio firman.			
Veneti		Carlio Papien			
Florentini		D · Burges			
Senenses		Comes Eversus			

G 2

Einen Blick in die noch wenig erforschte Welt der esoterischen Geheimschriften, von absonderlichen Menschen für ebensolche geschaffen, ermöglicht uns das „Enochische Alphabet", das der berühmte englische Okkultist, Astrologe, Mathematiker und Geisterseher Dr. John Dee (1527 — 1608) entworfen hat. Ihren Namen hat sie von Enoch (Henoch; der Name bedeutet „Der Eingeweihte"), einem der zehn Urväter Israels, der einst im Alter von 365 Jahren ohne zu sterben in den Himmel entrückt worden sein soll (1. Mos. 5, 18 ff). John Dees Alphabet sieht prunkvoll und gravitätisch aus, und es konnte gewiß nie sehr rasch geschrieben werden. Dennoch stand es auch in neuerer Zeit bei einigen englischen Bruderschaften geheimwissenschaftlicher Tradition in Gebrauch.

G 3 Das „Enochische Alphabet" des Dr. John Dee.

A

B   C   D   E   F

G   H   I   L   M

N   O   P   Q   R

S   T   U   X   Z

G 3

Im 18. Jahrhundert bedienten sich einige freimaurerische Gruppen und Zirkel geheimer Alphabete, jedoch relativ selten und ohne daß von dieser Möglichkeit praktisch sehr viel Gebrauch gemacht wurde. In dem Buch „Geschichte der gerechten und vollkommenen St. Johannis-Loge ‚Karl zur Eintracht' in Mannheim" (1896, Neudruck 1975) von W. Schwarz ist das hier abgebildete Geheimalphabet enthalten, das 1799 verwendet wurde. Es stammt von einem „Br. Drouin" und erlaubte offenbar kein flüssiges Schreiben. Auch die Loge Royal-York, schreibt W. Schwarz, benutzte eine Geheimschrift, die jedoch nur teilweise entziffert werden konnte. Ein weiteres kryptographisches Schriftsystem, aus Ziffern bestehend, taucht in der freimaurerischen Korrespondenz um 1782 auf, wobei „seine Enträtselung wegen zu spärlicher Anwendung der Schrift nicht gelingen konnte. Daß ernste und gebildete Männer zeitweise in ihrem schriftlichen Verkehr sich einer Geheimschrift bedienten, wird uns weniger befremden, wenn wir von den geordneten Verkehrsverhältnissen unserer Tage für einen Augenblick absehen und den Blick auf das öffentliche Leben und die vielfach mangelhaften und unsicheren Verkehrsverhältnisse jener Tage richten."

G 4 Freimaurer-Geheimschrift aus dem Jahr 1799, nach Drouin.

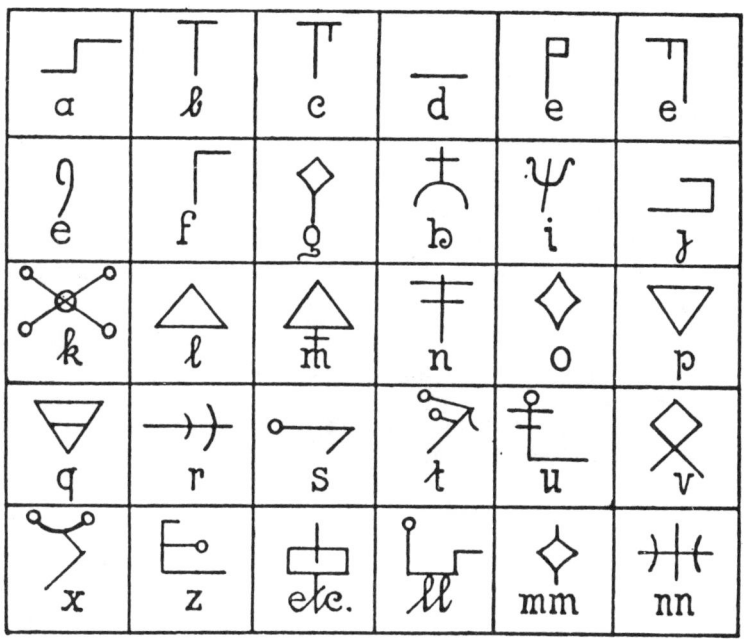

G 4

Georg Schwarz-Bostunitsch berichtet in seinem zwar fanatisch antifreimaurerischen, aber kenntnisreich zusammengestellten Buch „Die Freimaurerei — ihr Ursprung, ihre Geheimnisse, ihr Wirken" (Weimar o.J.) über mehrere freimaurerische Alphabete, wobei das gebräuchlichste aus zusammengefügten rechten und spitzen Winkeln sowie aus Punkten besteht. Das C und das K sind in der Schreibung gleich, es bleiben 22 Buchstaben. Ihre Konstruktionsweise wird auf der nächsten Bildseite (G 6) dargeboten. Hier ist zunächst das Alphabet selbst und eine Probe seiner praktischen Anwendung („zum Exempel: Freymaurer Schrifft") wiedergegeben, und zwar nach der 1786 in Frankfurt und Leipzig erschienenen Schrift „Der entdeckte Maurer".

Dieses Kreuz- oder Winkelalphabet ist jedoch, wie B. Bischoff zeigen konnte, keine freimaurerische Erfindung, sondern kommt bereits in Urkunden und Handschriften des 15. Jahrhunderts vor. Der Renaissance-Gelehrte Giambattista della Porta (1540 — 1615) bezeichnet sie hochmütig als eine Schreibweise, derer sich Landleute, Dämchen (mulierculae) und sogar Kinder bedienen könnten.

G 5 Wiedergabe der freimaurerischen Winkelschrift: das Alphabet und ein Beispiel für seine Anwendung (1786).

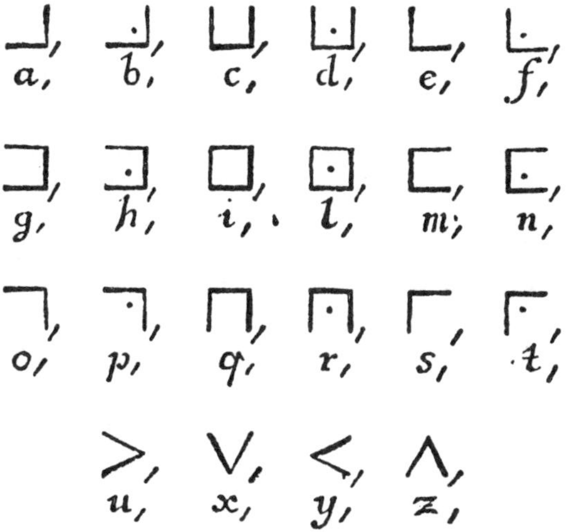

a, b, c, d, e, f,

g, h, i, l, m, n,

o, p, q, r, s, t,

u, x, y, z,

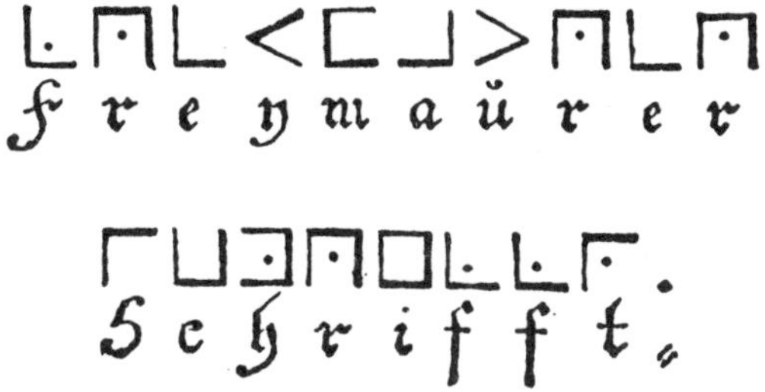

freymaürer

Schrifft.

G 5

Bereits 1745 erschien in Amsterdam das Buch über den verratenen Freimaurer-Orden „L'Ordre des Francs-Maçons trahi", in dem die Konstruktionsweise des auf der vorhergehenden Bildseite wiedergegebenen Geheimschrift geschildert wird. Die Basis bilden zwei Raster, wobei das erste aus vier sich überkreuzenden Linien und den Feldern dazwischen gebildet wird. A und B stehen in dem nach links oben offenen Winkel und werden daher durch einen solchen (einem verkehrten L vergleichbar) wiedergegeben, wobei sich das B vom A durch einen Punkt unterscheidet. Die anderen Buchstaben bis zum T sind entsprechend konstruiert, 18 ohne das fehlende K. Die vier noch fehlenden Buchstaben entstehen aus den Winkeln eines Andreaskreuzes, die unpunktiert bleiben können. Es handelt sich um das „französische System" der Winkel-Geheimschrift.

G 6 das französische System der freimaurerischen Winkelschrift: die Konstruktionsbasis (1745).

a b	c d	e f
g h	i l	m n
o p	q r	s t

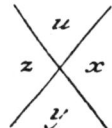

u
z x
y

Le Chiffre des Francs-Maçons
rendu public.

⌐L ⊔ƎᗡᏎᏎᴨL ⊔Lᒋ Ьᴨᒍ⊏⊔ᒋ

⊏ᒍ⊔ᑌᴄᒋ ᴨL⊏⊔Ⅴ ᐱⅤᒍᗡ⌐⊔

G 6

Da für die Wiedergabe deutscher Texte mehr Buchstaben nötig sind als für französische, wurde das Winkelraster-System leicht variiert, um auch die Buchstaben K und W sowie das V, das in französischen Texten mit U wiedergegeben wird, unterzubringen. Da die mittleren Felder des Doppelkreuz-Rasters nun mit je drei Buchstaben besetzt sind, ist es nötig, Unterscheidungen mit zwei und drei Punkten zu machen. In der mittleren Reihe hat das G keinen Punkt, das H einen und das I zwei Punkte. Die Anwendung ergibt sich aus der Schriftprobe, und zwar aus dem dritten Wort der ersten Zeile, wobei „Chiffer" H und I nebeneinander stehen. Damit weicht das System von jenem von G 6 ab, das den 25 Buchstaben des deutschen Alphabetes nicht Rechnung trägt.

G 7 Freimaurerische Winkelschrift in der deutschen Schreibung, 1745

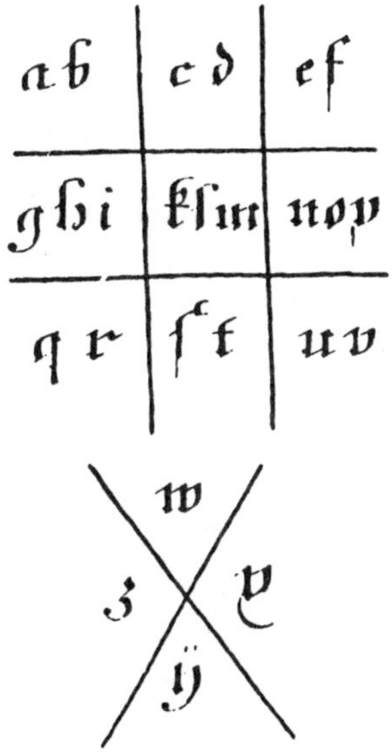

a b	c ð	e f
g ſi i	k ſm m	n o p
q r	ſ t	u v

w
z · p
ÿ

Der entdeckte Chiffer der
Freymäurer

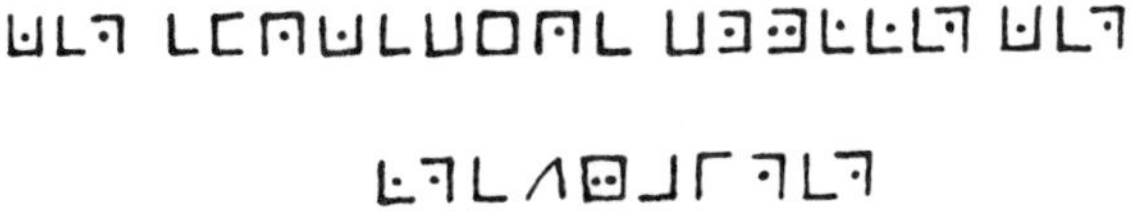

ᑌᒪᎁ ᒪ᎔ᑎᑌᒪᑌᗡᑎᒪ ᑌᗱᗱᒪᒪᎁ ᑌᒪᎁ

ᒪᎁᒪᐱᗜᒍᎁᎁᎁᒪᎁ

G 7

Unter den freimaurerischen Winkelschriften ist jene des „englischen Systems" die einfachste und logischeste — sie besteht aus dem Doppelkreuz und dem Andreaskreuz, jeder Winkel bzw. jedes Feld ist doppelt besetzt und zur Unterscheidung der beiden Buchstaben jedes Feldes ist nur eine einfache Punktierung erforderlich.

Willkürlich über die Felder verteilt sind die Buchstaben des „alten französischen Systems", das auf das Andreaskreuz verzichtet, dafür aber bei den dreifach besetzten Feldern die Doppelpunktierung erforderlich macht.

Dies gilt ebenso für das „alte holländische System" der Winkelschreibung. Auch hier fehlen die spitzen Winkel des Andreaskreuzes. — Natürlich sind, auf dem Rasterschema aufbauend, auch alle anderen Kombinationen möglich.

G 8 das „englische System" der freimaurerischen Winkelschrift. Das Alphabet ist daneben herausgeschrieben.

G 9 das „alte französische System". Daneben drei Buchstaben zur Probe.

G 10 das alte holländische System; auch hier wurden drei Buchstaben herausgeschrieben.

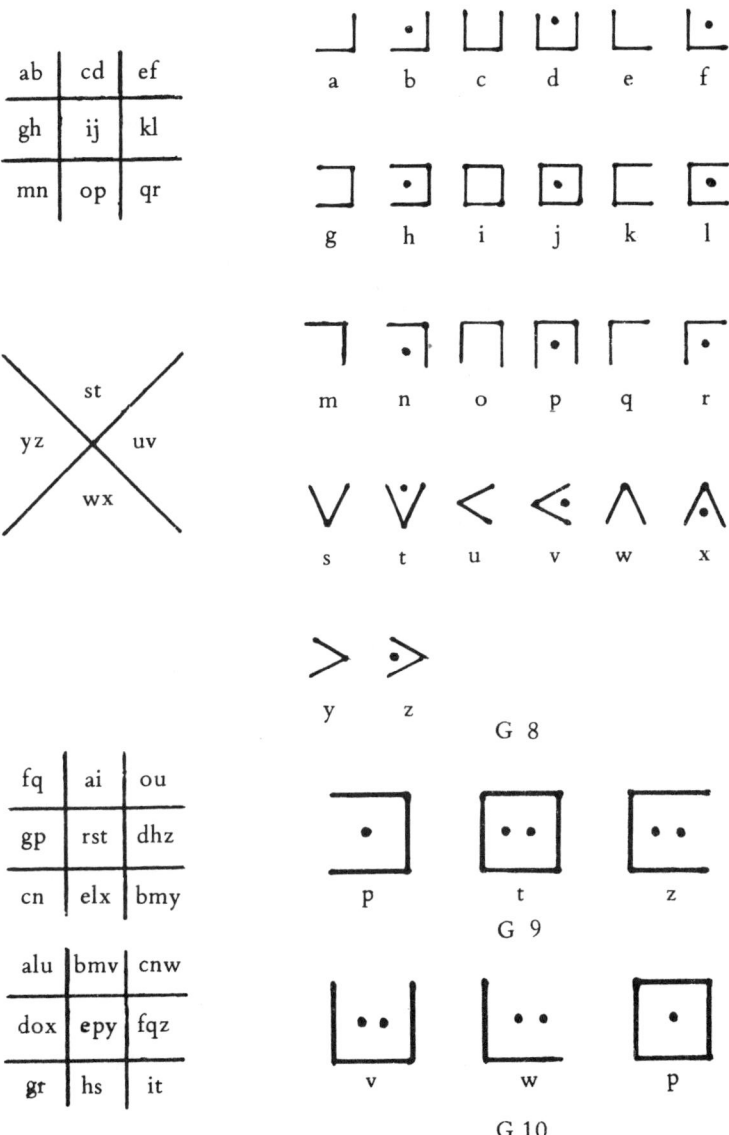

G 8

G 9

G 10

Eines der zahllosen anderen Systeme der Verschlüsselung nach diesem Schema ist das hier wiedergegebene, das verwendet wurde, um einen Eigennamen im Kapitelzimmer zu Regensburg (Puer Joannes Jacobus Kelderer) niederzuschreiben. Es kommt ohne spitze Winkel aus, dafür sind die drei oberen Felder dreifach besetzt und machen eine Doppelpunktierung erforderlich.

Um zu zeigen, auf welche Weise die Reihenfolge der Einschreibung in die Felder zustandekam, wurden unter dem kompletten Doppelkreuzraster die einzelnen Buchstaben in separaten Zyklen herausgeschrieben. Sie folgen dem Uhrzeigersinn und wenden sich dann dem Zentrum zu. Das früher reproduzierte „alte holländische System" ist zeilenweise angeordnet (G 10), wie sich dort leicht ablesen läßt, wenn die Buchstaben des ABC verfolgt werden.

G 11 deutsches System der Winkel- oder Quadrat-Geheimschrift, verwendet für die Regensburger Grabschrift des 1583 verstorbenen J. D. Kelderer, dessen Namensschreibung unterhalb wiedergegeben ist.

a k t	b l u	c m v
h r	i s	d w
g q z	f p y	e o x

a	b	c
h	i	d
g	f	e

ohne Punkt

k	l	m
r	s	n
q	p	o

mit einem Punkt

t	u	v
		w
z	y	x

mit zwei Punkten

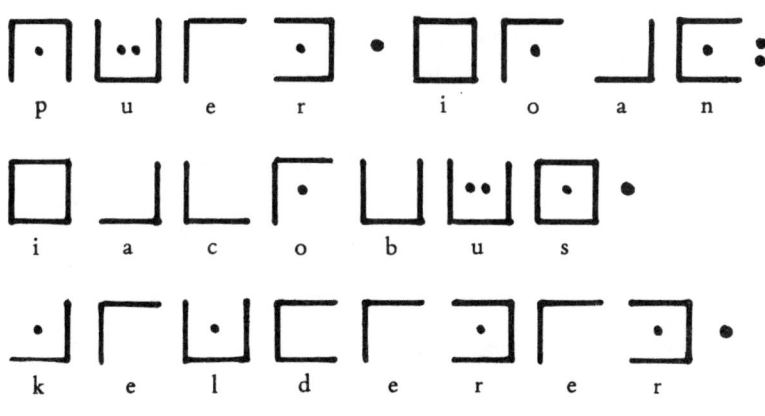

p u e r   i o a n

i a c o b u s

k e l d e r e r

G 11

Zugleich mit dem auf S. 212 erwähnten Buch über die Geheimnisse der Freimaurer erschienen auch Übersetzungen davon. Eine davon („Die offenbarte Freymäurerey" etc., Leipzig 1745) enthält eine „Zuschrift des Uebersetzers" in einem abweichenden Geheimschriftsystem, das freilich inkonsequent und fehlerhaft gebraucht wird. An dem Ernst der Mitteilung — die jeder Kryptograph leicht entschlüsseln kann — ist zu zweifeln. Der Text lautet: „Meine Brüder, Die Welt glaubt nunmehr größtentheils, dass durch gegenwärtiges Buch der Vorhang unsers Heiligthums zerrissen sey. Wir sind es zufrieden und ich habe es mit desto größerem Vergnügen übersetzet, da ich hoffe, dass sie nicht ferner suchen wdrd (werden), was sie gefunden zu haben vermeinet. Unterdeßen wird ihre Wissenschaft allezeit 200 — 199 seyn, sie bleybt bey den Säulen Iachin und Boas stehen und kömmt nicht in das Innere, dessen güldene Wände ihr verschlossen sind, und wird niemals den Altar von Cedern sehen. Daher wird ihr Vorwiz unsre Parallellinien niemals verrücken, welche allezeit in dem Brennpuncte unsrer Parabol ein Feuer versammlen werden, deßen Glantz sie nicht aushalten kann. Um desto mehr laßt uns unsre hängenden Gärten mit dreyfachen Gewolbern unterstützen, damit die Annehmlichkeit und Zierde derselben der Zeit und der Neubegierde zugleich trutzen möge.

Meine Brüder ich grüße Sie durch (Symbol der Dreiheit), Der Secretär und Redner der Loge St. Martin zu Coppenhagen." Das Symbol des Buchstabens G, der links neben dem Schlußsatz steht, ist unter Nr. 1161 erwähnt.

Erich J. Lindner, der dieses Schriftstück in seinem schönen Bildband „Die Königliche Kunst im Bild" reproduziert hat, weist darauf hin, daß der Schlüssel dazu von L.-Peter Frh. von Pölnitz rekonstruiert wurde und daß der Text Hinweise auf die freimaurerische „Royal-Arch-Symbolik" (das „königliche Gewölbe) enthalte.

G 12 Freimaurer-Geheimtext aus dem Jahr 1745.

Zuschrift des Uebersetzers an die Ehrwürdige Gesellschaft der Freymäurer

Meine Brüder,

die Welt ⚹◁ — ◁□○□□□□□○∟∟ ⊖ größtentheils ∠— ◁□∠◁□⊖=∟

gegenwärtiges Buch ∠∟⊖◎◺⊖∟ — □⚹◺◁□□◁∟⊖◁∟∟◁△◁⚹○∟○□

◁◁∟⊖⊖◁◁◁∟□◁∟⚹. □◁⊖◁◁ □∠∟◁◊◁○∟⊖◁∟∠∠□ und ich habe

es mit desto größerm Vergnügen ⚏∟∟⊖◁∟◁◊∟◁∠—◁=∟∟∟□

∟∟∟∠—◁◁◁◁∟□◁=∟◁ ferner ◁□=∟∟□□∠⊖∠◁□—◁

◁◁∟⚹∟∟◁□□∠∟□◊◁□∟—∟∟□◎∟⊖□∟◁□∟◁. Unterdeßen

wird ihre Wißenschaft —◁◁∟◊∟◁◁. 200. — 199. ◁∟⚹□◁◁∟◁◁

∟◁◁◁∟⚹◁∟□◁◁⊕◁◁◁∟□◁∟—=∟◁□◁◁□◁◁◁◁∟◺—◁

◁◁∟∟∟□□◁□∠◁◺ □□□ nicht ◁□∠—◁◁□□⊖∟∠

∟◁◁∟□⚹⚏◁◁∠□∟□⊕□∠∟◁∟⊖◎∟⊖□=∟◁◺□◁◁∟

□□◁□∠◁◁□∠ wird niemals ∠∟□—◁◁□—⊖◎◺□=∟

∠∟⊖□◁∟∟∟□. Daher wird ◁∟⊖◎◺⊖□◁◊◁□□◁⊖∟⊞

—⊖—◁◁∟◁◁ ◁□◁∟□ □ niemals ◎∟⊖⚏=∟∟□

welche allezeit in dem ⊕⊖∟□□⊞◁□□=∟∟◁□◁◁⊖∟⊖⊞—⊖—∟

◺◁∟◁□∟ ∟◁□∟⊖ versammlet werden, deßen ⚹◁—□

◁◊◁◁∟□◁=∟◁—◁◁∟◁◺◁∟□◁—□□ Um

desto mehr laßt uns □□◁⊖∟∟⚏□⚹∟□∠∟□⚹⚏⊖◁∟□

□◁◁∠⊖∟⚹◁∟—=∟∟□⚹⚏∟□◺◁∟∟⊖□□◁□◁∟⊖

◁◁⚏◁◊∟□∠—□◁◁ die Annehmlichkeit und Zierde der

selben ∠∟⊖◊∟◁◁◁□□∠∠∟⊖□∟◁∟∟⚹◁∟⊖∠∟◊◁⚹

◺∟◁=∟◁ ⊖◁◁◊∟□□□◺⚹∟.

Meine Brüder ich ⚹⊖⚏◁◁∟◁◁∟∠◁⊖=∟. ⊗

∠∟⊖◁∟=◁∟◁⚏⊖◁□∠

⊖∟∠□∟⊖∠∟◁◺◺◺⚹∟

◁◁. □—⊖◁◁□ ◊◁=◺⊞

⊞∟□∟∟—— ⚹∟□

G

G 12

Im Jahr 1801 erschien in London das Buch „The Magus" von Francis Barrett, ein Kompendium vieler, in dieser Zeit mit Neugierde betrachteter, aber von den meisten Lesern wohl nicht ganz ernstgenommener Informationen über die okkulten Künste. Der Autor hat aus zahllosen Quellen zusammengetragen, was ihm als mitteilenswert erschien. Aus dem Grimorium (Dämonenbeschwörungsbuch), das dem Papst Honorius dem III. zugeschrieben wird (†1227), jedoch erst 1629 bekannt wurde, stammt das „Thebanische Alphabet" in den beiden obersten Zeilen. Die englischen Wicca-Hexenbündler der Neuzeit verwenden es, um damit ihre magischen Geräte zu beschriften. Die drei folgenden Alphabete sind von der hebräischen Schrift abgeleitet und daher von rechts nach links zu lesen (Aleph, Beth, Gimel, Daleth ...), und zwar die „Himmelsschrift" (Celestial Writing), die Schrift der Engel (Malachim) und die sonderbare Umformung „Passing the River" (das Überschreiten des Flusses). Diese Geheimschriften sind wohl apokryphe Bildungen aus dem Kreis der mittelalterlich-kabbalistischen Spekulation. Ähnliche Schriften hat der Renaissance-Gelehrte Athanasius Kircher in seinem 1679 erschienenen Buch „Turris Babel" aufgezeichnet — die von den Engeln geoffenbarte Schrift und jene Zeichen, mit der die Gesetzestafeln Moses' nach rabbinischer Tradition beschrieben waren.

G 13 Magische Geheimschriften verschiedener Systeme, Nach F. Barrett, 1801.

The Mysterious Characters of Letters deliverd by Honorious call'd the Theban Alphabet.

A B C D E F G H I K L M

N O P Q R S T V X Y Z

The Characters of Celestial Writing

Lamed Caph Jod Theth Cheth Zain Vau He Daleth Gimel Beth Aleph

Tau Shin Res Kuff Zade Pe Ain Samech Nun Mem

The Writing call'd Malachim.

Caph Jod Theth Cheth Zain Vau He Daleth Gimel Beth Aleph

Resh Kuff Zade Pe Ain Samech Samech Schin Tau Nun Mem Lamed

The Writing call'd Passing the River.

Lamed Caph Jod Theth Cheth Zain Vau He Daleth Gimel Beth Aleph

Tau Schin Resh Kuff Zade Pe Ain Samech Nun Mem

G 13

Eine interessante Kollektion esoterischen, entfernt freimauerischen Traditionsgutes ist der Nachlaß des Theosophen J. Chr. von Wöllner (1732 – 1800), der unter dem Titel „Der Signatstern, oder die enthüllten sämmtlichen sieben Grade und Geheimnisse der mystischen Freimaurerei" wiederholt aufgelegt wurde – zuletzt 1979 beim Aurum-Verlag, Freiburg (Vorwort: Fritz Bolle). Dieses heterogene Sammelwerk enthält u.a. auch Enthüllungen über kuriose Geheimschriftsysteme verschiedener recht absonderlicher Zirkel und Gruppierungen aus dem 18. Jahrhundert, die vom Typus her an die diplomatischen Geheimschriften früherer Jahrhunderte anschließen. Ob sie jemals in praktischem Gebrauch standen, ist heute schwer zu beurteilen. Sie sind sicherlich nur mit großer Mühe zu verwenden, wie das hier reproduzierte Beispiel zeigt. Der Titel des Kapitels, wie er 1866 transkribiert wurde, soll lauten: „Sechster Grad. Von der wahren und arbeitenden Maurerei, oder der Grad eines Provinzial-Capitularen vom rothen Kreuz". De facto gibt, wie die beiliegende Chiffre deutlich zeigt, die Geheimschrift einen fehlerhaften Text wieder, der so lautet: „sechter grad von der wahren arbeitenden eaurerei oder eines provicial capitularen hom roten creuz", wobei im Schlüssel das T von dem im Text gebrauchten leicht abweicht. Es ist verständlich, daß die in diesem Buch geschilderten Systeme von den weniger esoterisch orientierten Freimaurern nicht recht ernstgenommen wurden ...

G 14 Geheimschrift der „Kleriker der Tempelherren"; Schlüssel und Textprobe.

Chiffre.

a b c d e f g h i k l m n o

p q r s t u v w x y z

LITERATUR

Baudoin, R.: Eléments de cryptographie, Paris 1946

Bischoff, B.: Übersicht über die nichtdiplomatischen Geheimschriften des Mittelalters. In: MIÖG (Mitteilungen des Instituts für Österr. Geschichtsforschung), Bd. 62, Graz-Köln 1954

Galland, J.S.: An Historical and Analytical Bibliography of the Literature of Cryptology. Evanston 1945

Givierge, M.: Cours de cryptographie. 2. Aufl. Paris 1932

Höflechner, W. (Hrsg.) – Francesco Tranchedino – Diplomatische Geheimschriften (Vol. XXII d. Codices Selecti). Graz 1970

Huson, P.: Witchcraft and Demonology (The Coffee Table Book of –). New York 1978

Kahn, D.: The Codebreakers. New York 1973

Lindner, E. J.: Die königliche Kunst im Bild. Beiträge zur Ikonographie der Freimaurerei. Graz 1976

Meister, A.: Die Anfänge der diplomatischen Geheimschrift. Paderborn 1906

Miers, H. F.: Lexikon des Geheimwissens. Goldmann-TB. Nr. 11142, München 1976

Pivec, K.: Die Briefsammlung Gerberts von Aurillac. In: MIÖG, Bd. 49, 1935

Pratt, F.: Histoire de la cryptographie. Paris 1940

Rockinger, L.: Über Geheimschriftschlüssel der bayerischen Kanzlei im 16. Jahrhundert. München 1891

Schwarz-Bostunitsch, G.: Die Feimaurerei. Ihr Ursprung, ihre Geheimnisse, ihr Wirken. Weimar o. J.

Schwarz, W.: Geschichte der ger. u. vollk. St. Johannis-Loge „Karl zur Eintracht" in Mannheim. Mannheim 1896. Reprint Graz 1975

Smith, L. D.: Cryptography. New York 1955

Stix, F.: Geheimschriftenkunde als historische Hiflswissenschaft. Paderborn 1939

Yardley, H. O.: The American Black Chamber. 2. Aufl., London 1934

Die Steinmetz-Zeichen

Seit es Architektur aus Stein gibt, wurden in einzelne Steinblöcke Zeichen und Symbole eingraviert. Wir haben eine Reihe davon bereits im ersten Abschnitt dieses Buches kennengelernt, als die Glyphen der megalithischen Anlagen aus Jungstein- und Bronzezeit besprochen wurden. Es ist anzunehmen, daß die nicht dem profanen Leben dienenden Bauten mit Zeichen versehen wurden, die dem religiösen Bereich angehören, obwohl dies naturgemäß nicht völlig exakt nachweisbar und nur mit sehr großer Wahrscheinlichkeit zu erschließen ist.

In der Epoche, in der die archaischen und später die reifen Phasen der Hochkultur-Entwicklung einsetzen, wächst auch die Baukunst über die Verwendung bloß roh gespaltener Steinblöcke hinaus; die einzelnen Bausteine erhalten ebenmäßige Formen und später weitgehend genormte Größen. Diese Epoche ist es, in der die eigentliche Kunst des Baumeisters und das Handwerk des Steinmetzen ihre Anfänge haben.

Für den einfachen Bauern, der im Umkreis der großen Tempelzentren und Herrscherburgen in einfachen Häusern lebte, muß die eine Art von Statik und Geometrie voraussetzende Kunst des Steinbaumeisters etwas Göttliches gewesen sein. Sie ist auch seit ihren Anfängen von Zeichen und Symbolen begleitet, die ihren Ursprung sicherlich in der Geisteswelt des Kundigen, des Priester-Künstlers, haben.

In Steinblöcke eingehauene Zeichen weisen schon die Bauwerke des alten Ägypten auf, und in überraschend großer Zahl treten sie im minoischen Kreta auf. Von da lassen sich bald die ersten Anfänge jener Gliederung erkennen, die in den Bauhütten des Mittelalters eine so große Rolle spielen:

Da sind zunächst die einfachen Versatzmarken, die bloß angeben wollen, welche Seiten der betreffenden Steinblöcke in unmittelbarer Nachbarschaft zu liegen kommen sollen. Versatzzeichen sind immer ganz einfach und haben offenbar keine tiefere Bedeutung.

Weiters finden wir Werkzeichen, und zwar dann, wenn die Baukunst bereits in eine höher organisierte Manufaktur übergeht und bestimmte Werkstätten ihre Produkte — etwa zu Verrechnungszwecken — mit ihrem Herkunftssymbol versehen wollen. Auch Steinmetzen selbst brachten aus diesem Grund ihr persönliches Symbol auf ihren Werkstücken an.

Mit der höheren Organisation der Steinmetzkunst gewinnen die persönlichen Zeichen an Bedeutung, und zwar als Hinweis auf die erfolgreich begonnene und absolvierte Ausbildung und die Kenntnis der höheren Lehren, die für die Errichtung großer Bauten Voraussetzung waren — ihre Verleihung war im Mittelalter vom Meister vorzunehmen, wenn ein Lehrling zum Gesellen freigesprochen wurde, und dieses persönliche Zeichen wurde von der Bauhütte feierlich anerkannt und bestätigt. Oft lassen sich formale Anklänge zwischen dem Zeichen des Lehrers und seines Schülers feststellen.

Im späten Mittelalter dürften, um die Zeichen vor eigenmächtiger Verfälschung und willkürlicher Abänderung zu schützen, diese zunächst formal an Hausmarken erinnernden Zeichen nicht mehr von einzelnen Meistern, sondern von den Bauhütten verliehen worden sein. Die graphischen Formen werden komplizierter und feiner ausgeführt, die Konstruktionsprinzipien spekulativer. Wenn wir Steinmetztraditionen aus neuerer Zeit glauben dürfen, so wurden diese Symbole aus „Schlüsselfiguren" oder „Mutterzeichen" dadurch gebildet, daß in einer geometrischen Grundfigur bestimmte Linien verstärkt nachgezogen wurden, wobei diese Grundfiguren für die jeweilige Hütte kennzeichnend war. Der Kundige mußte über den tieferen Sinn des ihm verliehenen Zeichens Bescheid wissen und angeben können, aufgrund welcher Konstruktionsprinzipien es gebildet war. Die einzelnen Zeichen wurden genau registriert, Mißbrauch in Form des Verkaufs von Zeichen war dadurch zumindest theoretisch verhindert.

Graphisch am schönsten ausgeführt sind die echten Meisterzeichen, wie wir sie etwa in den gotischen Domen an jenen Stellen finden, die bei den statisch-konstruktiven Arbeiten die größte Rolle spielen:

etwa an den Schlußsteinen der Kreuzgewölbe-Rippen oder an den Kapitälen der tragenden Säulen.

Die stilistischen Wandlungen von der Gotik zur Renaissance sind nicht tiefgreifend, werden jedoch, wie das Bildmaterial deutlich zeigt, im Barock sehr charakteristisch. Obwohl es sich bloß um einfache Figuren handelt, die im traditionellen Sinn gebildet wurden, können wir auch hier von einer neuen Formensprache reden, die sich deutlich erkennen läßt.

In der Aufklärung stand das alte Zunftwesen vielfach im Geruch der Geheimbündelei und wurde nicht selten unterdrückt, und so werden die echten Steinmetzzeichen sehr rar, je mehr wir uns der Schwelle des 19. Jahrhunderts nähern. Später setzte jedoch hier eine gewisse Renaissance ein, als in der Romantik die alten Traditionen wieder stärker beachtet wurden. Das Zeichen von Meister Pilgram (ca.1450–1515), dem Erbauer der prachtvollen Kanzel von St.Stephan in Wien, ist so zusammen mit jenem des Dombaumeisters Friedrich v. Schmidt (1825–1891), der für die Renovierung dieses Kulturdenkmals verantwortlich war, zu finden.

Die Renovationstafel ist auf diese Weise mit den alten „Sammelsteinen" zu vergleichen, die wir auf manchen gotischen Domen finden, an denen Jahrhunderte hindurch gebaut wurde und in die jeder Meister sein Symbol eingrub.

Zeichen dieser Art sind ihrer ganzen Wertschätzung nach viel mehr als Fabrikationsmarken — es handelt sich in der Tat um in der Gemeinschaft verankerte persönliche Symbole von großer Würde.

So ist es zu verstehen, daß die Freimaurerei jenen traditionsgebundenen Glyphen seit ihren Anfängen größte Beachtung schenkte und vor allem in der „Mark Masonry" mit ihrer Tradition vom salomonischen Tempelbau sorgfältig pflegt.

Wir beginnen mit der Wiedergabe von Werkzeichen aus dem Bereich der alten Kulturen des Mittelmeerraumes, wobei naturgemäß die Frage offenbleiben muß, ob es sich um Marken von Werkstätten oder um Meisterzeichen im Sinne der Bauhütten späterer Zeit handelt.

809—811 Drei altägyptische Zeichen auf Steinblöcken des Grabmals, das sich der Pharao Sahurē in Abusir nördlich von Memphis erbauen ließ.

812 Kretisches Werkzeichen, wohl aus der Durchdringung von zwei Komponenten gebildet, Mallia (Nordküste Kretas).

813—824 Weitere kretische Gravierungen auf Steinblöcken der Ruinenstätte von Phaistos, nahe der Südküste der Insel. Hier sind so viele Zeichen dieser Art zu sehen, daß der Gedanke an Versatzmarken naheliegt, wogegen jedoch ihre anscheinend symbolkräftige Form spricht. 813 — graphisch vereinfachte Form der Doppelaxt, 816 und 818 scheinen die Bestandteile von 812 zu sein. 823 erscheint wie eine kindlich vereinfachte Menschengestalt (vgl. auch Nr. 65).

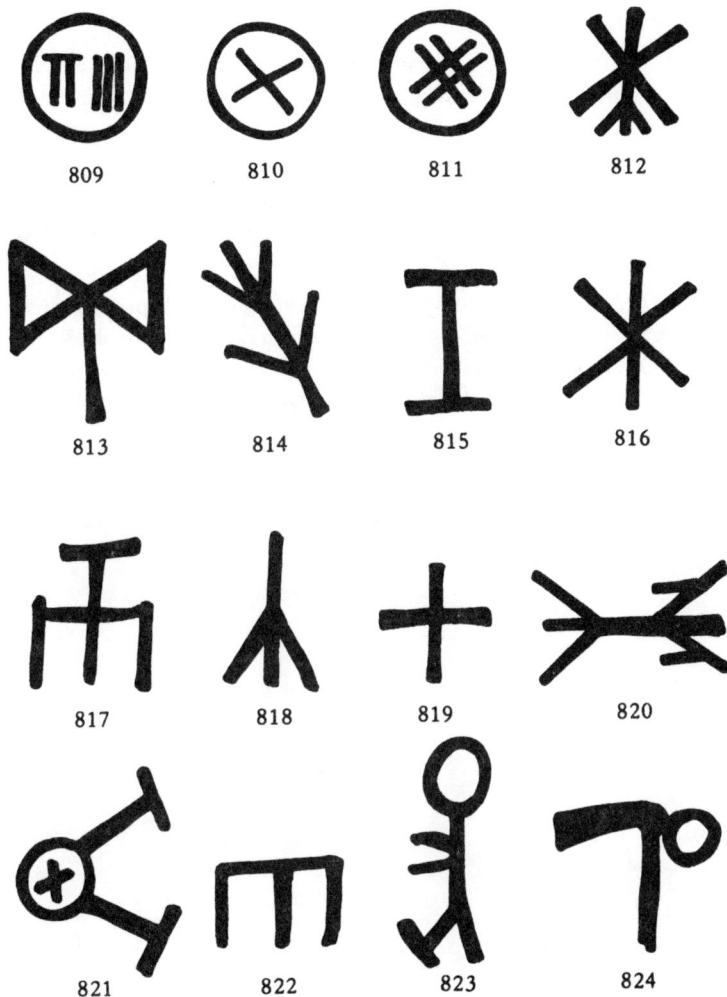

809   810   811   812

813   814   815   816

817   818   819   820

821   822   823   824

Weitere Beispiele für Steinmetzzeichen aus dem orientalischen und mediterranen Bereich:

825—829 Altpersische Steinmetzzeichen von Steinblöcken aus Persepolis und Bisutun (Kurdistan), 7. und 6. Jahrhundert v. Chr.

830—833 Parthische Zeichen von Blöcken des Palastes von Hatra in Nordmesopotamien (arabisch el-Hadr), 80 km südwestlich von Mosul; um 250 n. Chr. 832 ist eine linksweisende Swastika (vgl. Nr. 55—60).

834—837 Griechische Steinmetzzeichen von einem Marmorrundbau aus der Zeit um 250 v. Chr. auf Samothrake. Das einfache Kreuz (837) kommt wie in Kreta (819) auch als römisches Steinmetzzeichen vor, z.B. auf Blöcken der Stadtmauer Roms.

838—840 Werkzeichen von Blöcken der Stadtmauer Roms.

841 Werkzeichen von einem Steinblock der Stadt Tarraco (Tarragona) aus der inneren Stadtmauer.

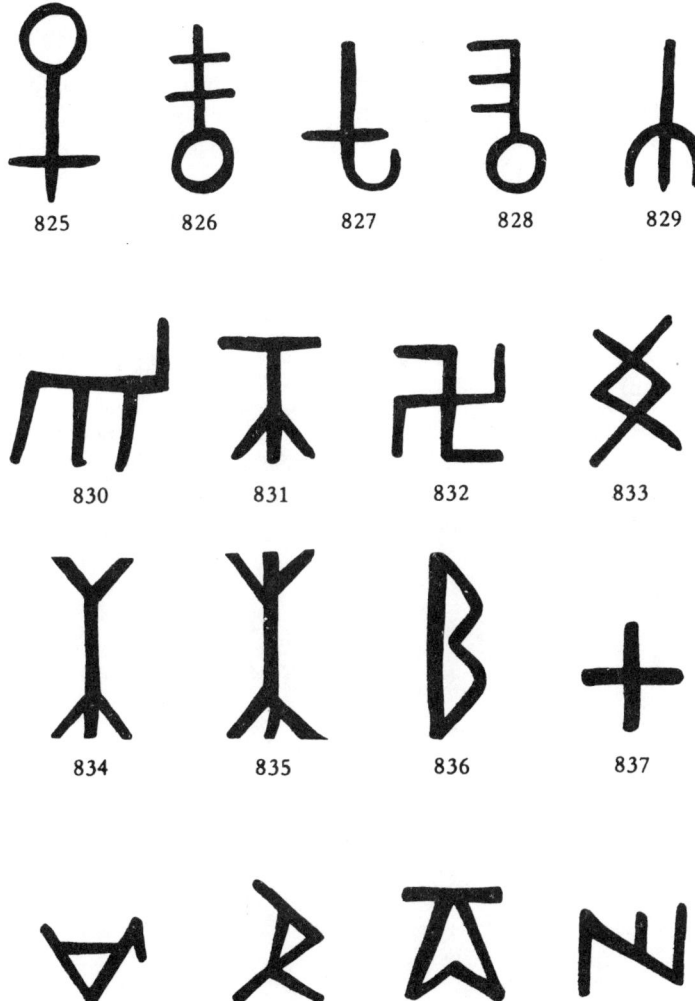

825   826   827   828   829

830   831   832   833

834   835   836   837

838   839   840   841

Zunächst weitere Beispiele für Steinmetzzeichen aus dem Bereich der römischen Kultur.

842–849   Werkzeichen von Blöcken der Stadtmauern von Pompeji. 847 sieht wie die Umkehrung des altkretischen Doppelaxt-Symboles aus. 849 ist ein mit der Spitze nach unten weisendes Pentagramm (vgl. Nr. 707).

850–853   Runde Formen treten relativ häufig auf den Bausteinen des spätrömischen Diokletian-Palastes in Split (Spalato) auf (um 300 n. Chr.).

Drei Beispiele von Steinmetzzeichen aus dem oströmischen (byzantinischen) Bereich:

854–856   Hier handelt es sich weitgehend um monogrammartige Verbindungen von Buchstaben, die an paläographische Formen erinnern. 854 ist eigentlich die Umkehrung von 855 (beide Konstantinopel, Zisterne von Bin-bir-direk).

842   843   844   845

846   847   848   849

850   851   852   853

854   855   856

Nunmehr betreten wir die Bauhütten des Mittelalters, deren Traditionen sich in den graphisch oft sehr wirkungsvollen Symbolzeichen der Dome spiegeln.

857–860 Einfachen Duktus zeigen die alten Zeichenformen des Domes zu Worms und sind damit charakteristisch für die Epoche von etwa 1100 bis 1250. 857 könnte die einfachste Form einer Mutter- oder Schlüsselfigur sein, die am Ende des Abschnittes in einigen Beispielen gezeigt wird.

861–864 Aus der Epoche um 1170 stammen diese grob ausgeführten Steinmetzzeichen der Kaiserpfalz von Gelnhausen in Hessen. Das mit der Spitze nach oben weisende Pentagramm (862) hat als Werkzeichen eine lange Geschichte (vgl. Nr.849). 861 erinnert an eine Petroglyphe aus dem Salzburger Land (Nr. 48), die vielleicht von einem wandernden Steinmetz angebracht wurde.

865–868 Dom zu Mainz, Zeichen von Bauteilen des Ost- und Westchores, um 1200. Swastika (867) und einfache pfeilartige Zeichen (866) treten unter einfachen Formen dieser Art immer wieder auf.

869–872 Dom zu Mainz, Zeichen eines gotischen Aufbaues aus der Zeit um 1320, der im vorigen Jahrhundert abgetragen wurde. 871 ist die einfachste, geradlinige Form eines Dreipasses (vgl. Nr. 61–64).

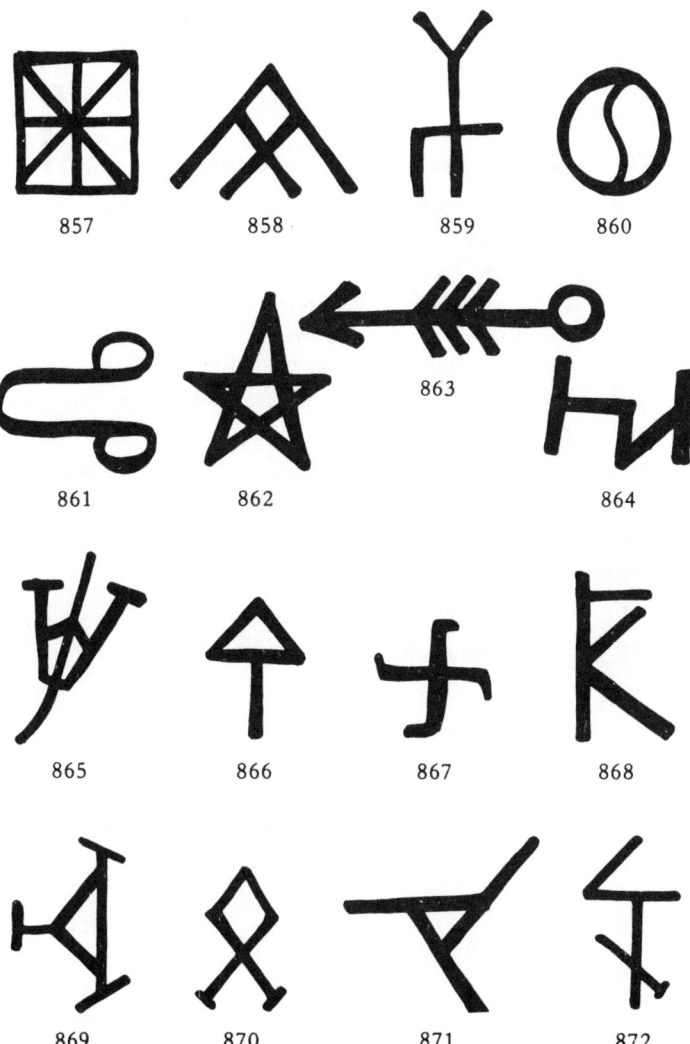

857   858   859   860

861   862   863   864

865   866   867   868

869   870   871   872

In der Epoche nach 1300, besonders aber ab 1400, wird die Form der Steinmetzzeichen immer ausgeprägter und kunstvoller.

873, 874   Dom zu Mainz wie 865 bis 872, jedoch aus der Zeit um 1410 (Kreuzgang).

875, 876   Meisterzeichen des Domes zu Hildesheim, um 1412.

877–880   Persönliche Marken von Steinmetzfamilien haben oft den Charakter von Hausmarken (vgl. den Abschnitt über die Heraldik), und stellen Varianten einer Grundform dar. Hier werden als Beispiele die Zeichen der Steinmetzfamilie Böblinger nach Bauten in Esslingen, Ulm, Konstanz und Straßburg gezeigt. 877 – Hans von Böblingen, um 1450; 878 – Matthäus Böblinger, um 1470; 879 – Lukas Böblinger, um 1500; 880 – Hans Böblinger, um 1510.

881–884   Steinmetzzeichen vom Dom zu Regensburg von einem Sammelstein; aus der Zeit von etwa 1380 bis 1530. Die Formen der Gotik gehen ohne merklichen Stilwandel in jene der Renaissance über.

885, 886   Dom zu Frankfurt am Main, um 1500.

887, 888   Dom zu Mainz, Sakristei, aus der Zeit um 1530.

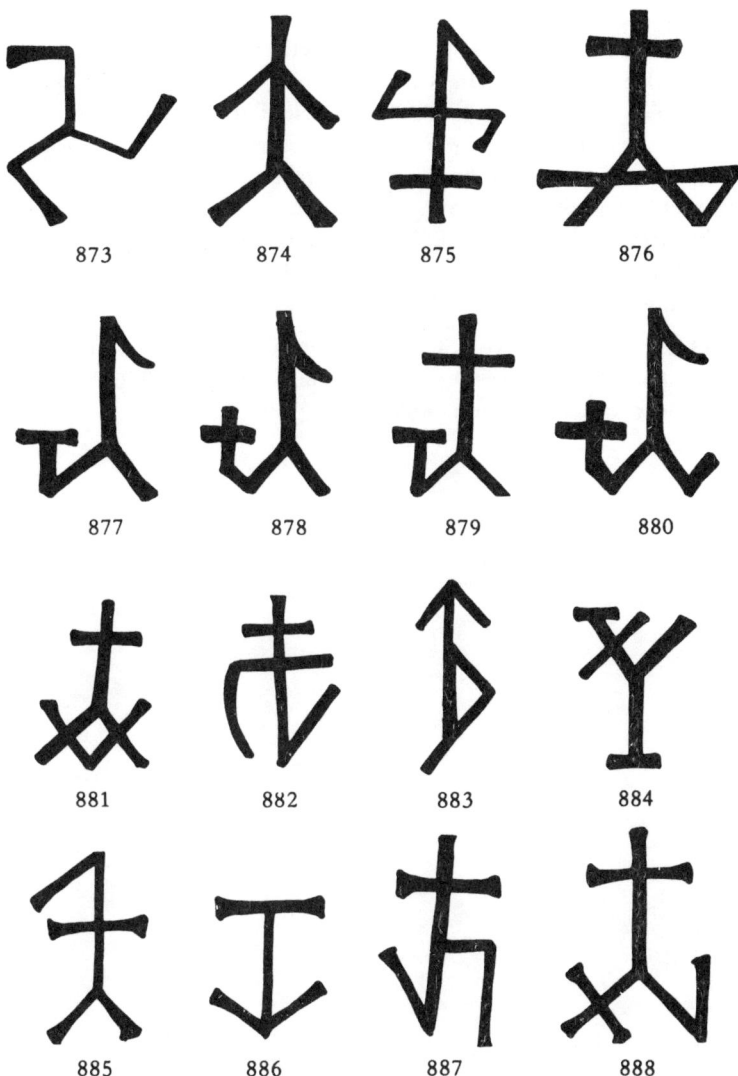

873   874   875   876

877   878   879   880

881   882   883   884

885   886   887   888

Während die Steinmetzzeichen in Gotik und Renaissance im Duktus kaum merkliche Unterschiede aufweisen, zeigen jene des Barocks eine völlig andere Gestalt. Runde Formungen treten auch bei diesen Symbolen auf, und einfache Zeichen sind wesentlich seltener zu finden als komplizierte. Wie angesichts dieser Komplikationen ganz natürlich, nimmt auch die Größe zu: während jene der Gotik meist 4 oder 5 cm groß sind, beträgt die Größe im Spätbarock im Durchschnitt etwa 10 cm. Im Rokoko werden die Steinmetzzeichen immer seltener und erfahren dann erst im 19. Jahrhundert gelegentlich eine romantische Wiederbelebung, u. zw. als Meisterzeichen.

889—897   Beispiele von Steinmetzzeichen aus Barock und Rokoko.

889, 890 von der Dresdner Frauenkirche (um 1770), 891 von der Kreuzkirche zu Dresden.

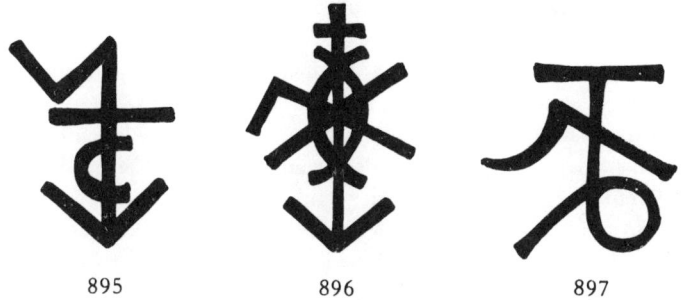

889    890    891

892    893    894

895   896   897

Die graphische Ausgewogenheit der echten Steinmetzzeichen aus den Bauhütten wird von vielen Historikern darauf zurückgeführt, daß sie aus den Linien gebildet sind, die in einem harmonischen Mutterzeichen oder Schlüssel enthalten sind. Der Tradition nach hatten einzelne Werkstätten ihr jeweils charakteristisches Mutterzeichen, aus dem dann die einzelnen Individualformen abgeleitet wurden. Wie dies vorzustellen ist, zeigt Nr. 898, wobei es sich um das früher abgebildete Zeichen Nr. 875 handelt, das in ein mühlebrettähnliches Schema eingetragen ist. Es ist denkbar, daß die „Mühlebretter" in den Petroglyphen des Salzburger Landes (vgl. Nr. 42) nichts anderes darstellen als Mutterfiguren dieser Art.

898 Zeichenform eines Meisterzeichens, eingepaßt in einen aus Straßburg überlieferten Schlüssel.

899 Zeichen vom Dom zu Freiburg im Breisgau.

900 Zeichen von der Wiener Minoritenkirche.

901 Zeichen vom Ulmer Münster, gleichzeitig das astronomische Symbol für „Erde" (vgl. Nr. 413).

902 A-förmiges Zeichen von der Zisterzienserabtei Maulbronn.

903 St. Barbara-Kirche in Kuttenberg (Kutna Hora) in Böhmen.

904 Dreipaßzeichen aus dem Dom zu Regensburg.

In komplizierte rosettenartige Schlüsselfiguren wie jene von 904 lassen sich auch komplizierte Formen wie etwa Nr. 889 einpassen. F. Rziha postulierte im vorigen Jahrhundert 14 verschiedene Mutterfiguren (4 der Triangulatur, 4 der Quadratur, 4 des Vierpasses und 2 des Dreipasses), wobei er z.B. der Bauhütte zu Straßburg die Quadratur und jener von Wien den Vierpaß zuordnete. Ein quellenmäßig exakter Nachweis dieser Annahme ist jedoch nicht zu erbringen, und so ist nicht klar zu entscheiden, ob nicht Theorien dieser Art in die Zeichen mehr hineininterpretieren, als anfänglich wirklich darin verborgen war.

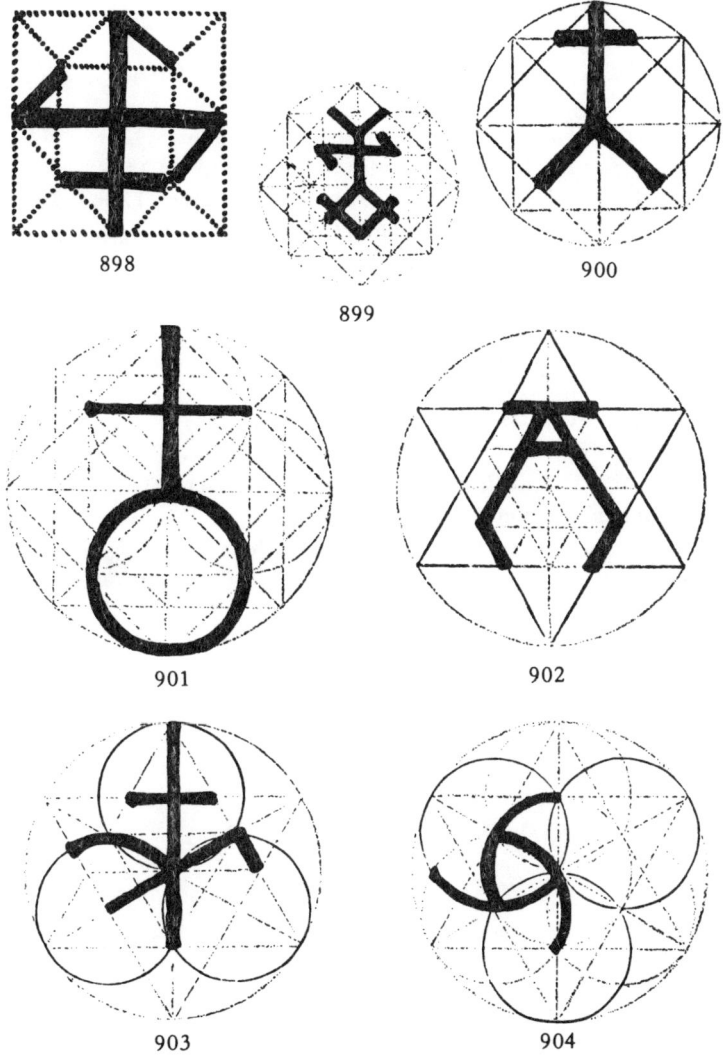

898

899

900

901

902

903

904

LITERATUR

Bergner, H.: Handbuch der kirchlichen Kunstaltertümer in Deutschland. Leipzig 1903 – 1905.

Friederich, K.: Die Steinbearbeitung in ihrer Entwicklung vom 11. bis zum 18. Jahrhundert. Augsburg 1932.

Gerstenbrein, Th.: Die köngliche Kunst, Klausenburg 1927.

Heideloff, G.: Die Bauhütte des Mittelalters, Nürnberg 1844.

Janner, F.: Die Bauhütten des deutschen Mittelalters, Leipzig 1876.

Keller, L.: Zur Geschichte der Bauhütten und der Hüttengeheimnisse, Berlin 1898.

Pfau, W. Cl.: Das gothische Steinmetzzeichen. In: Beitr. z. Kunstgesch. N. F. XXII, 1895.

Rziha, F.: Studien über Steinmetzzeichen, in: Mitteilungen der k.u.k. Central-Commission, NF 7/1881 und 9/1833.

Schultz, A.: Die deutschen Dombaumeister des Mittelalters (in: Dohme, Kunst und Künstler I/IV), Leipzig 1877.

Schwarz, L.: Die deutschen Bauhütten des Mittelalters und die Erklärung der Steinmetzzeichen, Berlin 1926.

Weiß, E.: Steinmetzart und Steinmetzgeist, Jena 1927.

Winkelmüller, O.: Die Steinmetzzeichen, Symbolik-Reihe ORA, München 1960.

Einfache heraldische Formen und Hausmarken

Als die Wappen zur Zeit der Kreuzzüge im 1. Drittel des 12. Jahrhunderts entstanden, waren sie zunächst als militärische Kennzeichen gedacht, bald aber wurden sie Persönlichkeits-, Familien-, Dynastie-, Eigentums- und Rechtszeichen. Sie sind graphisch festgelegte Symbole für seinen Träger und dessen Erben. Die kriegerische Herkunft ist deutlich in der Grundform, dem Schild, sichtbar.

Um diese Symbole wurden Fehden geführt, man nahm z.b. Wappen von Gebieten, die man zwar nicht besaß, aber auf die man Anspruch zu haben glaubte, in sein Wappen auf, die sog. Anspruchswappen. So führte Eduard III. von England das Wappen der Könige von Frankreich, um sein Erbrecht zu dokumentieren. Die Folge war der 100jährige Krieg; sein Ende wurde zum Teil auch dadurch verzögert, daß die englischen Könige nicht aufhörten, das Wappen zu führen.

Ein anderes Anspruchswappen, das von verschiedenen Souveränen geführt wurde, war das Jerusalemkreuz (siehe dazu Nr. 378/379). Bereits 1277 prägte es Karl der I. von Anjou auf seine Münzen. Obwohl 1291 Jerusalem endgültig an die Moslems verloren war, führten z.b. der deutsche und der österreichische Kaiser dieses Wappen bis 1915.

Die Beauftragten der Fürsten und Könige, die die verliehenen Wappen ausarbeiteten und die Wappenregister — Vorläufer der späteren Wappenbücher — führten, hießen Herolde. Sie entwickelten eine Fachsprache und waren die Begründer der nach ihnen ,Heraldik' genannten Wappenkunde. Über Heraldik gibt es eine große Zahl von Standardwerken und es kann nicht im Rahmen dieses Buches liegen, genauer auf das Wappenwesen einzugehen. Wir wollen nur eine Anzahl der einfachen Wappenformen geben, die sich in den gesteckten Rahmen fügen. Dies sind in erster Linie die nach den beauftragten Herolden genannten Heroldsstücke und Heroldsbilder. Heroldsstücke sind die Teile eines Wappenschildes, die durch Teilung, die gerade, eckig oder gekrümmt sein kann, erzielt werden. Bilden sich dadurch künstlich erdachte Figuren, so sprechen wir von Herolds- bildern. Manchmal ist jedoch die Grenze zwischen beiden schwer zu ziehen. Von gemeinen Figuren sprechen wir, wenn es sich um figür- liche Darstellungen aus der Natur handelt, z.B. Lilien, Rosen etc. Ehe wir uns den einfachsten Schildteilungen zuwenden, ein paar Hinweise zur heraldischen Terminologie. „Rechts" und „Links" wird umgekehrt zur Umgangssprache verwendet, weil die Heraldik das Wappen nur vom Schildträger her sieht. Wir haben sechs typisierte heraldische Standardfarben, die bei Schwarz-Weiß-Wiedergabe durch Schraffuren zum Ausdruck gebracht werden. Die alte Heroldskunst zählte sieben Farben, es kam nur Purpur dazu.

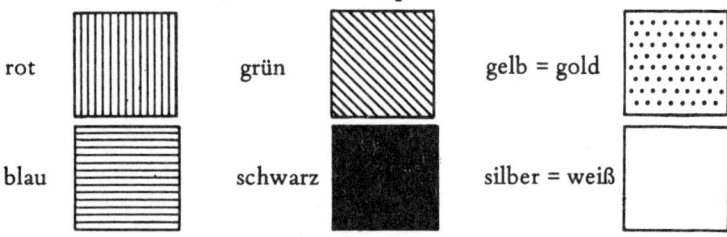

Da wir uns auf die einfachsten Wappen beschränken, fällt diese Art der Unterscheidung weg; sie ist aber einerseits zum Verständnis anderer Wappendarstellungen und anderseits wegen dem Symbolge- halt der Farben angeführt. Gerade in den Farben lag, wie wir vor allem aus der Literatur des 17. Jahrhunderts wissen, ein starker Symbolgehalt. So schreibt Emanuele Tesauro 1654: „Die einfachste, sehr scharfsinnige und geistvolle Manier, Symbole zu malen, besteht darin, nur Farben zu nehmen, also keine menschliche Figur. . . Diese alte und sehr edle Art wurde jedoch nur in der Wappenkunst für vornehme Familien angewandt, d.h. für Fahnen, Schilde usw." So bedeutet Grün = Venus = Glück. Nach Böckler „Ars heraldica" er- schienen Nürnberg 1688 (als kleine bibliophile Kostbarkeit, in Leder gebunden, 1971 im Verlag für Sammler wiederaufgelegt) bedeutet Grün auch Freiheit, Schönheit, Fröhlichkeit, Gesundheit, Hoffnung und Mildigkeit.

Während der Symbolgehalt der einzelnen graphischen Formen sonst aus diesen selbst hervorgeht, ist bei den nun unmittelbar folgenden Heroldsbildern die Art der Schildteilung nur im Zusammenhang mit den Farben der jeweils nebeneinandergestellten Feldern ausdrucksvoll. Aus der Blütezeit der mittelalterlichen Heraldik gibt es dazu kaum echte Quellen, aber in Böcklers „Ars heraldica" sind zu jeder Farbkombination Deutungen enthalten. Es kommt demnach darauf an, ob Grün neben Blau oder neben Rot steht.

Dazu nur ein Beispiel:

Grün zu Gold = Belustigung, Grün zu Rot = Halsstarrigkeit, Grün zu Blau = beständige Freude etc.

Wenn wir nun dazu bedenken, daß die jeweiligen Farben nicht immer quantitativ einander entsprechen mußten (wie etwa bei Nr. 908), sondern daß häufig die eine oder andere flächenhaft stark vorherrschte (Nr. 919), so ist leicht verständlich, daß dem farbsymbolkundigen Deuter im Herauslesen von verborgenen Sinngehalten ein weites Feld offenstand.

Wenn es klar wäre, daß derartige Deutungsmöglichkeiten tatsächlich beim Entwerfen der Heroldsbilder beabsichtigt waren, würde Böcklers Farbsymbolik als wertvoller Schlüssel größte Beachtung verdienen. Es handelt sich jedoch um ein Werk aus der Epoche manieristischer Spitzfindigkeiten, und so ist es leicht möglich, daß hier mehr aus den Wappen herausgelesen wurde, als ursprünglich in ihnen stehen sollte. Die Farbsymbolik ist jedoch ein kulturgeschichtlich so reizvolles Kapitel, daß hier diese Anwendungsmöglichkeit wenigstens andeutungsweise erwähnt werden sollte.

Nun die einfachsten Schildteilungen:

905 *Gespalten,* die senkrechte Teilung.

906 *Geteilt,* die waagrechte Teilung.

907 *Schräg geteilt,* sowohl schräg rechts, wie schräg links möglich.

Durch eine Verbindung dieser Teilungen entstehen einige weitere Sektionen z.B.

908 *Quadriert.*

Bilden diese Teilungen bereits künstliche Figuren so entstehen Heroldsbilder:

909 *Pfahl,* Teilung des Schildes durch zwei parallele Linien, bei der schlankeren Form spricht man von *Stab.*

910 *Balken,* wenn die Teilung waagrecht erfolgt (schlanker: *Leiste*).

911 *Schräg rechter Balken* (schlanker: *Faden,* ein Faden über ein Wappenschild gelegt, ist eines der Zeichen für einen Bastard der Familie).

Heroldsbilder können auch durch Teilung mittels einer Linie entstehen, wenn das Schild dadurch in zwei ungleiche Teile zerlegt wird.

912 *Fuß.*

913 *Haupt.*

Eine Kombination der beiden Schräglinien ergibt:

914 *Spitze.*

915 *Sparren,* eine Kombination der beiden Schrägbalken.

916 *Deichsel,* gebildet aus Sparren und Pfahl.

917 *Göpel,* eine Umdrehung der Deichsel.

918 *Hauptpfahl,* eine Verbindung von Haupt und Pfahl.

919 *Rechte Flanke.*

920 *Gehobener Balken.*

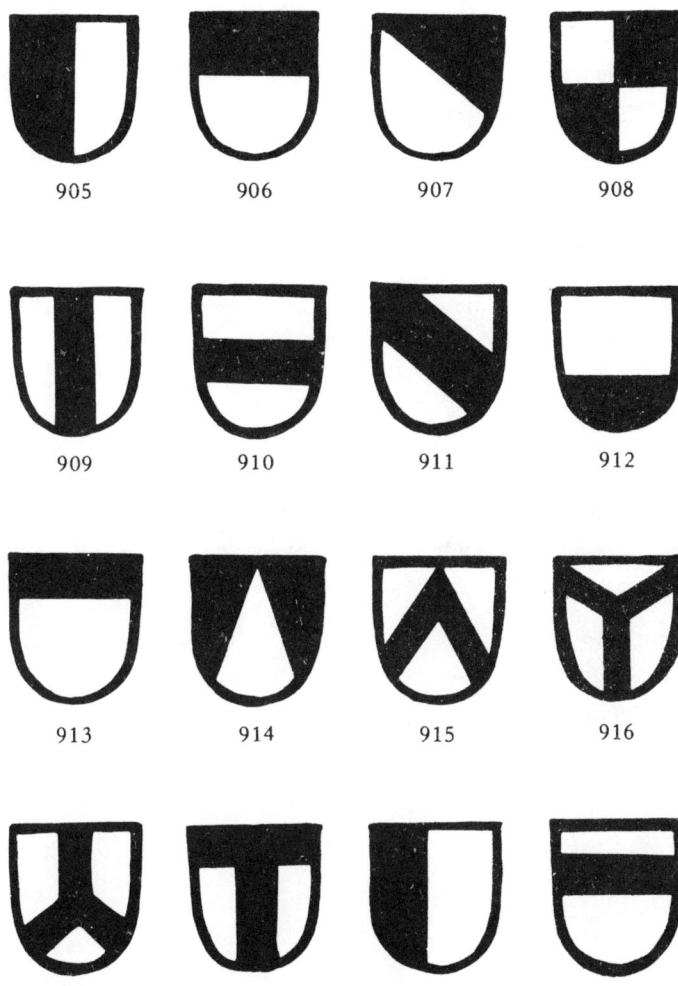

905   906   907   908

909   910   911   912

913   914   915   916

917   918   919   920

921 *Haupt*, schräg rechts.

922 *Fuß*, schräg rechts.

923 *Winkelhaupt*.

924 Erniedrigte steigende *Spitze*.

925 *Viertel*, frei.

926 *Ort*, wenn das Viertel in der oberen Mitte angebracht ist.

927 *Ständer*.

Aus Verbindungen dieser Bilder, werden weitere Formen gebildet, von denen wir eine Auswahl anführen:

928 *Schräg geviert*.

929 *Geständert*.

930 *Gespalten* und zweimal geteilt.

931 *Geschindelt*, wenn in senkrechte Rechtecke geteilt.

932 *Geschacht*, wenn in Quadrate geteilt.

933 *Gewürfelt*.

934 *Gerautet*.

935 *Stufe*.

936 *Zinne*.

921 922 923 924

925 926 927 928

929 930 931 932

933 934 935 936

Weitere komplizertere Teilungsformen entstehen durch ornamentale Schnitte:

937 Wellenschnitt.

938 Schuppenschnitt.

939 Zinnenschnitt, gespalten.

940 Wolkenförmig gespalten.

941 Zahnförmig, schräg rechts geteilt.

942 Ein Schild im Schild, heißt *Bord*.

943 Einen Übergang zu den gemeinen Figuren bildet das *Ständer-Kreuz*.

944, 945 Zwei Kreuzformen (diese und weitere Kreuzformen siehe Christliche Symbolik, Nr. 391 ff): das Steck- und Sparrenkreuz.

Wir konnten sowohl von den Schildteilungen, als auch von den Heroldsbildern nur eine Auswahl bringen.

Von den natürlichen Figuren, deren Symbolgehalt sich nicht nur aus den dargestellten Motiven, sondern auch aus ihrer Stellung ergibt — so bedeutet eine gestürzte Krone etwas anderes als eine aufrechte — können nur andeutungsweise einige Beispiele gebracht werden:

946 Ein einfaches redendes Wappen. Wappen der Familie Güfel, Steiermark 1421. Dargestellt ein Kipfel (eine österreichische Gebäcksform).

947 Wappen der Familie Glaser, 1409 Steiermark. Dargestellt sind Handwerksgeräte der Glaser, zwei gekreuzte Brecheisen (sie dienten zum Herausbrechen der Reste der Fensterverglasung).

948 Ein Wappen mit Doppelhaken.

949 3 Sterne über steigendem Mond.

937   938   939   940

941   942   943   944

945   946   947

948   949

Zum Abschluß noch zwei Beispiele aus der Heraldik, die zeigen soll, wie stark man den Symbolgehalt des Wappens empfand und beachtete:

950 Das Wappen einer schwedischen Adelsfamilie. Es zeigt das heidnisch-germanische Symbol des Lebensbaumes. Dieser Familie entstammte Gustav Erikson, der als Gustav I. Wasa selbst König wurde, nachdem er bei Västerås (1521) den Dänenkönig Christian besiegt hatte. Die Form ähnelt weitgehend einer Darstellung auf der Kreuzabnahme der Externsteine (12. Jh.), nur ist hier der „Lebensbaum" geknickt und als eine Art Schemel unter den Fuß des einen Apostels gestellt. Bei dieser Darstellung wird der geknickte „Lebensbaum" mit der Irminsul (einer hölzernen Säule), dem alten Sachsenheiligtum gleichgestellt, das Karl der Große nach dem Sieg über die Sachsen zerstörte (vgl. J. Nase, Die Eggstersteiner Kreuzabnahme, Verlag Schnelle, Detmold). Wie weit diese Gleichsetzung zutrifft, kann nicht untersucht werden; jedenfalls empfand Gustav Wasa das Zeichen als heidnisch und eines christlichen Königs unwürdig.

951 Zeigt sein Wappen aus der Zeit, als er seinen Sohn katholisch erziehen ließ, um ihm die polnische Krone zu sichern. Der Lebensbaum ist in eine Garbe (Wasa = Garbe) umgeändert, der Umriß blieb gleich.

950

951

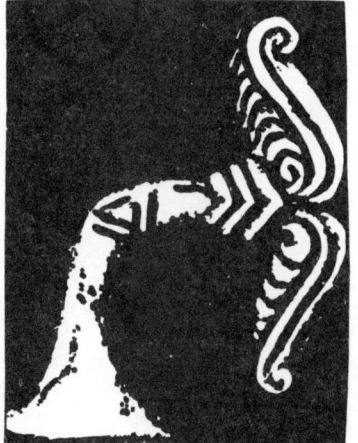

Umzeichnung eines Details aus dem Externstein
(vgl. Text zu Nr. 950)

952–954 Die Teile der jetzigen Flagge des Königreiches Großbritannien. Nr. 952: Das Kreuz des Hl. Georg, das Wappen von England, wurde 1606 im Auftrag des Königs mit Nr. 953, dem Kreuz des Hl. Andreas, dem Wappen von Schottland, von den Herolden zu einem gemeinsamen Wappen kombiniert. 1801 kam noch Nr. 954, das Kreuz des Hl. Patrick (ein rotes Schrägkreuz auf weißem Grund), das Wappen Irlands, hinzu. Um weder Schottland noch Irland einen Vorrang einzuräumen, achteten die Herolde genau darauf, daß keines der beiden Kreuze über dem anderen lag. Ein genaues Ansehen der britischen Flagge, die wir in ihrer kombinierten Form als bekannt voraussetzen dürfen, zeigt, daß die beiden Schrägkreuze quadriert, d.h. ineinander verschoben wurden.
Der Grundgedanke der gemeinsamen Flagge, dem Union Jack, ist die Verschmelzung von Völkern, bzw. Ländern durch Vereinigung ihrer Symbole. Ähnlich verfuhr man bei den Flaggen der Republik Irland, von Ceylon, Libyen und Pakistan.

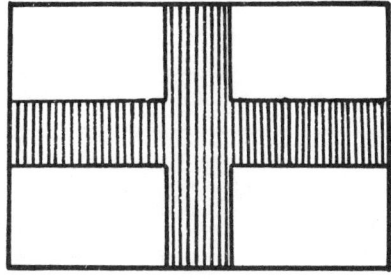

952

953

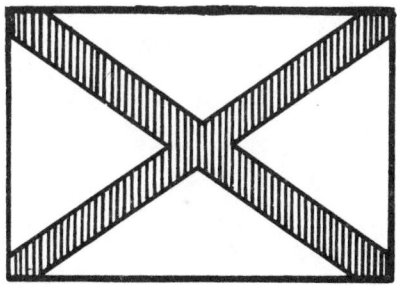

954

Im vorigen Kapitel hatten wir bei den Steinmetzzeichen eine Art von Bezeichnung gefunden, die weitgehend formal dem entsprech, was wir als Hausmarke oder Hauszeichen ansprechen. Diese bäuerlichen Wappen kommen schon im 13. Jahrhundert vor, sind aber nicht mit heraldischen Maßstäben zu messen. Sie waren ursprünglich an Hausbalken, Giebeln, Grabsteinen etc. angebracht. Diese Hausmarken wurden nach und nach in Schilde gesetzt und wurden erblich; ab dem 14. Jahrhundert finden wir sie bei bäuerlichen und bürgerlichen Familien als direkte Wappen. Wenn einer Familie ein heraldisches Wappen verliehen wurde, führte sie oft das Hauszeichen als Unterschrift und Siegel weiter. In manchen Familien werden diese einfachen Zeichen oft nur in der Grundform beibehalten und durch Hinzufügen für die einzelnen Familienmitglieder abgewandelt.

So sehen wir diese Wandlungen an Beispielen dreier Familien nach Unterlagen im Ratsarchiv von Thorn (Polen):

955 Rubit, Gotzke, um 1454.

956 Rubit, Reinecke. Die Grundform im rechten unteren Teil ist etwas abgerundet und um einen Schrägstrich vermehrt.

957 Fraundorf, Gotzke, um 1404.

958 Fraundorf, Johann F., um 1404. Die kreuzförmige Grundform im unteren Teil abgeändert.

959—963 Familie Vasan, um 1400. Nr. 959: Kreuz mit 2 Querbalken = Tidemann. Nr. 960: Gottfried, ein Querbalken fällt weg. Nr. 961: Johannes. Nr. 962: Heinrich, vermehrt um einen halben Balken. Nr. 963: vermehrt um einen halben Schrägbalken.

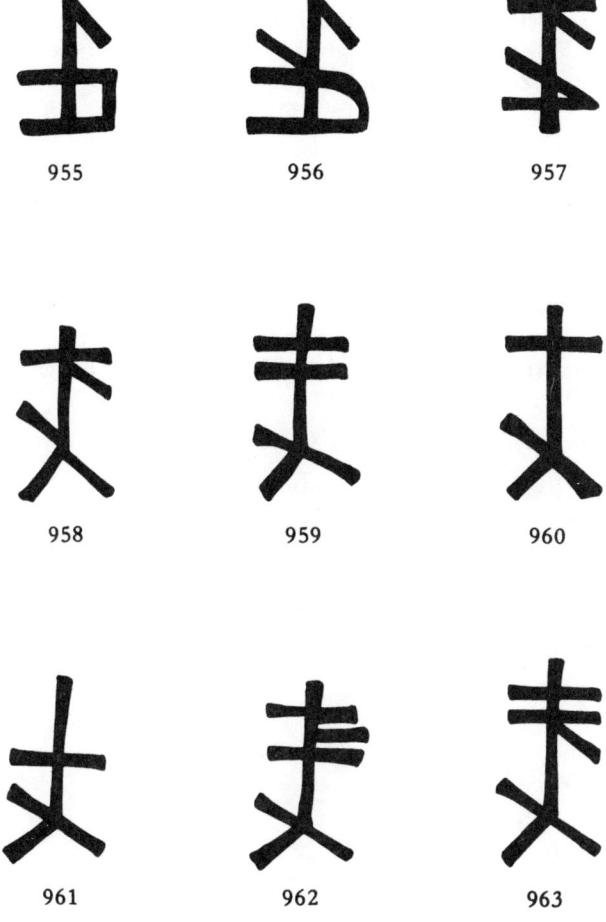

955 956 957

958 959 960

961 962 963

M. Gumowski bringt in seinem Handbuch der polnischen Heraldik Beispiele von Siegeln aus dem 13. Jahrhundert, die, obwohl sie Adeligen gehörten, weitgehend unseren Hausmarken entsprechen. Gumowski weist besonders auf diese Ähnlichkeit hin und darauf, daß die Ähnlichkeit mit Runen eine rein zufällige sei: die Theorie eines echten Zusammenhanges wurde einige Zeit sehr häufig vertreten.

964 Das Zeichen des Ritters Degnon, von einem zweiseitigen Siegel aus dem 13. Jahrhundert, das auf einem Schlachtfeld bei Plowce gefunden wurde.

965 Wappen des Grafen Pribignew, Polen 1236.

966 Wappen des Woiwoden Marek von Krakau, 1220.

Nach dieser Abweichung wieder reine Hausmarken von Bürgern deutscher Städte:

967 Thiedemann Bodelschwing, 1329, Dortmund.

968 Gerhard Woltalles, 1331, Dortmund.

969 Albert Hengstenberg, 1330, Dortmund.

970—975 Hausmarken Kölner Bürger (nach Schwartz, Die Deutschen Bauhütten des Mittelalters).

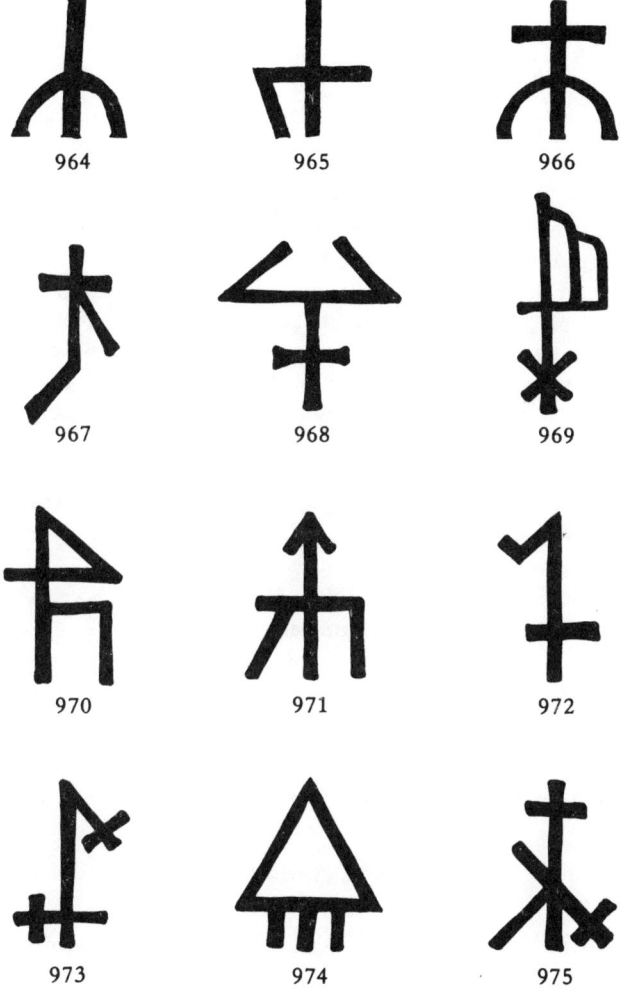

964 965 966

967 968 969

970 971 972

973 974 975

Aus der Steiermark stammen die folgenden Hausmarken:

976 In der Weitz, 1533.

977 Schober, 1469.

978 Säffner, 1540, 1545.

979 Unger, 1443.

Nach J. Kraßler, Steirischer Wappenschlüssel, handelt es sich um einen Merkurstab, der verschiedentlich abgewandelt und mit Kreuzen und Sternen verbunden wurde. Unserer Ansicht nach ist die Verwandtschaft dieser Zeichen viel stärker mit dem Symbol des Jupiter gegeben (vgl. Nr. 415), das auch auf Talismanklingen als Glückszeichen Verwendung gefunden hat (vgl. Nr. 1105—1107). Wir möchten den von uns übernommenen Begriff „Merkurstab" in den folgenden Beispielen deshalb mit einem gewissen Vorbehalt betrachten.

980 Herwinkler, 1496.

981 Hirsch, 1494, nach Kraßler ein unvollständiger Drudenfuß mit einem Kreuz an der Spitze.

Bei den anderen Formen gibt dieser Autor jedoch auch keine weiteren figürlichen Deutungen der Striche.
Ebenfalls aus der Steiermark sind folgende Familienwappen nachzuweisen, bei denen die Hausmarkenform durch lesbare Buchstaben bereichert ist. Es handelt sich jedoch nicht um reine Siegel, sondern die Wappen kommen auf Schilden vor.

982 Dürntaler, 1544, 1546. Ein Merkurstab, in dem ein D eingefügt ist.

983 Praunfalk, Andreas, 1604. Auf dem verlängerten Haupt des p ist ein Stern angefügt.

984 Drucker, 1490, 1502. Ein D, das in zwei Kreuze ausläuft.

976

977

978

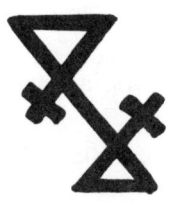
979

980

981

982

983

984

985 Chriseit, Stefan, 1600. C und S am Schaft eines Merkurstabes.

986 Friesacher, Hans, 1594. F und H sind monogrammartig verschlungen und in ein Kreuz auslaufend dargestellt.

987 Forsthuber, Mathias. Das M wie eine Wellenlinie gebildet, darauf steht ein Merkurstab, der in das F übergeht.

988 Hainricher, 1617.

989 Neupauer, Hans. Am Merkurstab hängen die Buchstaben N und h.

990 Leb, Leonhard. Die beiden schräggestellten L sind kaum lesbar.

991 Magerl, Max. Die beiden M wieder wie Wellenlinien gebildet.

992 Ottentaler. Das O ist rautenförmig ornamental umgeformt worden.

993 Wilfing, Andre. A und W sind monogrammartig ineinander verflochten dargestellt worden.

994 Hainricher, Walthasar. Ein Merkurstab, an seinem Fuß die Buchstaben W und h.

994/1 und 994/2 sind solche Hausmarken, vermehrt um ein Monogramm. Sie stammen von steirischen Lebzeltmodeln (Joseph Haller, Graz 1765 − 1798 und Gotthart Walgramb, Judenburg um 1640).

Diese Hausmarken wurden besonders in Österreich und Süddeutschland auch zum Bezeichnen des Eigentums verwendet: eine Art der Eigentumsbezeichnung, wie sie z.B. die Brandzeichen von Tieren auch heute noch darstellen (siehe dazu Nr. 1187 f.).

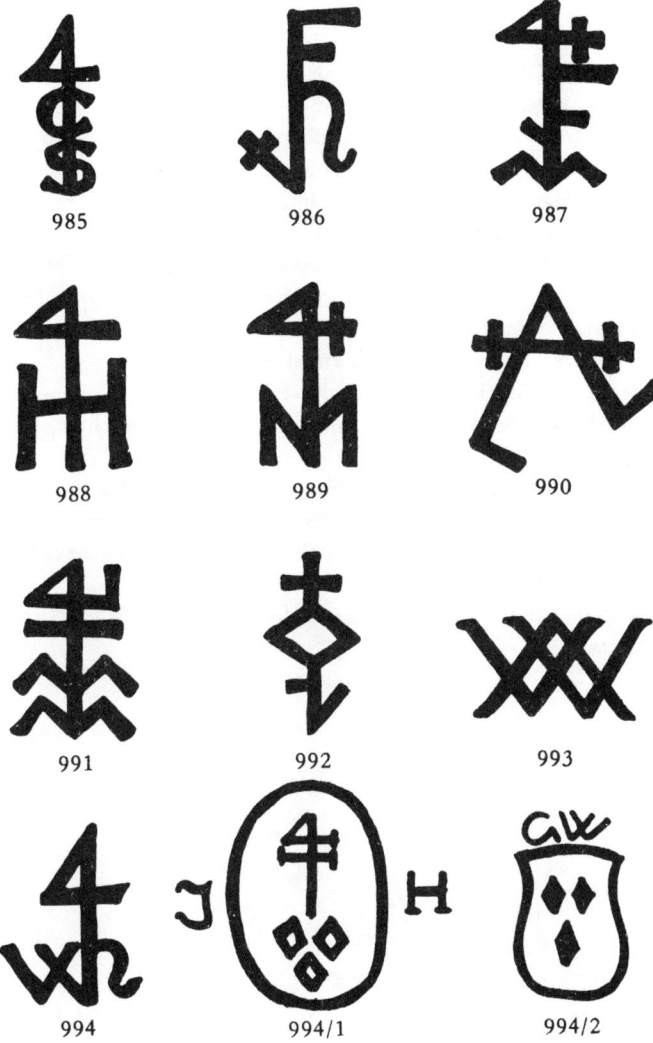

985 986 987

988 989 990

991 992 993

994 994/1 994/2

LITERATUR

Bernd, C. S. T.: Allgemeine Schriftenkunde der gesamten Wappen-
wissenschaft, 4 Bände, Bonn 1830–41.

Böckler, G. A.: Ars Heraldica, Nürnberg 1866 (Neudruck Graz 1971).

Frank, A. M.: Hausmarken und Hauszeichen, 1944.

Galbreath, Handbüchlein der Heraldik, Lausanne 1948.

Gritzner, M.: Heraldik, 2. Auflage, Leipzig 1912.

Gumowski, M.: Handbuch der polnischen Heraldik, Graz 1969.

Gumowski, M.: Handbuch der polnischen Siegelkunde, Graz 1966.

Homeyer, C.: Die Haus- und Hofmarken, Berlin 1890.

Hußmann, H.: Deutsche Wappenkunst, Leipzig o.J.

Kraßler, J.: Steirischer Wappenschlüssel, Graz 1969.

Sacken, E. v.: Heraldik, 8. Aufl. bearb. von E. v. Berchem, Leipzig
1920.

Seyler, G.: Geschichte der Heraldik, Nürnberg 1885–89.

J. Sibmachers Wappenbuch. Seit 1596 mehrfach aufgelegt bis 1772.

Großes und allgemeines Wappenbuch (Der neue Siebmacher) begr. v.
O. T. v. Heffner, 1854 ff.

Ulmenstein, C.v.: Über Ursprung und Entstehung des Wappenwesens,
Weimar 1935.

Zeichen und Symbole auf mittel- alterlichen, neuzeitlichen und modernen Münzen.

Das Bestimmen der meisten Münzen ist ohne eine gute Handbibliothek in der Regel unmöglich. Dies trifft besonders für schriftlose Münzen zu und für kleine Nominale, deren Inschriften aus Platzgründen oft so stark gekürzt sind, daß eine Entschlüsselung sehr arbeitsaufwendig und mühevoll sein kann. Zum Bestimmen einer Münze gehört die Feststellung des Münzherrn, der Prägezeit, des Nennwertes, des Metalls und Deutung von Münzbild und Inschrift. Soweit die zu bestimmenden Münzen aus dem 20. Jahrhundert stammen, ist die Zuordnung fast immer problemlos, da die verwendeten Landesbezeichnungen lesbar, die gezeigten Wappen fast immer bekannt und Nominalbezeichnungen vorhanden sind. Doch schon bei Kleinmünzen der deutschen Staaten vor der Reichsgründung 1871 kann man u.U. längere Zeit suchend verbringen, wenn man abgesehen von dem Wappen, welches einem gerade nicht geläufig ist, z.B. nur den Hinweis „I/HELLER/1813/H." oder „24/EINEN/THALER/1807/F." vorfindet. Das Wappen oder das Monogramm zu kennen bzw. die Sigle eines Münzmeisters entschlüsseln zu können, würde sogleich zum Ziel führen. Selbst Numismatiker mit langjähriger Übung kommen ohne gewisse Hilfsmittel nicht aus, und zwar gehören in eine jede Handbibliothek der „Schlickeysen-Pallmann" zur Auflösung von Abkürzungen auf Münzen, der „NEUBECKER/Rentzmann" zur Deutung von Wappenbildern und der „Wilberg" zur Ermittlung der Regenten. Die nachfolgend gezeigten bekanntesten Zeichen und Symbole, die auf Münzen vorkommen können, mögen dazu beitragen, die Identifizierung vor allem älterer Münzen zu erleichtern.

Verlag und Herausgeber sind wie immer für Anregungen dankbar, die einer in Aussicht stehenden erweiterten Auflage zugute kommen können.

N 1 Bindenschild, Kurzbezeichnung des Wappens von Österreich. Bis in die Gegenwart dient der Bindenschild zur Kennzeichnung Österreichs im weitesten Sinne. Bereits auf Wiener Pfennigen kommt er vor und findet sich als Hauptmünzbild selbst auf neuesten österreichischen Münzen.

N 2 Wellenbalken, Teil des Münzbildes von Aargau, ferner im Wappen von Botswana und Guyana vorkommend.

N 3 Schachbalken, Münzbild der Grafschaft Mark und der Stadt Hamm.

N 4 Pfähle. In zahlreichen Wappen, wie bei Wittgenstein vorkommend. Besonders bekannt sind die sächsischen Pfahlschildgroschen.

N 5 Schrägbalken, vielfach vorkommendes Münzbild, z. B. bei Baden.

N 6 Schrägflüsse sind das „redende" Wappen der Stadt Beckum. Auf Siegeln und Münzen kommen die drei Schrägflüsse ziemlich gleichzeitig erstmals vor.

N 7 Sparren sind als Münzbild z. B. bei der Grafschaft Ravensberg, bei der Grafschaft Königstein und bei den einzelnen Linien von Hanau zu beobachten.

N 8 Eine geschachte Darstellung findet man besonders bei Münzen von Hohnstein und Sponheim, ferner beim Herzogtum Brieg und den Evangelischen Schlesischen Ständen.

N 9 Gerautet oder schräggeweckt sind Wappendarstellungen auf Münzen Bayerns, bei Löwenstein-Wertheim, bei Schlesien-Glogau. Ähnlich sieht auch das pfahlweise gerautete Wappen des Fürstentums Monaco aus.

N 10 Am Schräggitter und am wachsenden Adler sind die Prägungen der Stadt Eger zu erkennen. Auch auf Münzen der Reichsstadt Ulm ist das Schräggitter zu finden, ferner im Wappen der Stadt Elbing.

N 11 Dreieck, Münzzeichen des Gratiano Gonzalo 1584 – 1598, Münzstätte Marienburg.

N 12 Zeichen des Bartholomäus Triangel 1664 – 1665, Münzstätte Neuburg am Inn.

N 1   N 2   N 3   N 4

N 5   N 6   N 7   N 8

N 9   N 10   N 11   N 12

N 13 Auf die Spitze gestellt, Münzzeichen des Hans Lauer 1653 – 1655, Münzstätte Thorn.

N 14 Kreuz im Viereck, Münzzeichen des Hans Stockart 1454 – 1461, Münzstätte Leipzig sowie Münzzeichen des Heinrich Stein 1488 – 1511.

N 15 Kreuz im Kreis, Münzzeichen auf Münzen der Reichsstadt Isny 1508.

N 16 Kreuz im Doppelkreis, Münzzeichen des Nickel Streubel 1539 – 1545, Münzstätte Annaberg.

N 17 Das Tatzenkreuz, u. a. auch die Grundform des Eisernen Kreuzes, ist häufig als Münzbild oder Teil desselben anzutreffen. Als Münzzeichen findet man es z. B. bei Talern von Brandenburg-Franken, ferner ist es Münzzeichen des Albrecht von Schreibersdorf 1512 – 1523, Münzstätte Annaberg (vgl. auch Nr. 385).

N 18 Von Dreiecken begleitet, Münzzeichen des Valentin von Stogkhem 1531, 1532, Münzstätte Riechenberg.

N 19 Tatzenkreuz mit Zainhaken, Münzzeichen des Bartold Bartels 1619 – 1631, Münzstätte Dannenberg 1619 – 1625, Münzstätte Scharnebeck 1623 – 1625, Münzstätte Harburg 1630 – 1631.

N 20 Das Krückenkreuz, auch Krukenkreuz, war zwischen 1924 und 1938 Münzbild auf Münzen der 1. Republik Österreich (vgl. auch Nr. 380, 381 und 1138).

N 21 Ankerkreuz, Münzbild auf Münzen der Grafschaft Pyrmont, des Fürstentums Waldeck und Pyrmont und der freien Herrschaften Kniphausen und Varel (Bentincksches Hauswappen).

N 22 Das Zwillingsfadenkreuz ist ein typisches Münzbild bei Sterlingen (vgl. auch Nr. 375).

N 23 Malteser- oder Johanniterkreuz, im 12. Jahrhundert von den Malteserrittern getragen, heute Abzeichen des Johanniterordens. Als Münzbild auf Aluminium-Kleinmünze der Insel Malta seit 1972 vorkommend.

N 13   N 14   N 15   N 16

N 17   N 18   N 19   N 20

 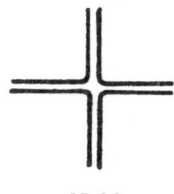 

N 21   N 22   N 23

N 24 Kleeblattkreuz (wohl das Emblem des Dülmer Stadtpatrons St. Viktor). Auf Münzen der Stadt Dülmen vorkommend (vgl. auch Nr. 383); in Savoyen St. Moritzkreuz genannt. Ferner Zeichen des Henri Debecque 1861 — 1878, Münzstätte Straßburg 1861 — 1870, Münzstätte Bordeaux 1871 — 1878.

N 25 Fußspitzkreuz, auf Münzen des Herzogtums bzw. des Großherzogtums Oldenburg und des Bistums Verden vorkommend.

N 26 Kreuz aus vier L, Münzzeichen des Wilhelm Quendel?, Münzstätte Lützen 1621.

N 27 Das Wiederkreuz kann auf Münzen von Mercia und bei byzantinischen Münzen mit Stufenkreuzen vorkommen. Ferner als Münzzeichen der Reichsstadt Kaufbeuren 1540 — 1548 und der Reichsstadt Kempten 1540 — 1543 (vgl. auch Nr. 377).

N 28 Petruskreuz, kopfstehendes lateinisches Kreuz. Sinnbild des Kreuzestodes des hl. Petrus mit dem Kopf nach unten. Auf 2-Lire-Münze der Vatikanstadt von 1967 vorkommend (vgl. auch Nr. 345).

N 29 Passionskreuz, Emblem aus dem Staatswappen der Dominikanischen Republik; auf Münzen dieses Landes im 19. Jahrhundert auch als Hauptmünzbild vorkommend (vgl. auch Nr. 343).

N 30 Andreaskreuz, ein Schrägkreuz in Gestalt des Buchstaben X, an dem der hl. Andreas den Märtyrertod erlitten haben soll. Das Andreaskreuz war Bilddevise der Herzöge von Burgund und ist mit der Burgundischen Erbschaft in die habsburgische Emblematik eingegangen. Das Andreaskreuz ist typisch für Münzen der Österreichischen Niederlande und ebenso für Prägungen aus dem Harz (St. Andreasgrube). Auf Münzen der Grafen von Hohnstein, der Herzöge von Braunschweig-Lüneburg bzw. vom Kurfürstentum Hannover kann das Andreaskreuz zusammen mit dem hl. Andreas als Münzbild beobachtet werden.

N 24

N 25

N 26

N 27

N 28

N 29

N 30

N 31 Das Kolbenkreuz ist des öfteren als Münzbild festzustellen, z. B. bei einem karolingischen Denar aus der Münzstätte Aachen, aber auch als Münzzeichen von Hans und Paul Weller 1546, Münzstätte Freiberg.

N 32 Zeichen auf Münzen des russischen Teilfürstentums Wereja 1432 – 1485.

N 33 Kreuz, Münzzeichen von Stockholm 1556 – 1558.

N 34 Münzzeichen des Gebhart Utz 1534 – 1535, Münzstätte Riechenberg.

N 35 Das Lothringer Kreuz, das in der Heraldik auch Patriarchenkreuz genannt wird, war im Mittelalter aus dem ungarischen Wappen über die Könige von Ungarn und Neapel an die Herzöge von Lothringen gelangt. Auf lothringischen Münzen erscheint es erstmals 1431. Im 2. Weltkrieg, unter Charles de Gaulle, wird das Lothringer Kreuz ein Kampfsymbol, das als solches auf Münzen von Französisch-Äquatorial-Afrika 1942 erstmalig aufgeprägt erscheint. Die Republik Tschad, ehemals Teil dieses Währungsgebietes, prägte 1970 das Lothringer Kreuz auf einer goldenen Gedenkmünze (vgl. auch Nr. 1136).

N 36 Doppelkreuz, Münzzeichen des Peter Schwabe um 1460, Münzstätte Colditz. Ferner Münzzeichen des Hans Küne 1559 – 1563 und 1565 – 1570 sowie des Andreas Küne 1570 – 1596, jeweils Münzstätte Goslar.

N 37 Das Krückenschrägkreuz ist ein typisches Münzbild auf Pfennigen der Benediktinerabtei Pegau. In der Regel wird es von Beizeichen in den Kreuzwinkeln begleitet.

N 38 Zwei Kreuze, Wappenbilder der Städte Danzig (mit Krone) und Elbing (das untere Kreuz im Schräggitter).

N 39 Kreuz und Schrägkreuz, kombiniert. Dieses markante Münzbild ist außer auf den Etschkreuzern auch auf vielen späteren Kreuzertypen zu finden. Der ähnlich gestaltete britische Union Jack wird u. a. auch auf Münzen gezeigt; hier in der Regel im Schildrand als Attribut der Britannia (vgl. auch Nr. 952 – 954).

N 31

N 32

N 33

N 34

N 35

N 36

N 37

N 38

N 39

N 40 Das Stufenkreuz, ein auf mehreren Stufen stehendes Kreuz, ist eine auf vielen byzantinischen Münzen zu findende Darstellung; auch bei Merowinger-Münzen vorkommend.

N 41 Zeichen des Stephan Kowach 1468 — 1470, Münzstätte Nagybánya 1468 — 1469, Münzstätte Hermannstadt 1468 — 1470.

N 42 Hakenkreuz, lat. Crux gammata, Sanskrit Swastika, ein besonders in Europa und Asien vorkommendes uraltes Zeichen, welches schon auf frühen griechischen Münzen als Hauptmotiv, meist aber als Beizeichen zu finden ist. Das Hakenkreuz erscheint außerdem auf keltischen, merowingischen und besonders auf indischen Münzen vom 4. Jahrhundert vor Chr. bis in das 2. Jahrhundert n. Chr. und später (vgl. auch Nr. 55 — 60).

N 43 Schächerkreuz, ein auf Prägungen von Canterbury, Kent und Ostangeln vorkommendes Münzbild. Seit 23. 4. 1960 Symbol des Staatswappens von Nigeria.

N 44 Sonnensymbole waren schon im alten Ägypten üblich. Die Darstellung der geflügelten Sonne ist auch auf ägyptischen Münzen des 20. Jahrhunderts zu finden.

N 45 Als Freiheitssymbol wird die Sonne besonders auf dem südamerikanischen Kontinent seit Beginn des 19. Jahrhunderts verwendet, u. a. auf Münzen Argentiniens (El Sol de Mayo).

N 46 Halbmond und Stern sind nicht nur islamische Symbole, z. B. im Wappen der Türkei, der Malediven und von Malaysia, sondern kommen auch als Münzbild bei Knopfbrakteaten des Deutschen Ordens (13. Jh.) und im Wappen polnischer Großschatzmeister (16. — 18. Jh.) vor (vgl. auch Nr. 70).

N 47 Sonne mit menschlichem Gesicht, Münzzeichen des Georg Reick 1626 — 1628 und 1629, Münzstätte Gitschin (Jičin).

N 48 Halbmond mit Stern, Münzzeichen des Heinrich Stein 1499 — 1511, Münzstätte Annaberg.

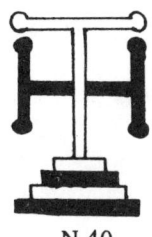

N 40

N 41

N 42

N 43

N 44

N 45

N 46

N 47

N 48

N 49 Kreuz auf Halbmond, Münzzeichen des Ulrich Gebhart 1518 – 1532, Münzstätte Leipzig.

N 50 Halbmond und fünfstrahliger Stern, Münzzeichen des Hanns Gipfel 1604 – 1606, Münzstätte Joachimsthal.

N 51 Halbmond und sechsstrahliger Stern, Münzzeichen des Benedikt Huebmer von Sonnleithen 1611 – 1630, Münzstätte Prag.

N 52 Halbmond und Scheibe auf Podest, Münzzeichen des Wilhelm Quensel 1627 – 1629, Münzstätten Harburg und Moisburg.

N 53 Stern, fünfstrahlig, Münzzeichen der Münzstätte Annaberg 1502 – 1507, Münzzeichen der Reichsstadt Isny 1513 – 1522, Münzzeichen des Hessel Slijper 1796 – 1803, Münzstätte Enkhuizen und Münzzeichen des Mr. W. D. Verschuer 1803 – 1809, Münzstätte Hoorn.

N 54 Stern, sechsstrahlig, Münzzeichen von Uppsala 1589.

N 55 Stern, sechsstrahlig, Münzzeichen des Heinrich Stein 1502 – 1506, Münzstätte Annaberg, auch des Wolf Hünerkopf 1542 und 1545, Münzstätte Annaberg, sowie des Andreas Alnpeck 1546 – 1555, Münzstätte Freiberg, Münzzeichen des Sebastian Hölzl von Sternstein 1618 – 1632, Münzstätte Kuttenberg, Münzzeichen des Paul Lieber Paus 1621 – 1622, Münzstätte Gommern, Zeichen des Philipp Heinrich Müller (1677 – 1718), Goldschmied und Medailleur zu Augsburg und Nürnberg. Er schnitt Stempel auch für in München geprägte Münzen während der kaiserlichen Administration in Bayern 1705 – 1715.

N 56 Achtstrahliger Stern, Waldecksches Stammwappen und Münzbild.

N 57 Pentagramm, Wappen u. Münzbild von Marokko (vgl. Nr. 707).

N 58 Stern im Kreis, Münzzeichen des Tobias Gebhart 1578 – 1583, Münzstätte Prag.

N 59 Kopf, Halbmond und Zainhaken, Münzzeichen des B. Krukkenbergh 1619 – 1620, Münzstätte Andreasberg.

N 60 Kopf, Halbmond und Zainhaken, sich gegenüber, Münzzeichen des Georg Krukenberg 1617 – 1621, Münzstätte Clausthal.

N 49

N 50

N 51

N 52

N 53

N 54

N 55

N 56

N 57

N 58

N 59

N 60

N 61 Herz, Zeichen der Münzstätte Kopenhagen. Münzzeichen des Curt Marquart 1621, Münzstätte Naumburg.

N 62 Herz und Zainhaken, Münzzeichen des Wolf Wagner 1561 – 1563, Münzstätte Minden.

N 63 Herz und Zainhaken, Münzstätte Elbing 1628.

N 64 Herz und Zainhaken, Münzzeichen von Kalmar 1623.

N 65 Herz und Zainhaken, Zeichen des Wardeins Heinrich Peckstein Juli 1630, Münzstätte Gitschin (Jičin).

N 66 Herz und zwei Zainhaken, Münzzeichen des Benjamin Steffens 1628 – 1635, Münzstätte Elbing.

N 67 Herz, Hammer, Schlägel und Zainhaken, Münzzeichen des Heinrich Depsern 1588 – 1612, Münzstätte Heinrichstadt 1588, Münzstätte Andreasberg 1594 – 1611, Münzstätte Goslar 1599 – 1612.

N 68 Münzzeichen des Georg Hackl 1658 – 1677, Münzstätte Kuttenberg.

N 69 Triskeles oder Dreibein, Emblem der Insel Man, ein altes, die Dreiecksgestalt der Insel versinnbildlichendes Emblem seit Anfang des 14. Jahrhunderts. Die Insel Man hat nämlich drei Kaps und dazu den Spruch: „Kneels to England, kicks at Scotland, and spurns Ireland". Ferner auf die Antike zurückgehendes Sinnbild von Sizilien (vgl. auch Nr. 64); noch im 19. Jahrhundert auf Münzen des Königreichs Sizilien vorkommend.

N 70 Bär und Zainhaken, Münzzeichen des Hans Berens 1587 – 1589, Münzstätte Osterode.

N 71 Hasenkopf, Münzzeichen des Kaspar Hase 1555, Münzstätte Osterode.

N 72 Adler, Münzzeichen des Nicolaus Wonneman 1763 – 1796, Münzstätte Kampen.

N 73 Adlerkopf, Münzzeichen des Andreas Alnpeck 1554 – 1556, Münzstätte Freiberg.

N 61

N 62

N 63

N 64

N 65

N 66

N 67

N 68

N 69

N 70

N 71

N 72

N 73

N 74 Schwan, stehend oder auffliegend, Münzzeichen des Heinrich von Rehnen 1605 – 1624, Münzstätte Dresden.

N 75 Fisch (Hecht), Münzzeichen des Ernst Peter Hecht 1693 – 1714, Münzstätte Annaberg.

N 76 Fische, Münzzeichen des Christoph Fischer 1678 – 1686, Münzstätte Dresden.

N 77 Baum, Münzzeichen des Johann von Collen 1567, Münzstätte Wunstorf.

N 78 Tanne, Münzzeichen der Münzstätte Tennstedt 1621.

N 79 Blatt, Münzzeichen von Stockholm 1589.

N 80 Lindenblatt, Münzzeichen des Hans Weller 1540 – 1545, Münzstätte Freiberg.

N 81 Lindenblattstiele, Wappenbild des Hauses Kaunitz, auf Münzen der Grafschaft Rietberg, vorkommend.

N 82 Eichel am Zweig, Münzzeichen des Matthäus Rothe 1545 – 1554, Münzstätte Annaberg, Münzzeichen des Michael – Rothe 1621 – 1623, Münzstätte Annaberg, Münzzeichen des Constantin Rothe 1640 – 1678, Münzstätte Dresden.

N 83 Eichel ohne Zweig, Münzzeichen des Barthel Eckardt 1621, Münzstätte Bitterfeld.

N 84 Eichel, Münzzeichen von Abo 1556 – 1558.

N 85 Birne am Zweig, Münzzeichen des Georg Stange 1621 – 1622, Münzstätte Pirna.

N 86 Pyr, Pinienzapfen oder Zirbelnuß. Auf römisches Vorbild zurückgehende Hauptfigur des Stadtwappens von Augsburg, die sogenannte Stadtpyr (vgl. auch Nr. 1063). Im Stadtsiegel der frühen Augsburger Bürgergemeinde findet sich schon 1232 eine ähnliche Figur und um die Mitte des 13. Jahrhunderts erscheint das Zeichen in der linken Hand eines Bischofs auf einem Augsburger Brakteat, worauf der Bischof die rechte Hand zum Schwur erhoben hat.

N 87 Rosetten fanden vielfach als Münzmeisterzeichen Verwendung, doch häufiger als Zierornament. Als Münzzeichen 1491 – 1525 der Münzstätte Annaberg vorkommend.

N 74

N 75

N 76

N 77

N 78

N 79

N 80

N 81

N 82

N 83

N 84

N 85

N 86

N 87

N 88 Lilie, Münzzeichen des Hans Stockart um 1457, Münzstätte Leipzig und des Hans Hausmann 1499 — 1541, Münzstätte Freiberg. Münzzeichen des Lazar Erker von Schrekenfels 1583 — 1594, Münzstätte Prag.

N 89 Kleeblatt, Münzzeichen des Augustin Horn 1478 — 1501, Münzstätte Zwickau 1478 — 1494, Münzstätte Schneeberg 1483 — 1498, Münzstätte Annaberg 1498 — 1501. Ferner Münzzeichen des Melchior Irmisch um 1523 bis ca. 1537, Münzstätte Annaberg.

N 90 Ähre, Münzzeichen des M. H. Lohse 1776 — 1802, Münzstätte Harderwijk.

N 91 „Die drei Pfeiler des Großfürsten Gediminas", welche sich auf litauischen Münzen und Siegeln seit dem 15. Jahrhundert befinden.

N 92 Drei Türme, Münzzeichen des Andreas Becker 1621, Münzstätte Langensalza.

N 93 Krummstab. Auf Münzen erscheint der Krummstab als Beizeichen auf Denaren Karls des Großen in Mainz, Bonn und Utrecht und auf einem Straßburger Denar Ludwig des Frommen. Der Krummstab weist in der Regel auf einen geistlichen Münzherrn oder eine Gemeinschaftsprägung (z. B. Markgraf Albrecht der Bär und Bischof Ulrich von Halberstadt) hin. Der Krummstab, das Wappenbild des Hochstifts Eichstätt kommt auf kupfernen Kleinmünzen auch allein, ohne das Familienwappen des Bischofs, vor.

N 94 Zainhaken, ein früher in der Münztechnik verwendetes Werkzeug, ein langer eiserner Haken. Einzelne oder gekreuzte Zainhaken, aber auch Zainhaken mit anderen Symbolen kombiniert, finden sich auf vielen älteren Münzen als Münzmeisterzeichen, z. B. als Münzzeichen des Johann Lorenz Holland 1698 — 1716, Münzstätte Dresden, (vgl. auch Nr. N 59 — N 67).

N 95 Münzzeichen des Dietrich Ockeler 1587 — 1588.

N 88

N 89

N 90

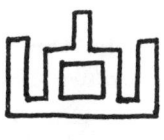

N 91

N 92

N 93

N 94

N 95

N 96 Zainhaken, gekreuzt, Münzzeichen von Simon Timpf den Älteren 1616 – 1619, Münzstätte Harburg, auch Münzzeichen des Hans Jakob 1624 – 1635, Münzstätte Bautzen sowie Münzzeichen des Hennig Ilders 1667, Münzstätte Bautzen.

N 97 Zainhaken, gekreuzt, Münzzeichen des Hermann Richerds 1564 – 1566, Münzstätte Minden.

N 98 Zainhaken, gekreuzt und senkrechter Bolzen, Münzzeichen des Melchior Huxer 1560 – 1574, Münzstätte Münden.

N 99 Zainhaken, gekreuzt und Kreuz, Münzzeichen des Henning Hanses 1622 – 1623, Münzstätte Winsen (Luhe).

N 100 Zainhaken, gekreuzt und Y, Münzzeichen von Simon Timpf den Jüngeren 1619 – 1624, Münzstätte Harburg.

N 101 Zainhaken, gekreuzt und V, Münzzeichen des Thomas Timpfe 1623 – 1625, Münzstätte Hitzacker.

N 102 Zainhaken und Wolfsangel, Münzzeichen der Münzstätte Minden 1558.

N 103 Münzzeichen des Peter Hema 1621, Münzstätte Olmütz.

N 104 Zainhaken und Pfeil, kombiniert, Münzzeichen des Hans Konermann, Münzstätte Wunstorf.

N 105 Münzzeichen des Albrecht Baumgartner 1522 – 1540, Münzstätte Isny; Münzzeichen auch seines Neffen Wilhelm Baumgartner 1542 – 1555, Münzstätte Kempten.

N 106 Pfeil zwischen zwei Sternen: Wappenbild des Geschlechts von Promnitz. Auf Münzen der Stadt Sorau vorkommend.

N 107 Münzzeichen auf Münzen der Reichsstadt Isny 1554 und 1555.

N 108 Gekreuzte Pfeile, Münzzeichen des Johann Koch 1688 – 1698, Münzstätte Dresden.

N 109 Münzzeichen auf Münzen der Reichsstadt Isny 1508 und 1522.

N 110 Münzzeichen der Münzstätte Olkusz 1593 – 1596.

N 111 Zeichen auf Münzen des russischen Teilfürstentums Wereja 1432 – 1485.

N 96

N 97

N 98

N 99

N 100

N 101

N 102

N 103

N 104

N 105

N 106

N 107

N 108

N 109

N 110

N 111

N 112 Zeichen auf Münzen der Stadtrepublik Pskow (Pleskau) nach 1510.

N 113 Zeichen der Veit Mühlstein 1464 — 1467, Münzstätte Kremnitz 1464 — 1465; Münzstätte Nagybanya 1467.

N 114 Dreizack, gr. triaina, lat. tridens, dreizinkiger Speer, Attribut des Poseidon bzw. Neptun, Sinnbild seiner Herrschaft über das Meer. Auf antiken Münzen kommt der Dreizack als dominierendes Münzbild oder als Beizeichen vor. Auf modernen griechischen Münzen befindet sich der Dreizack z. B. auf der 10-Lepta-Münze von 1973, auf englischen Münzen mit der stehenden oder sitzenden Britannia und auf einzelnen Barbados-Münzen, und zwar, weil er hier schon im Badge der Kolonialzeit und in der jetzigen Staatsflagge vorkommt. Der Inselstaat Malta bildet auf seiner 50-Pfund-Münze von 1972 einen imposanten Neptun ab, desgleichen Tunesien auf einer 1-Dinar-Münze von 1969. (Vgl. auch Nr. 69).

N 115 Dreizack, Zeichen des Bürgers Camélinat 1871, Münzstätte Paris während der Commune.

N 116 Beizeichen auf Kushan-Münzen.

N 117 Anker, Münzzeichen des Christoph Margalik 1655 — 1670, Münzstätte Prag.

N 118 Anker, Zeichen des französischen Graveurs Albert-Désiré Barre 1855 — 1878.

N 119 Anker, Zeichen des französischen Graveurs Auguste Barre 1878 — 1879.

N 120 Anker, Münzzeichen des Adam Prellhoff 1621 und 1622, Münzstätte Zwickau.

N 112

N 113

N 114

N 115

N 116

N 117

N 118

N 119

N 120

N 121 Beil, Münzzeichen des Kaspar Rytkier, Münzstätte Olkusz 1592, Münzstätte Lublin 1595.

N 122 Franziska, fränkische Streitaxt, auf karolingischen Münzen des öfteren vorkommend. Symbol der Pétain-Regierung als Rückgriff auf die germanische Vergangenheit, daher auf französischen Münzen der Jahre 1941 — 1944 zu finden.

N 123 Schlägel und Eisen, gekreuzt: das Zeichen der Münzstätte Kongsberg bis zur Gegenwart. Auf Ausbeutemünzen, als Symbol des Bergbaus häufig; u. a. bei badischen Ausbeute-Kronentalern 1834 und 1836 zu finden.

N 124 Schlägel und Eisen, Münzzeichen des Ernest Dumas 1853 — 1857, Münzstätte Rouen, Münzstätte Bordeaux 1860 — 1867.

N 125 Morgenstern, Münzzeichen des Wolf Hünerkopf 1533 — 1539, Münzstätte Annaberg.

N 126 Der Reichsapfel gehört zu den üblichen Insignien eines regierenden Fürsten. Auf Münzen erscheint der Reichsapfel auch als Hauptmünzbild, teils mit darin befindlicher Wertzahl. Darüber hinaus kommt der Reichsapfel auch als Münzzeichen vor. Die Münzstätte Altona verwendete 1841 bis 1863 den Reichsapfel als Münzstättenzeichen.

N 127 Am Mühlstein mit dem Eisen, dem Wappenbild der Stadt Hameln, nach der niederdeutschen Bezeichnung für Mühlen auch Quern-Hameln, sind Münzen aus der Rattenfängerstadt zu erkennen.

N 128 Das Rad als „redendes" Wappen kommt bei Stadtnamen wie Radkersburg, Ratingen und Ratibor vor. Beim Erzbistum Mainz und bei Erfurt, das lange Zeit kurmainzisch war, findet man das Rad ebenfalls. Auch das Bistum Osnabrück und die gleichnamige Stadt führen das Rad im Wappen.

N 129 Münzmeisterzeichen auf Münzen der Stadtrepublik Pskow (Pleskau) nach 1510.

N 121

N 122

N 123

N 124

N 125

N 126

N 127

N 128

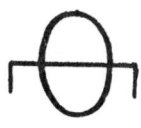

N 129

N 130 Münzzeichen des Johann Conrad Richthausen 1658 – 1659, Münzstätte Wien.

N 131 Zeichen auf Münzen des russischen Teilfürstentums Galitsch-Mirjaschsk 1389 – 1434.

N 132 Zeichen auf Münzen des russischen Teilfürstentums Moschaisk -Bjelosersk 1389 – 1432.

N 133 Hufeisen, Münzzeichen des Friedrich Ulm 1621, Münzstätte Naumburg.

N 134 Pokal, Münzzeichen des Ulrich Gebhardt 1527 – 1533, Münzstätte Joachimsthal.

N 135 Pokal, Münzzeichen des Hans Apfelfelder 1538 – 1555, Münzstätte Kempten 1534, 1538 – 1540; Münzstätte Kaufbeuren 1540 – 1555.

N 136 Krone, Zeichen der Münzstätte Kopenhagen.

N 137 Krone, Münzzeichen des Johann Jakob Kittner von Perchhaimb 1650 – 1668, Münzstätte Joachimsthal.

N 138 Die Mütze der phrygischen Fischer wurde durch die Jakobiner während der Französischen Revolution zum Freiheitssymbol erhoben. Auf französischen Münzen, aber auch auf Münzen italienischer Revolutionsstaaten, wie der Ligurischen Republik, der Neapolitanischen Republik oder der Römischen Republik vorkommend; im Staatswappen Argentiniens bis zur Gegenwart.

N 139 Schuh (Holzschuh), Münzzeichen des Leupold Holzschucher 1554 – 1558, Münzstätte Leipzig.

N 130

N 131

N 132

N 133

N 134

N 135

N 136

N 137

N 138

N 139

LITERATUR

Fiala, E.: Beschreibung der Sammlung böhmischer Münzen und Medaillen des Max Donebauer. Prag 1889 — 1891, Nachdruck Graz 1970.

Friedensburg, F.: Die Symbolik der Mittelaltermünzen. Berlin 1913 — 1922.

Gumowski, M.: Handbuch der polnischen Numismatik. Graz 1960.

Haupt, W.: Sächsische Münzkunde, 2 Bd. Berlin 1974.

Herinek, L.: Österreichische Münzprägungen von 1657 — 1740. Wien 1972.

Kaim, R.: Russische Münzstätten, Münzzeichen, Münzmeisterzeichen. Braunschweig 1971.

Kroha, T.: Lexikon der Numismatik. Gütersloh 1977.

Nau, E.: Die Münzen und Medaillen der oberschwäbischen Städte. Freiburg i. Br. 1964.

Neubecker, O.: Heraldik. Wappen — ihr Ursprung Sinn und Wert. Frankfurt am Main 1977.

Neubecker, O./Rentzmann, W.: Wappenbilderlexikon. München 1974.

Rabbow, A.: Lexikon politischer Symbole. München 1970.

Rittmann, H.: Deutsches Münzsammler-Lexikon. München 1977.

Schlickeysen, F.W.A./Pallmann, R.: Erklärungen der Abkürzungen auf Münzen. Berlin 1896, Nachdruck Graz 1961.

Schön, G.: Altdeutschland. Ein Katalog der bekanntesten Münzen des Römisch-Deutschen Reiches von 768 bis 1806. München 1976.

Schön, G.: Katalog der Kupfermünzen des Römisch-Deutschen Reiches im 16., 17. und 18. Jahrhundert. Graz 1978.

Schön, G./Cartier, J.-F.: Weltmünzkatalog 19. Jahrhundert. 3. Aufl. München 1977.

Schön, G.: Weltmünzkatalog 20. Jahrhundert. 11. Aufl. München 1979.

Schön, G.: Kleiner deutscher Münzkatalog 1980 mit Liechtenstein, Österreich und Schweiz. 9. Aufl. München 1979.

Schrötter, F. Freiherr von: Wörterbuch der Münzkunde. Berlin-Leipzig 1930.

Welter, G.: Die Münzen der Welfen seit Heinrich dem Löwen, 3 Bd. Braunschweig 1971 – 1978.

Wilberg, M.: Regententabellen. Frankfurt a. d. O. 1906, Nachdruck Graz 1962.

Musikzeichen

Musik kann mit Hilfe der Notenschrift (Notation) graphisch fixiert werden: verschiedene Zeichen, Zahlen, Buchstaben und Wörter geben mit einem mehr oder weniger hohen Grad von Genauigkeit u.a. Tonhöhe, Tondauer, Rhythmus, Lautstärke und Ausdrucksintentionen an. Im Laufe von über zwei Jahrtausenden hat sich eine überaus große Zahl verschiedenster Notationsarten herausgebildet, von denen — ohne auf die historische Entwicklung genau einzugehen und unter Verzicht auf Erläuterung komplizierter Regeln — hier einige wichtige Notenschriften mit ihren Grundzeichen vorgestellt werden.

Die früheste, eindeutig durch Quellen belegte und voll ausgebildete Form ist die mindestens bis 250 v. Chr. zurückreichende Buchstaben-Tonschrift der griechischen Antike (M 71, M 72). Die Griechen verwendeten für die Aufzeichnung der Töne Buchstabenzeichen und haben im Laufe der Zeit zwei Notationssysteme entwickelt: eine für die Instrumentalmusik (hiefür dienten zur Tonaufzeichnung Buchstaben vermutlich phönikischen Ursprungs, die normal aufrecht, horizontal umgelegt und spiegelbildlich verwendet wurden) und eine für die Vokalmusik, die mit Buchstaben des klassischen Alphabets notiert wurde. Diese Buchstabentradition lebte auch noch in abgeänderter Form in unserer Zeitrechnung weiter, nur zog man Buchstaben des lateinischen Alphabets heran (Boethius, 4. Jh., Odo von Cluny, 10. Jh.).

Zurückgehend auf die griechischen Zeichen der Prosodie entwickelten sich im 8./9. Jh. die sogenannten Neumen, eine Akzentschrift, die mit Punkten, Strichen und Haken den Melodieverlauf grob andeutet (M 73 — M 81). Diese notationstechnische „Unvollkommenheit" diente als Gedächtnisstütze und setzte voraus, daß die

296

Sänger die Melodien und Intervalle genau kannten. Von den verschiedenen lokalen Eigenarten unterscheiden wir u.a. einen armenischen, byzantinischen und russischen Typus im Osten (verwandte Typen lassen sich bis nach Indien feststellen) und eine große Anzahl von lateinischen Neumen im Westen, u.a. die beneventanische, mittelitalische, aquitanische, nordfranzösische, Metzer und St. Gallener Schrift (M 81).

Geben die frühen, noch linienlosen Neumen den Melodieverlauf nur ungefähr an, ermöglichte die Einführung eines Liniensystems durch Guido von Arezzo in der ersten Hälfte des 11. Jhs. eine genaue Festlegung der Tonhöhe. Große Bedeutung erlangte hier die Choralnotation, die zunächst für die Aufzeichnung des Gregorianischen Chorals diente. Überblickt man die zahlreichen Formen, so lassen sich zwei Hauptarten feststellen: Die eine ist die sogenannte römische Choralnotation (Quadratnotation) mit schwarzen, quadratischen und rhombischen Grundzeichen, die in ein 4-Liniensystem eingetragen werden (M 82 — M 92); ohne sich prinzipiell zu verändern, hat sie ihre Form bis heute bewahrt und ist auch heute noch in der Liturgie gebräuchlich. Einen anderen Zeichentypus besitzt die sogenannte deutsche oder gotische Choralnotation (Hufnagelschrift) (M 93 — M 101). Ihre Zeichen haben noch mehr oder weniger neumenhaften Charakter, sind jedoch vergröbert und — ähnlich den gotischen Buchstaben — eckig gestaltet. Die Choralnotation wurde allmählich auch für die Aufzeichnung der Trobador- und Trovèremelodien sowie für die mehrstimmige Musik herangezogen.

Ebenso aus viereckigen Zeichen bestehen die Modalnotation der Notre-Dame-Schule in Paris (sie tritt in der zweiten Hälfte des 12. Jhs. auf und erfaßt sämtliche musikalische Formen der Zeit) und die sich im 13. Jh. daraus entwickelnde schwarze Mensuralnotation (M 102 — M 105); „schwarz" deshalb genannt, weil man nach wie vor mit geschwärzten Zeichen arbeitete. Ein Hang zu extremer Kompliziertheit ist vor 1400 festzustellen, was sich einerseits in der Vielfalt der Notenformen und andererseits in der Colorierung ausdrückte: Es gab u.a. volle (■) und hohle (□) Notenzeichen in den Farben schwarz, weiß, weiß und rot, weiters halb schwarze,

297

halb weiße sowie schwarz-rote und rot-weiße. Aus praktischen Gründen begann man um 1430 nur die Umrisse zu zeichnen, wir sprechen hier von der sogenannten weißen Mensuralnotation (M 106 — M 114). Die Notenwerte beider Arten, also der „schwarzen" und „weißen", waren proportional auf ein durch den Pulsschlag bestimmtes Grundzeitmaß ausgerichtet. Durch verschieden gestaltete Notenkopfformen (es gab längere und kürzere Vierecke, vgl. M 102 — M 114) und durch zusätzlich angebrachte Hälse und Fähnchen wurden bestimmte Tondauern festgelegt.

Aus dieser Notationsweise ging um 1600 unsere heutige, seit dieser Zeit kaum veränderte und in weiten Teilen der Welt gebräuchliche Notenschrift hervor (M 1 — M 70). Die auffallendsten optischen Unterschiede gegenüber den bisherigen Notationsarten sind u.a. nun die Rundschreibung der Notenköpfe (M 7), die mögliche Balkung mehrerer Noten (M 7, M 19 — M 21) und die Erweiterung des bisherigen 4-Liniensystems auf 5 Linien (M 1). Darüber hinaus treten neben jenen Zeichen, die Ton- und Zeitbeziehungen ausdrücken, immer mehr zusätzliche Angaben, die genaueres über die Ausführung des Musikstückes vorschreiben (M 35 — M 70). Da die Zahl unserer heutigen Musikzeichen inzwischen so stark angewachsen ist, bringt die nachfolgende Darstellung natürlich nur einige Grundzeichen.

Neben dieser „konventionellen" Notenschrift haben sich im 20. Jh. noch neue Notationsformen herausgebildet. Anlaß für diese Entwicklung waren u.a. die erweiterte Tonalität, Atonalität, Zwölftontechnik, die Serielle und Elektronische Musik, deren Anforderungen die herkömmliche Notenschrift nicht mehr gewachsen war. Es werden nun eine Fülle neuer graphischer Zeichen eingeführt, die meist gar keine Allgemeingeltung erlangen, sondern in vielen Fällen nur für einen Komponisten oder gar nur für ein Werk Gültigkeit haben. Faktoren der Unbestimmtheit können dabei in alle Bereiche der Musik eindringen, d.h. es sind zwar graphische Hinweise für die Interpretation eines Werkes gegeben, die Ausführung eines musikalischen Vorganges ist jedoch — ähnlich wie bei den mittelalterlichen Neumen — nicht bis ins Detail festgelegt. Die Notation nimmt vielfach nur skizzenhaften und graphischen Charakter an (wir sprechen auch von einer musikalischen Graphik und graphischen Notation, vgl. M 115, M 116) oder besteht nur – z.B. die Programme elektronischer Musik – aus technischen Daten und Anweisungen.

Wie schon zu Beginn vorweggenommen wurde, ist es unmöglich, hier einen Gesamtüberblick über alle wichtigen Musikzeichen zu geben. Die hier vorgestellten und knapp erläuterten Zeichen sollen nur ungefähr veranschaulichen, mit welchen Mitteln akustische Vorgänge graphisch fixiert werden können. Aus praktischen Gründen wird dabei nicht ganz in chronologischer Reihenfolge vorgegangen, sondern zunächst an unserer heute allgemein vertrauten und wichtigsten Notenschrift der „akustisch-graphische Umwandlungsprozeß" dargestellt; durch diese Vorwegnahme unseres heutigen Notationsprinzipes werden die Hauptzeichen der alten Notenschriften ohne umfangreiche Erklärung leichter verständlich.

Hauptzeichen unserer heute gebräuchlichen Notenschrift:

M 1   Linien(system). Ein System von 5 Linien schafft die Voraussetzung für die Notierbarkeit der Tonhöhe.

M 2 – 6 Schlüssel. Sie werden in der Regel am Beginn eines
Liniensystems gesetzt und bezeichnen durch ihre Form
und Lage den absoluten Tonraum.

M 2   Baßschlüssel.

M 3   Tenorschlüssel.

M 4   Altschlüssel.

M 5   Sopranschlüssel.

M 6   Violinschlüssel.

M 7   Noten. Sie dienen zur genauen Bezeichnung der Tonhöhe
(M 8) und Tondauer (M 16 – M 21) und können aus
folgenden Teilen bestehen:
a) Kopf (weiß oder schwarz, je nach Wert der Note);
b) Hals (rechts aufwärts oder links abwärts);
c) Fähnchen (stets nach rechts gerichtet, ihre Anzahl bestimmt den Notenwert);
d) Balken (wegen der besseren Übersicht können Noten mit
Fähnchen durch einen oder mehrere Balken verbunden
werden, die Anzahl der Balken bestimmt wiederum den
Notenwert).

M 8   Die Noten werden in das mit einem Schlüssel versehene
Liniensystem eingetragen und bezeichnen durch ihre Lage
– auf oder zwischen den Linien – die genaue Tonhöhe. Es
gibt 7 Stammtöne, die mit Buchstaben unseres Alphabets
benannt werden (c, d, e, f, g, a, h) und aneinandergereiht
die C-Oktave (c – h) bilden. Unser Tonsystem setzt sich
aus 8 Oktaven zusammen, wobei die Töne je nach ihrer
Oktavenzugehörigkeit mit Groß- oder Kleinbuchstaben
bzw. mit zusätzlichen Ziffern oder Strichen (z.B.: c'' =
c^2) gekennzeichnet sind (M 10). Der nebenstehende Ausschnitt aus unserem Tonsystem zeigt die eingestrichene
($c^1 – h^1$) und zweigestrichene Oktave ($c^2 – h^2$).

M 1

M 2   M 3   M 4   M 5   M 6

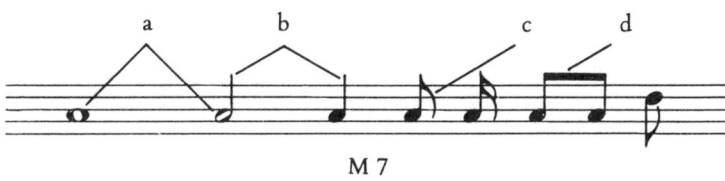

M 7

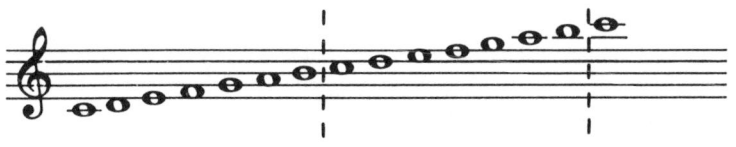

c^1 d^1 e^1 f^1 g^1 a^1 h^1 c^2 d^2 e^2 f^2 g^2 a^2 h^2 c^3 etc.

M 8

M 9   Hilfslinien. Reicht das 5-Liniensystem zur Bezeichnung der Tonhöhe nicht mehr aus, so verwenden wir zusätzlich kurze Hilfslinien.

M 10   Oktavierungszeichen. In Extremlagen werden Hilfslinien zu unübersichtlich, man ersetzt sie dann durch
a) Oktavierung nach oben
und
b) Oktavierung nach unten.

M 11 – 15 Vorzeichen (Akzidentien). Einer Note vorangesetzte Zeichen, die eine Erhöhung oder Erniedrigung bzw. die Aufhebung dieser Tonhöhenveränderung bewirken:

M 11   Kreuz. Halbtonerhöhung: Name des Stammtones + Silbe „-is".

M 12   Doppelkreuz. Ganztonerhöhung: Name des Stammtones + Silbe „-isis".

M 13   Be. Halbtonerniedrigung: Name des Stammtones + Silbe „-es" (Ausnahme: aus „h" wird „b", nicht „hes").

M 14   Doppel-Be. Ganztonerniedrigung: Name des Stammtones + Silbe „-eses".

M 15   Auflöser. Auflösung einer vorangegangenen durch Akzidentien hervorgerufenen Erhöhung oder Erniedrigung.

M 9

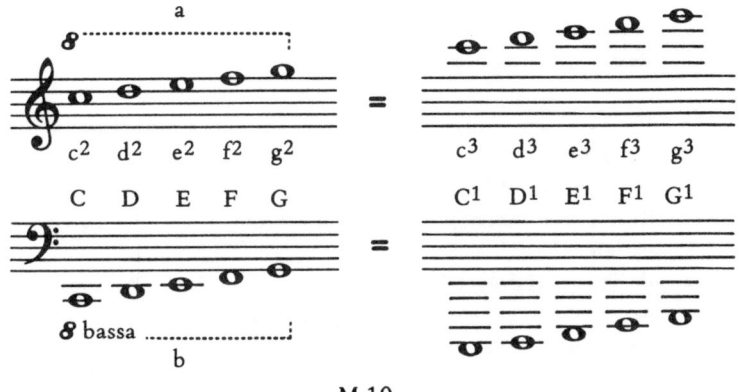

M 10

M 11   M 12   M 13   M 14   M 15

M 16 – 21 Notenwerte. Die Form der Noten (vgl. auch M 7) bestimmt die Tondauer bzw. den Notenwert. Je kürzer der
Wert einer Note ist, desto größer ist die Anzahl ihrer Bestandteile. Ausgangspunkt für die Einteilung der Notenwerte ist die

M 16 Ganze Note, die nach folgendem Schema unterteilt wird:

M 17 Halbe Note.

M 18 Viertel Note.

M 19 Achtel Note.

M 20 Sechzehntel Note.

M 21 Zweiunddreißigstel Note.

etc.

M 22 Verlängerungspunkte. Ein Punkt hinter einer Note ver-
längert Ihren Wert um die Hälfte.

M 23 Haltebogen. Werden Noten gleicher Tonhöhe mit einem
Bogen verbunden, sind sie bis zu ihrem Gesamtwert auszu-
halten.

M 24 Fermate. Haltezeichen über/unter der Note: Aufhebung
der strengen rhythmischen Messung durch mehr oder weniger langes Aushalten.

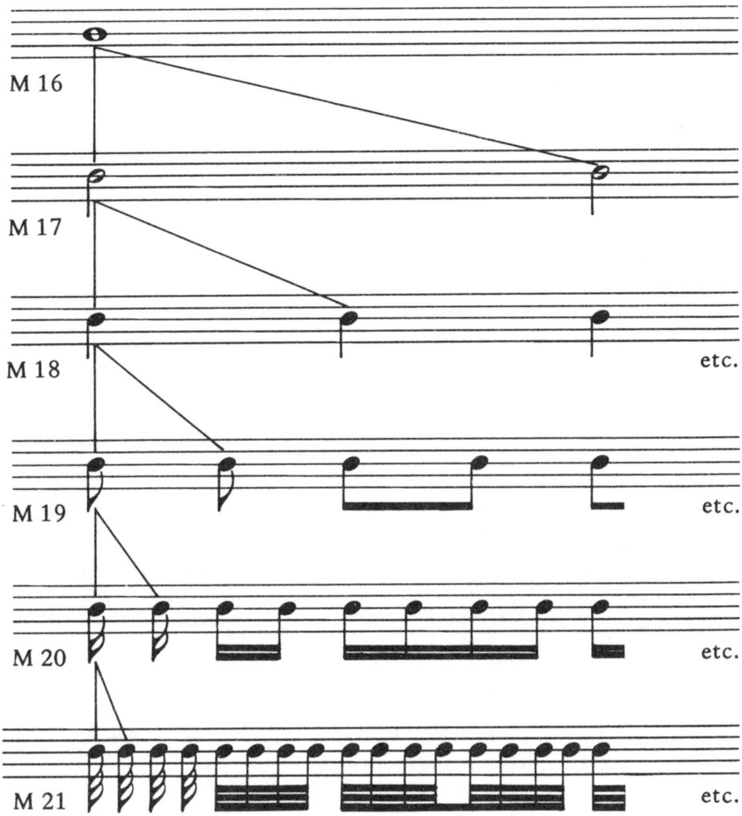

M 25 – 31 Pausen. Zeichen für das zeitweilige Aussetzen einzelner oder aller Stimmen eines Musikstückes. Der Wert der Pausen entspricht den Notenwerten (M 16 – M 21):

M 25 Ganze Pause.

M 26 Halbe Pause.

M 27 Viertel Pause.

M 28 Achtel Pause.

M 29 Sechzehntel Pause.

M 30 Zweiunddreißigstel Pause.

etc.

M 31 Eine Fermate (vgl. auch M 24) über einer Pause kann einerseits den Pausenwert verlängern, andererseits ihn in Einzelfällen auch verkürzen.

M 32 Taktvorschrift. Jeweils am Beginn eines Musikstückes wird in der Regel unmittelbar nach dem Schlüssel durch Bruchzahlen der Takt (die Gruppierung von Notenwerten zu mehr oder weniger langen, aber metrisch genau festgelegten Einheiten) bezeichnet. Der Zähler gibt die Anzahl, der Nenner den Wert der zu einem Takt zusammengefaßten Noten an. Häufige Taktarten: $\frac{4}{4}$ (auch $\mathbf{C}$), $\frac{3}{4}$ (siehe Beispiel), $\frac{2}{4}$, $\frac{6}{8}$, $\frac{3}{8}$, $\frac{3}{2}$, $\frac{2}{2}$ etc.

M 33 Taktstrich. Senkrechte Striche durch das Liniensystem grenzen einen Takt vom anderen ab und weisen gleichzeitig auf den Taktschwerpunkt hin, d.h. die Note nach einem Taktstrich ist hauptgewichtig.

M 34 Schlußstriche. Senkrechte Doppelstriche durch das Liniensystem:

a) Ende eines Musikstückes;

b) Ende eines Abschnittes.

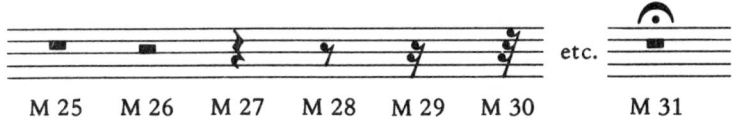

M 25   M 26   M 27   M 28   M 29   M 30   M 31

M 32

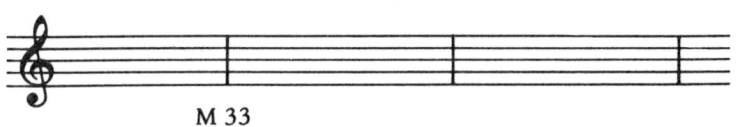

M 33

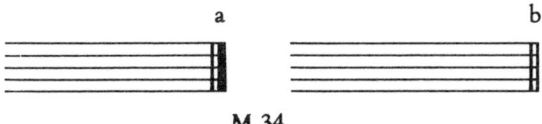

M 34

M 35 – 45 Wiederholungszeichen. Sie fordern eine Wiederholung eines längeren Teiles, Taktes einer Tonfigur oder eines einzelnen Tones.

M 35 Der Abschnitt zwischen den beiden Zeichen ist zu wiederholen.
a) ältere Form;
b) heutige Form.

M 36 – 38 Segno (dal Segno, Dal. S., D. S.). Verschiedene Markierungen für Beginn und Ende eines Wiederholungsteiles.

M 39 Prima volta (a) und Seconda volta (b). Bei der Wiederholung eines Musikteiles ist der mit ⌐1.   ⌐ überschriebene Teil zu überspringen und bei ⌐2.   ⌐ fortzusetzen.

M 40 Zeichen für Figuren- und Taktwiederholung („Faulenzer").

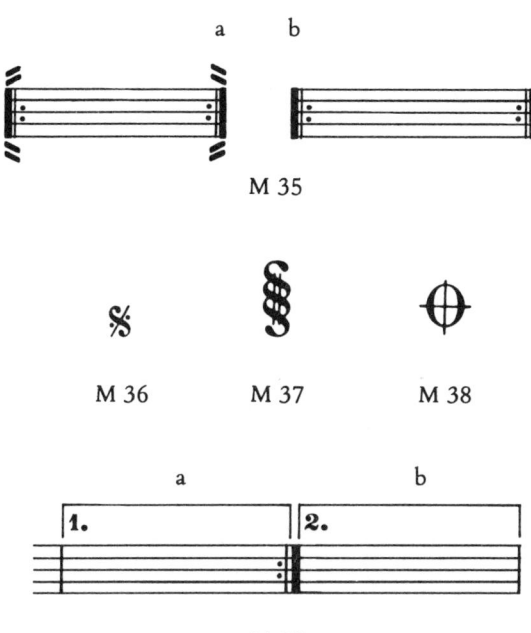

M 35

M 36   M 37   M 38

M 39

M 40

M 41 – 45 Tonrepetitionszeichen. Mehrere Punkte bzw. kurze, fette Schrägstriche über/unter den Notenköpfen verlangen die Wiederholung desselben Tones. Die Anzahl der Punkte bzw. Schrägstriche bestimmt den Notenwert.

M 41

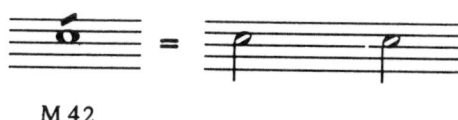

M 42

M 43

M 44

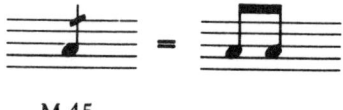

M 45

M 46 Glissandozeichen. Ein Strich oder eine Wellenlinie zwischen 2 Tönen eines größeren Intervalls auf- oder abwärts geführt: gleitend, rasche Tonfolge durch das angezeigte Intervall, ohne feste Tonhöhen.

M 47 Arpeggiozeichen. Senkrechte Wellenlinie vor einem Akkord: die einzelnen Töne sind nicht zugleich, sondern mehr oder weniger rasch hintereinander zum Erklingen zu bringen.

M 48 – 54 Verzierungen. Sammelbegriff für Zeichen, die eine bestimmte Ausschmückung der Melodie vorschreiben. In vielen Fällen ist die Bedeutung dieser Zeichen nicht durch die Zeichen selbst, sondern erst im Zusammenhang mit der jeweiligen musikalischen Begebenheit und durch die Kenntnis der Aufführungspraxis der verschiedenen historischen Epochen verstehbar. Einige Grundformen:

M 48 Triller.

M 49 Mordent.

M 50 Triller von oben.

M 51 Triller von unten.

M 52 Triller mit Nachschlag.

M 53 Doppelschlag.

M 54 Verzierungsbeispiele zu M 48, M 51 und M 53.

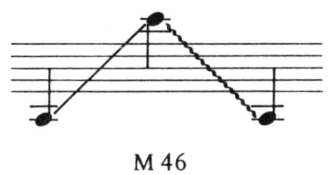

M 46

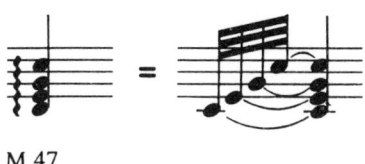

M 47

~~ ~~ ⟨~~ ⟨~ ~~~ ∾

M 48   M 49   M 50   M 51   M 52   M 53

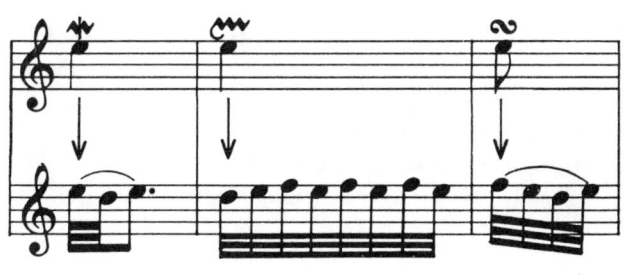

M 54

M 55– 69 Vortragsangaben. Zeichen, die die Ausführung eines Musikstückes, einer Tongruppe oder eines einzelnen Tones durch Angaben über Spieltechnik, Lautstärke, Tempo, Phrasierung etc. näher bestimmen. Aus der Fülle dieser Vortragsangaben, die außer Zeichen auch Buchstaben, Ziffern und Wörter umfassen, werden hier lediglich einige Zeichen vorgestellt:

M 55 Staccatozeichen. Punkte oder Keile über / unter den Notenköpfen: stoßende Ausführung, d.h. die Töne müssen deutlich getrennt erklingen:
a) normales staccato;
b) härteres staccato.

M 56 Legato-Bogen. Gegenteil von staccato: die Töne sind gebunden, „verschleift" zu spielen (vgl. auch Haltebogen, M 23).

M 57 Portatozeichen. Punkte oder kurze waagrechte Striche kombiniert mit einem Bogen über / unter den Notenköpfen: Spielart zwischen staccato (M 55) und legato (M 56).

M 58, 59 Pedalzeichen. Spielanweisung beim Klavier: Das Zeichen „Ped." verlangt das Spiel mit Pedal, d.h. es ist durch die Betätigung des rechten Pedals die Dämpfung von den Saiten zu heben. Der Stern markiert das Ende einer solchen Stelle.

M 60 – 63 Marcatozeichen. Verschiedene Akzente über / unter den Notenköpfen: Ton stark hervorheben.

M 64 – 67 Verschiedene technische Spielanweisungen für Streicher.

M 68 Crescendozeichen. Dynamische Vorschrift: lauter werden.

M 69 Decrescendozeichen: leiser werden.

M 70 Zeichen für Sprechstimme:
a) nur rhythmisch fixiert:
b) und c) rhythmisch und tonhöhenmäßig fixiert.

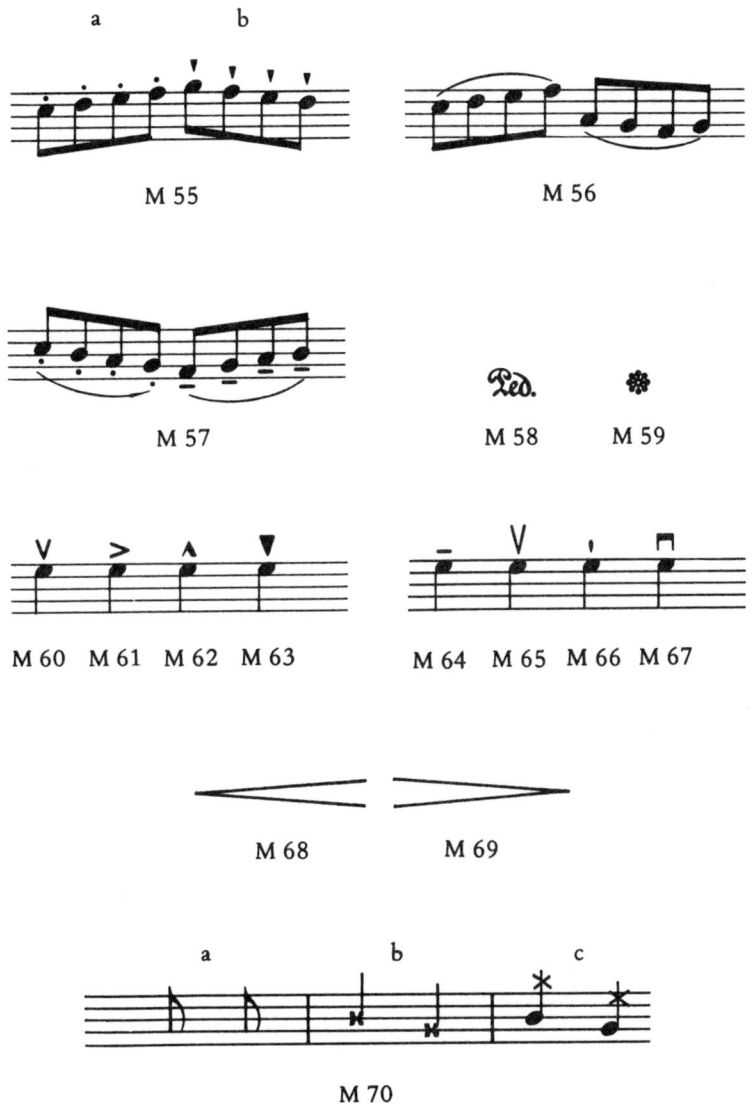

Buchstaben-Tonschrift der griechischen Antike:

M 71   Zeichen für die Notierung der Vokalmusik (Buchstaben des klassischen Alphabets in verschiedenen Lagen).

M 72   Zeichen für die Notierung der Instrumentalmusik (Buchstaben phönikischen Ursprungs in verschiedenen Lagen).

A' Δ' H' K' N'	⊥ ✳	A Δ H K	N Π T X	Ɐ ∇ ⊣ ⋉ И Ս	⊣
B' E' Θ' Λ' Ξ'	人 ⋔	B E Θ Λ	Ξ P Y Ψ	R F ⋔ V ⫼ Ь	⅄
℧' Γ' Z' I' M' O'	ϴ Ս	Γ Z I M	O C Φ Ω	⌐ 7 _ W ? Ɜ	ᒧ

M 71

Z' N' ⊏' <' ꓶ' K'	⋈ Z	N ⊏ < ꓶ	K C F ⋏	Γ ⊢ E ꜧ H Ɛ	ᒧ
∕' Ս' V' ⋋' ⋊'	Ⱶ 人	∕ Ս V Ⴟ	⋉ Ս ꞁ ⋎	L ⊥ ɯ ⊥ d ω	⊣
∖' ⊐' >' Ⅎ' ⋊'	⋏ ⋏	∖ ⊐ > Ⅎ	ꓮ ⊃ ⅂ ꛃ	⅂ ⊣ Ǝ ꓩ P Ɛ	T

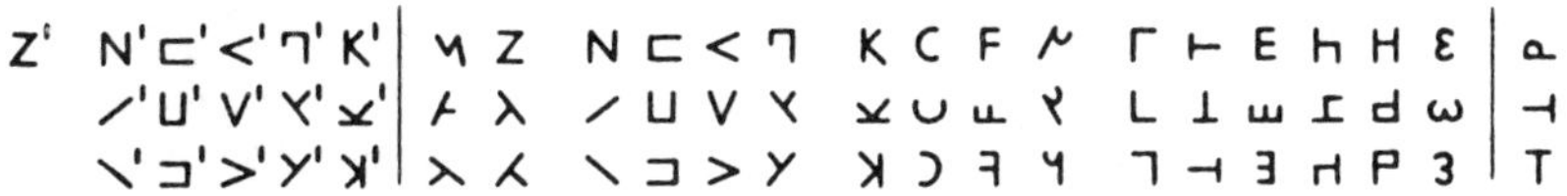

M 72

Hauptzeichen und Beispiel für den St. Gallener Neumentypus:

M 73   Punctum.
M 74   Virga. 2 Varianten.
M 75   Pes (Podatus).
M 76   Flexa.
M 77   Climacus.
M 78   Scandicus.
M 79   Torculus.
M 80   Porrectus.
M 81   Notationsbeispiel: Ausschnitt aus dem Antiphonar der Erzabtei St. Peter in Salzburg (Cod. Vindobonensis S.N. 2700), S. 428. Als Faksimile-Ausgabe bei der Akademischen Druck- u. Verlagsanstalt, Graz 1969 — 73, erschienen.

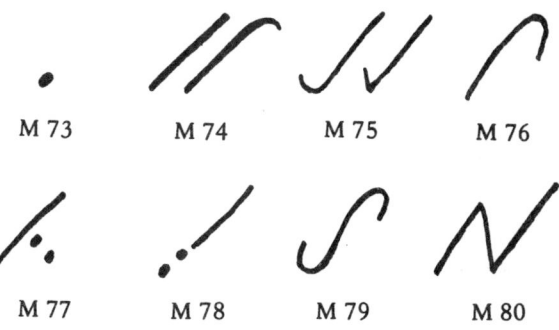

M 73   M 74   M 75   M 76

M 77   M 78   M 79   M 80

M 81

Hauptzeichen und Beispiel für die römische Choralnotation:

M 82   Virga.
M 83   Apostropha.
M 84   Oriscus.
M 85   Pes (Podatus).
M 86   Clivis (Flexa).
M 87   Porrectus.
M 88   Scandicus.
M 89   Salicus.
M 90   Torculus.
M 91   Climacus.
M 92   Notationsbeispiel: Ausschnitt aus dem Graduale von St. Katharinental, Sign. LM 26117, aufbewahrt abwechselnd im Schweizerischen Landesmuseum in Zürich und im Museum des Kantons Thurgau in Frauenfeld.

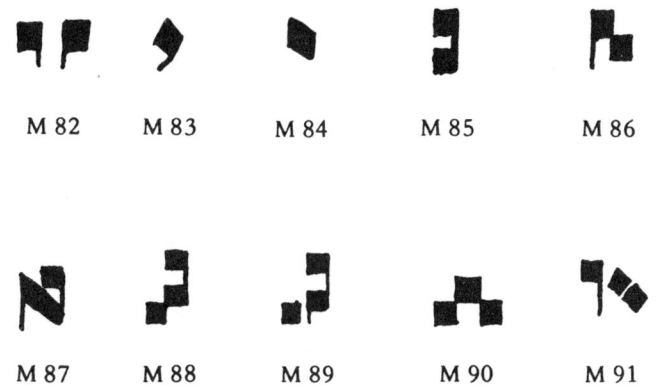

M 82   M 83   M 84   M 85   M 86

M 87   M 88   M 89   M 90   M 91

M 92

Hauptzeichen und Beispiel für die gotische Choralnotation:

M 93   Punctum.
M 94   Virga.
M 95   Pes.
M 96   Clivis. 2 Varianten.
M 97   Climacus.
M 98   Scandicus.
M 99   Torculus.
M 100 Porrectus.
M 101 Notationsbeispiel: Ausschnitt aus der Mondsee-Wiener Liederhandschrift (Cod. Vindobonensis 2856) fol. 242 r. Als Faksimile-Ausgabe bei der Akademischen Druck- u. Verlagsanstalt, Graz 1968, erschienen.

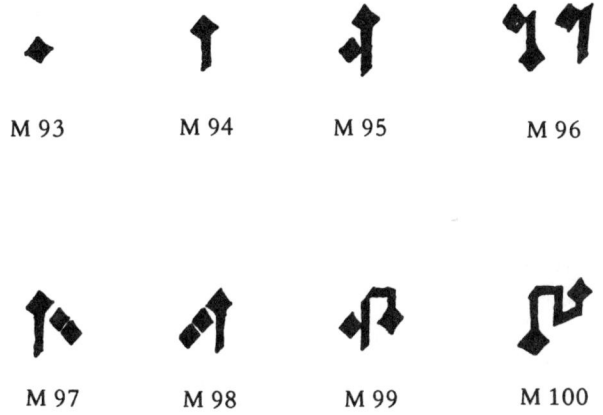

M 93   M 94   M 95   M 96

M 97   M 98   M 99   M 100

M 101

Hauptzeichen und Beispiel für die Mensuralnotation:

M 102 – 105 Wichtigste Notenformen der schwarzen Mensuralnotation (vor 1430):

M 102   Maxima.

M 103   Longa.

M 104   Brevis.

M 105   Semibrevis.

M 106 – 113 Wichtigste Notenformen der weißen Mensuralnotation
(nach 1430):

M 106   Maxima.

M 107   Longa.

M 108   Brevis.

M 109   Semibrevis.

M 110   Minima.

M 111   Semiminima.

M 112   Fusa.

M 113   Semifusa.

M 114   Notationsbeipsiel: Ausschnitt einer Abbildung des Cod.
Arch. S. Pietro B-80 fol. 70 v. in: Denkmäler der Ton-
kunst in Österreich, Band 120, S. XVIII. Akademische
Druck- u. Verlagsanstalt, Graz 1970.

M 102   M 103   M 104   M 105

M 106   M 107   M 108   M 109

M 110   M 111   M 112   M 113

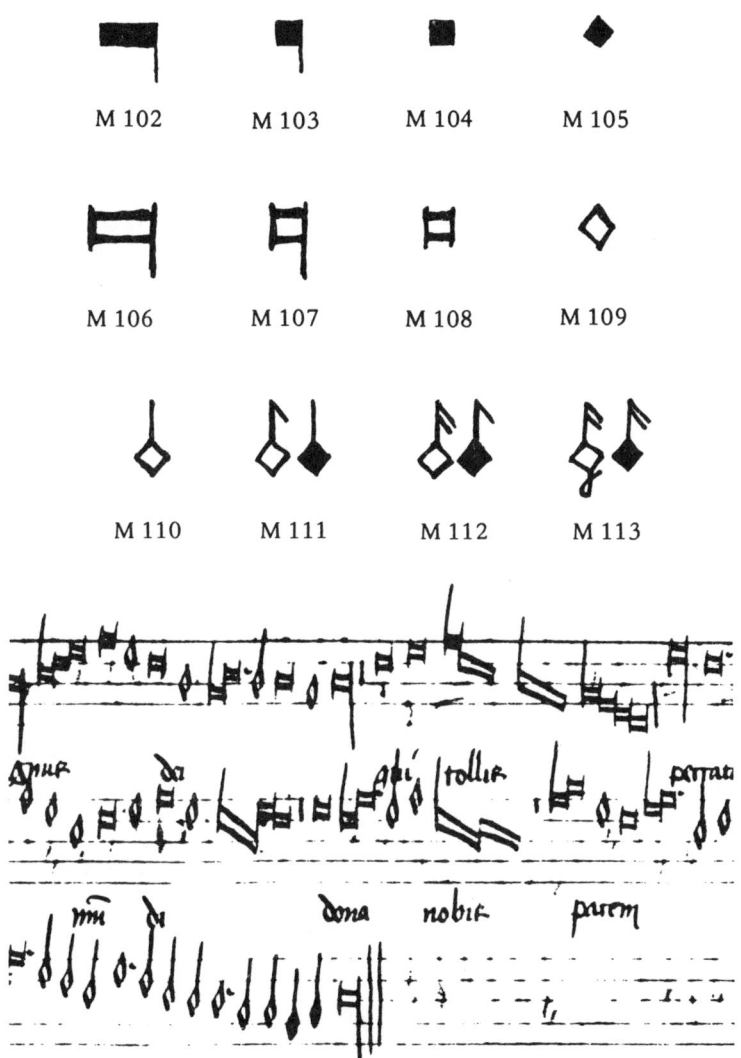

M 114

Beispiele für graphische Notation:

M 115   Kombinierung traditioneller Musikzeichen mit graphischen
        Symbolen. Die mehr oder weniger dicken Felder und
        Striche stehen für Cluster („Tontrauben", hervorgerufen
        durch gleichzeitiges Spielen aller chromatischen Töne
        innerhalb eines Intervalles von mindestens einer kleinen
        Terz: Grenze zwischen Klang und Geräusch) und Cluster-
        bewegungen. Beispiel:
        Jerzi Milian: Points, lines and figures. Abbildung entnom-
        men aus „jazzforschung/jazz research", Band 3/4, S. 192.
        Universal Edition, Wien 1973.

M 115

M 116 Rein graphische Notation. Punkte, Linien und Flächen induzieren verschiedene Vorstellungen von Tönen, Tonfolgen, Staccato, große Lautstärke usw. Beispiel: Anestis Logothetis, Mäandros. Abbildung entommen aus Ulrich Dibelius, Moderne Musik 1945 − 1965, S. 329, R. Piper & Co. Verlag, München 1966.

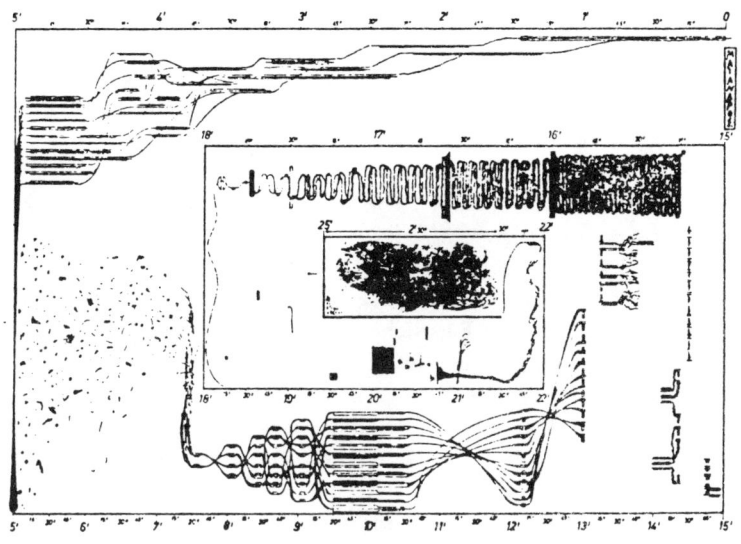

M 116

LITERATUR

Abraham, L. U.: Einführung in die Notenschrift. Köln 19 . .

Apel, W.: The Notation of Polyphonic Music 900 — 1600. Cambridge (Mass.) [4]1949.

Karkoschka, E.: Das Schriftbild der Neuen Musik. Celle 1966.

Laing, H. E. / Brown, A. W.: The Standard System of Musical Notation, London 1928.

Ludwig, F.: Die Tonschriften. Breslau 1924.

Ludwig, F. (Hrsg.): Musikalische Schrifttafeln. 10 Hefte. = Veröffentlichungen des Fürstlichen Institutes für musikwissenschaftliche Forschungen Bückeburg II, 2. Leipzig [1]1922 — 23. Bückeburg und Leipzig [2]1927.

MGG, Die Musik in Geschichte und Gegenwart, hrsg. v. Fr. Blume Kassel und Basel 1949 ff. Artikel „Notation", Band 9, Spalte 1595 ff.

Riemann, H.: Studien zur Geschichte der Notenschrift. Leipzig 1878.

Riemann Musik-Lexikon. 3 Bände. Sachteil. Mainz [12]1967.

Tappert, W.: 900 — 1900. Tausend Jahre Entwicklungsgeschichte der musikalischen Zeichenschrift. 3 Bände. Berlin 1901.

Thomas, E. (Hrsg.): Notation Neuer Musik. = Darmstätter Beiträge zur Neuen Musik IX. Mainz 1965.

Wolf, J.: Musikalische Schrifttafeln. Bückeburg 1930.

Wolf, J.: Geschichte der Mensural-Notation von 1250 — 1460. 3 Bände. Leipzig 1904. Nachdruck in einem Band: Hildesheim und Wiesbaden 1965.

Marken und Signaturen in Handwerk, Kunsthandwerk und Kunst

Einleitend seien diesem Abschnitt einige grundsätzliche Gedanken vorangestellt. Zuerst die Einschränkung, daß hier der Begriff Symbol viel weniger vom Symbolgehalt her zu werten ist, als vielmehr vom Begriff des Zeichens. Marke (vom franz. marque) bedeutet Zeichen. Wir kennen diesen Begriff, wenn wir von anderen Bedeutungen, wie jenen in der Numismatik, Verhaltensforschung, Leichtathletik etc. absehen, bereits von den Hausmarken (siehe S. 258) und wir werden ihn wieder finden bei den Waren- und Firmenmarken (siehe S. 401). An handwerklichen Erzeugnissen, z.B. Porzellan, Fayencen, Edelmetall- und Zinngeräten, Papier etc. werden sie im Mittelalter von den Zünften vorgeschrieben und von den Meistern (Meisterzeichen) bzw. von den Zünften (Beschauzeichen) angebracht: einerseits, um das Werk als Erzeugnis des Meisters oder seiner Werkstatt zu markieren, andererseits, um durch die Beschauzeichen für seine Güte zu garantieren. In seltenen Fällen kommt noch eine Eigentümermarke dazu. Bei verschiedenen Erzeugnissen finden wir jedoch Datierungen, manchmal in Form von Jahresbuchstaben.

Wenn auch dieses Kapitel sich in erster Linie mit kunstgewerblichen Werken beschäftigt, so muß doch in der Überschrift Kunst und Kunstgewerbe stehen, denn gerade für die frühe Zeit — die Moderne soll ja erst im abschließenden Kapitel behandelt werden — ist die Abgrenzung schwierig und nicht immer möglich. Der Begriff der Zweckfreiheit für die Kunst und der Zweckgebundenheit für das Kunstgewerbe ist nicht unbedingt verläßlich. So rechnet man allgemein Porzellanfiguren, die sicher keinen Gebrauchszweck haben, zum Kunstgewerbe, griechische Vasen, die sicher einem praktischen Zweck dienten, zur Kunst. Wenn man auch noch bei Silberarbeiten eines Wenzel Jamnitzer schwankt und sie dem Kunstgewerbe zuordnet, so wird dies kaum jemand mit dem Salzfaß des Benvenuto Cellini tun. Die Abgrenzung und Begriffbestimmung ist ein Kind des 19.

Jahrhunderts, als Fabriken mit Massenproduktion die Handwerker zu verdrängen begannen und diesem Prozeß bewußt ein künstlerisches Handwerk gegenübergestellt wurde. Es ist die Zeit, in der Kunstgewerbemuseen gegründet werden, um dem Kunsthandwerk ein Vorbild zu sein. Aus diesen Gründen haben wir in diesem Abschnitt auch Signaturen von Künstlern aufgenommen, die wir nach unseren heutigen Maßstäben als Künstler und nicht als Kunsthandwerker bezeichnen.

Als letztes sei auf die zeitliche Abgrenzung hingewiesen; so wurden z.B. die Druckermarken des im 15. Jahrhundert aufblühenden Buchdrucks in diesem Abschnitt behandelt, während die Verlagssignete der Neuzeit, deren Schöpfer sicher als Kunstgewerbler, wenn nicht als Künstler anzusprechen sind, im Kapitel der Symbole der modernen Welt behandelt werden, da sie als Firmenzeichen anzusprechen sind.

Die Steinmetzzeichen, die man natürlich auch als reine Künstlersignaturen werten kann, haben wir wegen ihres stärkeren Symbolgehaltes, der aus den Rahmen der Marken fallen würde, gesondert behandelt.

Wir sind uns darüber im klaren, daß jede Einteilung ihre Vor- und Nachteile hat, bzw. angreifbar ist; wir glauben aber, daß sie vertretbar und in unserem Rahmen günstig war.

Ein Gebiet des künstlerischen Handwerks, das bereits sehr früh Herstellermarken trägt, ist die Keramik. Aus dem Mittelalter haben wir einerseits Verordnungen erhalten, die von den Meistern verlangen, daß sie ihre Töpferware mit Zeichen versehen, um die Kunden vor schlechter Ware zu schützen, andererseits auch eine große Anzahl von Meistermarken an Gegenständen, so daß wir uns ein Bild von ihrer Beschaffenheit machen können. Auffallend, aber durchaus verständlich, ist die Ähnlichkeit mit reinen Hausmarken bzw. mit Hausmarken mit beigefügtem Monogramm (vgl. Nr. 955 ff). Dienten diese Hausmarken zuerst als Eigentumsmarken, so wurden auch sie immer mehr zum Wappen und damit zu einer Petschaft, mit der man signierte.

Eine andere Art des keramischen Kunstgewerbes sind die sogenannten Fayencen, gebrannte Tonwaren, die mit einer Glasur überzogen sind. Während der Orient die antiken Traditionen stärker bewahrte, ist die europäische Produktion Europas im Mittelalter gering und primitiv. Die islamischen Arbeiten kamen im Hochmittelalter über Spanien, Sizilien und Mallorca nach Italien und von dort in das übrige Europa. Der Name Fayencen kommt vom ersten italienischen Herstellungsort Faenza und ist genauso willkürlich wie die ital. Bezeichnung dieser Waren mit Majolika, nach dem Ort, der Italien beeinflußte: Mallorca. Die Hochblüte in Europa fällt mit dem Aufblühen der Porzellanerzeugung zusammen und es mag der Wunsch mit eine Rolle gespielt haben, das kostbarere Porzellan zu imitieren. Das Porzellan, in China bereits im 1. Jahrhundert nach Christus erfunden und von Marco Polo 1295 in seiner Reisebeschreibung von China bereits so genannt wurde, kam im 18. Jahrhundert immer häufiger nach Europa und wurde als Rarität geschätzt. Man glaubte unter anderem, es könnte Gift anzeigen oder vernichten. Nun bemühte man sich in Europa, meist auf alchemistischer Basis, ebenfalls Porzellan herzustellen, was 1709 Boettger in Meißen schließlich gelang. Meißen wurde damit zur ältesten europäischen Manufaktur. In China gab es keine Fabriksmarken, es wurde nur die Dynastie und die Regierungszeit des Kaisers angegeben. In Europa wird Porzellan fast ausschließlich mit Marken versehen, das frühe Wiener Porzellan bildet eine Ausnahme. Diese Marken sind oft Buchstaben (nach den Besitzern oder Gründern der Fabrik) oder figürliche Zeichen, die meist Teile des Stadtwappens sind. Da die Marken innerhalb der Manufakturen zeitlich wechseln, bilden sie ein weitgehend verläßliches Mittel zur Datierung der Werke. Doch ehe wir uns diesem zum Teil noch heute fortlebenden Gebiet zuwenden, wollen wir mit den frühen markierten Beispielen der Töpferkunst beginnen.

Töpfermarken als Fabrikszeichen finden wir schon auf römischen Tonlampen.

995–1000 Beispiele aus der Sammlung des Kunsthistorischen Museums in Wien (nach F. Kenner, die antiken Tonlampen des k. k. Münz- und Antiken-Cabinetes, Archiv für die Kunde der Österr. Geschichtsquellen, Bd. 20, Wien 1858, Nachdruck Graz 1971).

1001–1005 Eine Informationsauswahl mittelalterlicher Töpfermarken aus Niederösterreich. Die Meisterzeichen aus Tulln (1001) und Hainburg (1002) sind ganz in der Art von Hausmarken gebildet und monogrammartig mit Buchstaben ergänzt. Die übrigen Marken wurden in folgenden Orten gefunden: Nr. 1003 in Greifenstein, Nr. 1004 in Krems und 1005 in Klosterneuburg.

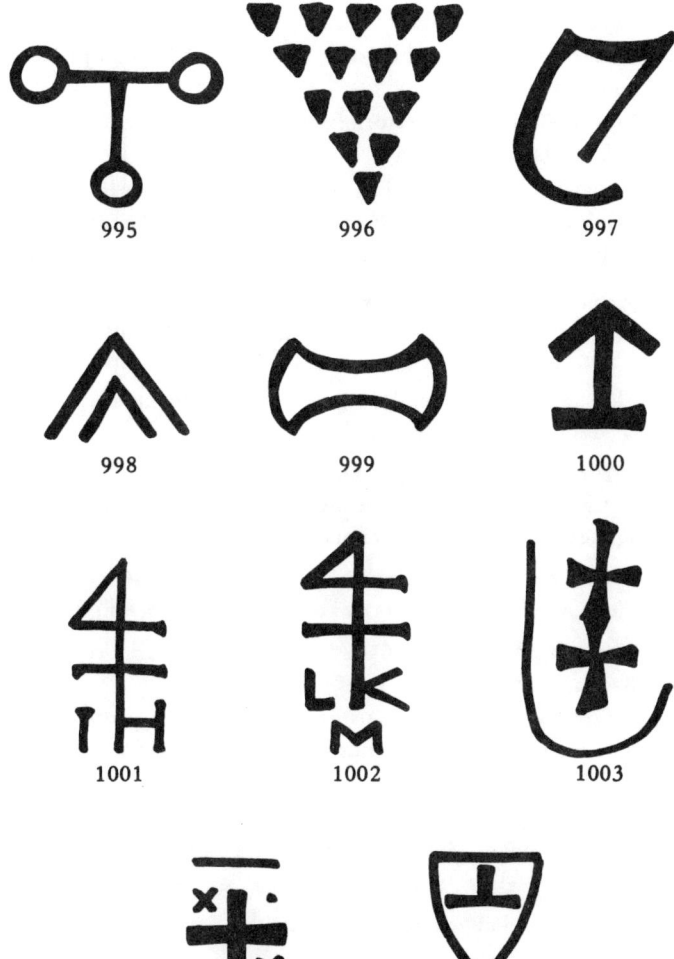

995 996 997

998 999 1000

1001 1002 1003

1004 1005

Nach dieser Auswahl von Marken einfacher Töpferware — Marken europäischer Fayencen, beginnend mit dem Ort, der der Gattung den Namen gab.

1006 Dieses Zeichen ist neben dem bekannteren Engelkopf die Marke von Faenza.

1007 Ein Schlüssel mit herzförmigem Griff, das Zeichen der Keramik aus Doccia (Italien).

1008 Die Delfter Marke. Hier in den Niederlanden wurden in Nachahmung ostasiatischer Porzellane blauweiße Fayencen hergestellt, die dann zum Vorbild für das übrige Europa wurden.

Die folgenden deutschen Marken sind meist aus Buchstaben oder Wappenteilen gebildet. Die Blütezeit aller dieser Manufakturen war das 18. Jahrhundert.

1009 Flörsheim. Das F und H (aus dem Stadtnamen), in Ligatur wiedergegeben, wirkt manchmal wie ein Gitter.

1010 Sulzbach, Mitte 18. Jahrhundert. Zuerst war die Marke CP (= Churpfalz), ab 1757 das hier abgebildete Zeichen C(arl) und T(heodor) nach dem gleichnamigen Kurfürsten.

1011 Moosbach, ebenfalls eine Gründung des in Nr. 1010 genannten Fürsten. Die beiden Marken können leicht verwechselt werden.

1012 Moosbach kommt 1806 in den Besitz von Carl Friedrich von Baden, seither CF.

1013 Erfurt. Das Zeichen ist aus dem Stadtwappen genommen und hat große Ähnlichkeit mit der Porzellanmarke von Höchst (vgl. Nr. 1040).

1014 Abtsbessingen. Die Marke ist die zweizinkige Gabel des fürstlichen Wappens (Schwarzburg-Sondershausen).

1015 Hannoversch-Münden. Die Besitzer hießen Hanstein, die Marke zeigt die drei abnehmenden Monde des Familienwappens.

1016 Göppingen. Eine Geweihstange aus dem Landeswappen (Würtemberg).

1017 Stralsund. Ein pfeilförmiges, nicht näher deutbares Zeichen.

1006  1007  1008

1009  1010  1011

1012  1013  1014

1015 1016 1017

Wie bereits einleitend gesagt, hat jede Porzellanmanufaktur eine Anzahl von Marken, die einander zeitlich ablösen. Da es sich hier jedoch keinesfalls um eine Zusammenstellung für den Porzellansammler handeln kann, soll nur eine Übersicht wichtiger Marken gegeben werden, meist nur eine pro Fabrik. Am Beispiel Meißen und Berlin werden Variationsmöglichkeiten gezeigt. Auch auf die Tatsache der fallweise auftretenden Meisterzeichen (häufig Zahlen) und der Eigentümermarken soll nur hingewiesen werden.

1018 Der Papierdrachen als Marke von Meißen um 1720–25 ist eher die Nachahmung eines chinesischen Zeichens als ein Fabrikszeichen. Man darf annehmen, daß Böttger in dieser Zeit noch den Eindruck erwecken wollte, es handle sich um chinesische Ware.

1018/1 Auch hier handelt es sich um pseudochinesisches Porzellan. Böttger verwendet das chinesische Zeichen „Bergstadt". Vielleicht ist es aber gleichzeitig als Zeichen für Meißen gemeint.

1019 Der Merkurstab, um 1723. Er tritt zum Teil schon parallel mit den gekreuzten Schwertern auf. Es gibt die Theorie, daß er für die Exportware in den Orient verwendet wurde, da die Schwerter an ein Kreuz erinnern.

1020 Das Monogramm des Königs: Augustus Rex.

1021–1026 Die klassische Meißnermarke, die gekreuzten Schwerter aus dem polnisch-sächsischen Wappen. Nr. 1021 um 1724. Nr. 1022 von 1725–30. Nr. 1023 von 1730–63. Nr. 1024 von 1763–74, die sogenannte Punktierzeit. Nr. 1025 von 1774–1813, mit einem Stern, die sogenannte Marcolinizeit. Nr. 1026 die bis heute gültige Form.

1027 Daneben in der früheren Zeit auch Buchstabenkürzungen.

1028 M(eißner) P(orzellan) M(anufaktur) und K(öngl.) P(orzellan) F(abrik).

1029 Die farbig auftretende Besitzermarke: K(öngl.) H(of) C(onditorei).

1018   1018/1   1019   1020   1021

1022   1023   1024   1025   1026

1027

1028

K.H.C.

1029

Die Produkte von Meißen als der ältesten europäischen Manufaktur wurden oft direkt gefälscht, oder man suchte die Käufer durch ähnliche Marken zu täuschen (vgl. Nr. 1058–1062).

1030 Berlin, 1751–57. Eine Abkürzung des Gründers und Besitzers W. C. Wegely.

1031 Zwischen 1761–63 heißt der Besitzer J. E. Gotzkowsky und sein G ist das Zeichen für Berlin in dieser Zeit.

1032 Das Szepter, die Marke der nun ab 1763 königl. preußischen Porzellanmanufaktur. Allerdings Varianten durch beigefügte Buchstaben oder Adler.

1033, 1034   Nach der Frühzeit, die markenlos war, führt Wien als Staatsfabrik den Bindenschild der Babenberger als Marke, manchmal fälschlich als Bienenkorb bezeichnet.

1035 Auch bei der bayrischen Manufaktur in Nymphenburg wird der Rautenschild des Landeswappens zur Marke.

1036 Fürstenberg. Wie die beiden folgenden, eine reine Buchstabenmarke.

1037 Gera.

1038 Gotha. Das R ist die Kürzung des Gründers Rothberg.

1039, 1040   Höchst. Das Rad aus dem Wappen, zeitweise mit dem Churhut geschmückt.

1041 Illmenau, führt im 18. und 19. Jh. neben dem J, auch ein Kleeblatt als Marke.

1042, 1043   Ludwigsburg. Die erste Marke, zwischen 1758–93 in Gebrauch, zeigt die verschlungenen Initialen CC. Seltener ist die Marke mit dem Geweih (ein Teil des württembergischen Landeswappens).

1044 Kassel. Die Ligatur HC ist neben dem Löwen die Marke zwischen 1766–80.

1045 Würzburg. Die Initialen des Gründers J. Caspar Geyger und das W des Ortsnamens.

1030

1031

1032

1033

1034

1035

1036

1037

1038

1039

1040

1041

1042

1043

1044

1045

1046 Die Marke von Zürich (1763–1803).

1047 Nyon (Schweiz) nur von 1781–1813 tätig.

1048, 1049   Zwei Marken der königl. französischen Fabrik, gegründet 1738 in Vincennes, seit 1756 in Sèvres. Zwei ornamental verschlungene L, die zweite Marke mit beigefügtem Jahresbuchstaben. Im 19. Jh. häufiger Markenwechsel.

1050 Eine andere französische Marke vom Ende des 18. und im 19. Jh.: Paris, Rue de Bondy.

1051, 1052   Venedig (Venezia). Das erste Zeichen eine der üblichen Wortmarken unter dem Besitzer Vezzi (1720–1727); unter einem der späteren Besitzer G. Cozzi (ab 1765) wird der Anker des Stadtwappens Marke.

1053 Das gekrönte N, die Marke vom Königreich Neapel.

1054 Die bourbonische Lilie in vereinfachter Form, zuerst Zeichen von Capodimonte (Gründung König Karls IV. beider Sizilien), 1759 Verlegung nach Buen Retiro (Madrid).

1055, 1056   Zwei russische Marken, zuerst Leningrad unter Katharina der II. (russ. Ekaterina), dann Moskau.

1057 Die Wellenmarke von Kopenhagen.

1058–1060   Wallendorf (1764 bis heute). Hier zeigt sich deutlich die Täuschmöglichkeit. Das erste Zeichen, aus dem W gebildet, wird so geschrieben, daß es den Schwertern von Meißen ähnelt. Die beiden anderen Marken gleichen Höchst (vgl. 1039) und Ludwigsburg (vgl. 1042).

1061, 1062   Zwei ausländische Beispiele mit Schwertermarke, möglicherweise auch anfangs aus dem W der Stadt erklärbar: Worcester (England) und Weesp (Holland).

1046

1047

1048

1049

1050

1051

1052

1053

1054

1055

1056

1057

1058

1059

1060

1061

1062

Das Grundlagenwerk für jeden, der sich mit den Marken an kunstgewerblichen Arbeiten aus Edelmetall beschäftigt, ist noch immer M.
Rosenberg, Der Goldschmiede Merkzeichen. Das Buch brachte be-
reits in seiner ersten Auflage Beispiele von 2.000 Stempeln aus einer
Sammlung von 10.000 Stempeln. Diese Marken waren von den
Zünften vorgeschrieben, jeder Gegenstand trug eine Meistermarke
und das Beschauzeichen der Stadt, denn die Zünfte prüften die Rein-
heit des Materials. Wir haben bei unseren Beispielen auf schwierige
Formen verzichtet, so z.b. auf das berühmte Löwenhaupt des Wenzel
Jamnitzer, und geben die Zeichen in starker Vergrößerung wieder.
Die Stadtzeichen sind meist Wappen oder Wappenteile, oder die
Anfangsbuchstaben der Stadt. Bei den Meisterzeichen herrschen
Buchstaben und Hausmarken vor, wir finden aber auch figürliche
Zeichen.

1063, 1064   Das vielleicht berühmteste Beschauzeichen, der Pinienzapfen von Augsburg. Nach Rosenberg sind Beschauzeichen
hier erst seit der 2. Hälfte des 16. Jhs. nachzuweisen, Nr. 1064
zeigt den Pinienzapfen in einer vereinfachten Form, Mitte des
18. Jhs.

1065 Nürnberg im frühen 16. Jh., dann normal gestelltes N.

1066 Schwäbisch-Hall. Manchmal auch mit Kreuz auf der Hand.

1067 Wien um 1520. Im 18. Jh. wird der Schild rund gebildet.

1063

1064

1065

1066

1067

Nun noch einige Beispiele von Meistermarken, die ersten in der Form von Hausmarken.

1068 Theophil Gaudich (Augsburg), 16. Jh.

1069 Ähnlich, aber nicht ganz übereinstimmend, mit der Hausmarke des David Kramer (Augsburg), 16. Jh.

1070, 1071 Zwei Meisterzeichen aus Köln, 16. Jh.

1072 Leipziger Meister aus dem 16. Jh.

Mit Initialen versehen sind die folgenden Marken:

1073 Jüngeres Mitglied der Augsburger Goldschmiedefamilie Bayr, in der 1. Hälfte des 17. Jhs.

1074 Meister von einem Werk des 17. Jhs. aus Halle a.d. Saale.

1075 Thomas Stoer, Ende des 16. Jhs. in Nürnberg.

1076 Heinrich Mack, Nürnberger Meister, Anfang des 17. Jhs.

1077 Nürnberg um 1575, Zeichen des Bartl Jamnitzer aus der berühmten Goldschmiedefamilie.

1078 Meister des 17. Jhs. aus Schwäbisch-Hall, mit wellenförmigem Zeichen.

1079 Eine Verbindung von Monogramm mit redendem Zeichen ist die letzte Marke aus Nürnberg, von der Wende vom 15. zum 16. Jahrhundert: Adam Rosa oder Adam Rössner.

1068 1069 1070

1071 1072 1073

1074 1075 1076

1077 1078 1079

Da für die Verarbeitung reines Zinn kaum in Frage kam — es war zu spröde und zu wenig gußfähig — mußte man es mit dem gesundheitsschädlichen Blei versetzen. Um jedoch niemanden zu schädigen, wachten die Zünfte streng über die Beimengung; nach der sogenannten „Nürnberger Probe" versetzte man 10 Teile Zinn mit 1 Teil Blei. Wir finden daher auch bei Zinn immer Meister- und Beschauzeichen. Beide sind in der uns bereits bekannten Form gebildet. Da die Zinnverarbeitung auch in vielen kleineren Städten erfolgte, deren Wappen sich ähnelten, wurden häufig die Anfangsbuchstaben der Stadt beigefügt. Manche Städte sind auch hier nur durch den Anfangsbuchstaben symbolisiert, so z.B. Breslau.

Einige Beispiele von Beschauzeichen und eine Meistermarke finden sich auf der gegenüberliegenden Seite.

1080 Augsburg mit dem bereits bekannten Pinienzapfen.

1081 Breslau, nur durch den Anfangsbuchstaben markiert.

1082 Hannover.

1083 Schwerin.

1084 Wien, mit Jahreszahl.

1085 Zug.

1086 Ein Beispiel einer Meistermarke, das Zeichen von Paul Sohn aus Bergedorf, Ende des 17. Jhs.

1080

1081

1082

1083

1084

1085

1086

Auch bei den Waffen finden wir die beiden Zeichen, das Beschauzeichen der Stadt und die Meistermarke. Die Städte führen auch hier Wappen oder Wappenteile, aber auch den Anfangsbuchstaben. So führt Augsburg den Pinienzapfen oder das mit einem Perlrand umzogene A und Nürnberg den geteilten Adlerschild oder das mit Perlrand umgebene N. Bezüglich der Meistermarken ist leider zu sagen, daß nur ein kleiner Teil einwandfrei gedeutet ist.

Wir finden unter den Meisterzeichen sogenannte redende Zeichen, z.B. Alexander Beck führt AB mit einem Bock. Christoph Falzeisen ein CF und zwei gekreuzte Falzeisen. Daneben sehen wir Hausmarken und Buchstaben als Meistermarken.

1087 Albert Glockendon, Harnischätzer. Augsburg Mitte 15. Jh.

1088 Mathias Zündt, Zeichner von Prunkwaffen. Nürnberg 2. Hälfte 16. Jh.

1089 Heinrich Aldegrever, Ätzer. Soest, 16. Jh.

1090 Antonio da Missaglia (eigentlich Negroli). Waffenschmied, Mailand 15. Jh.

1091 Heinrich Obresch (Obrist), Plattner und Panzermacher. Graz um 1590.

1092 Juan Martínez de Garcia genannt Zabala, Toledo 16. Jh.

1093 Juan Martínez der Jüngere, Klingenschmied. Toledo, zweite Hälfte 16. Jh. Eine sehr vereinfachte Lilie.

1094 Jacques Voys, Plattner. Brüssel. Arbeitete für Philipp den Schönen.

1087   1088   1089

1090   1091

1092   1093   1094

1095 Unbekannter Augsburger Stechplattner. Ende 15.Jh.

Die folgenden aus der alten Klingenschmiedestadt Solingen stammenden Zeichen, haben alle einen figürlichen Duktus.

1096 Wilhelm Wirsberg, Klingenschmied um 1540. Sein Zeichen ist ein Teil eines Rades.

1097 Der Passauer Wolf, den wir häufig auf Solinger Klingen des 17.Jhs. finden.

1098 Peter Henkel, Klingenschmied. Solingen um 1624. Eine Marke, die wir in leicht veränderter Form auch heute noch als Firmenzeichen finden (vgl. Nr. 1168).

1099 Eine Marke, die auf Landsknechtsschwertern des 16.Jhs. häufig auftritt.

1100 Meistermarke aus Brescia, 16.Jh.

Sehr groß war die Bedeutung der orientalischen Waffenschmiedekunst, die durch Türken und Sarazenen in unseren Kulturraum gelangte.

1101 Die berühmte türkische Fischmarke (auf Schwertklingen).

1102 Marke am Schwert des Hl.Mauritius. Sarazenisch, Anf. 12.Jh.

1103 Dieselbe Kruckenkreuzform hat die Marke am Zeremonienschwert des Römisch-Deutschen Reiches. Ende 12.Jh.

1095

1096

1097

1098

1099

1100

1101

1102

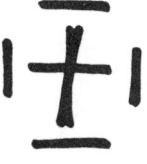

1103

1104 DHU 'l-Faḳār war der Name des berühmten Schwertes, das Mohammed als Kriegsbeute in der Schlacht von Badr eroberte. Der bekannte Ausdruck lā sayf illā Dhu 'l-Faḳār ist oft auf schön verzierten Schwertern — vom Mittelalter bis heute — eingraviert worden, innerhalb der ganzen islamischen Welt. Die islamische Ikonographie stellte das Zeichen mit zwei Spitzen dar, wahrscheinlich um seinen magischen Charakter hervorzu‚ heben (die zwei Spitzen wurden verwendet, um die Augen eines Feindes auszustechen).

Damit kommen wir zu einer Reihe von Zeichen, die auf Waffen auftreten (sowohl auf Schutz- wie auch auf Angriffswaffen), bei denen es sich weder um Meister- noch um Beschauzeichen handelt. Es sind Zeichen mit magischem Charakter, die ihren Träger beschützen oder ihm außergewöhnliche Stärke verleihen sollten.

1105—1107 Dreimal in etwas abgewandelter Form an das Zeichen des Jupiter (vgl. Nr. 415) gemahnender sogenannter magischer Charakter.

1108 Mars und Fische.

1109 Quadratur mit Krebs.

1110 Das Membrum muliebre, ein Glückssymbol, das rautenförmig dargestellt wird.

1111 Mars in der Waage.

Beispiele dafür, daß ganze Schwertklingen (sogenannte Talismanklingen) mit derartigen magischen Zeichen, zu denen noch eine reiche Zahlensymbolik kam, bedeckt waren, kennen wir aus der Renaissance, sie sind aus dem magischen Denken dieser Epoche erklärbar (vgl. dazu S. 129 ff).

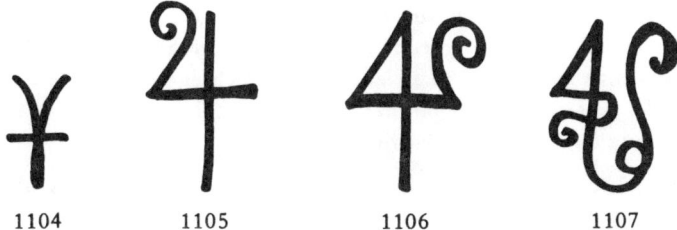

1104   1105   1106   1107

1108

1109

1110   1111

Waren seit der Frühzeit Monogramme und Zeichen das Vorrecht von Herrschern, Priestern und Höhergestellten gewesen, so wurde, wie wir gesehen haben, die Hausmarke im Mittelalter als Eigentumszeichen, nach und nach zu einem Wappen. Die Zünfte des Mittelalters verlangten das Signieren als eine Art Haftung für die Güte, und daraus entwickelte sich, parallel mit dem wachsenden Selbstbewußtsein der Künstler am Beginn der Neuzeit das reine Signieren, wie es uns heute für Kunstwerke geläufig ist.

1112, 1113   Zwei reine Meisterzeichen, deren Träger uns nicht namentlich bekannt sind. Der erste, Meister W, war ein mittelrheinischer Kupferstecher um 1500. Der andere, ebenfalls ein Meister W, stammte aus den Niederlanden, Mitte 15. Jahrhundert.

1114 Peter Vischer d. Ält. (um 1460–1529) aus den bedeutendsten Gießerfamilie Deutschlands in dieser Zeit.

1115 Eine Ausnahme: kein bildender Künstler, sondern der Schuster und Poet Hans Sachs.

1116 Noch ganz wie eine Hausmarke gebildet, die Signatur von Lucas von Leyden (1516–1570).

1117 Martin Schongauer (ca. 1430–1491).

1118 Frans Floris, holländischer Maler (1516–1570).

1119 Frans Hals (1584–1666).

1120 Michelangelo Buonarotti (1475–1564).

1112   1113   1114

1115   1116   1117

1118   1119   1120

Im ausklingenden 19. und im beginnenden 20. Jahrhundert finden wir nicht nur neue Bestrebungen in der Kunst selbst, sondern auch im Kunstgewerbe. Künstler sind gleichzeitig Designer für kunstgewerbliche Gegenstände; man strebt in der Raumausstattung einen Zusammenklang an, der nur durch eine Planung in gemeinsamen Werkstätten oder Firmen möglich ist. Die Gegenstände werden nun nicht mehr nur mit der Werkstätte signiert (wie es bei Porzellan und Keramik schon immer der Fall war), sondern sie tragen auch die Signatur des Entwerfers. An der Spitze dieser Bewegung stand Henry van de Velde (1863 – 1957):

1120/1 sein Markenzeichen soll deshalb am Beginn dieses kurzen Exkurses stehen.

Als Beispiel für einen der bedeutendsten Zusammenschlüsse von Künstlern als Produzenten sei die „Wiener Werkstätte" genannt. Sie wurde 1903 von Kolo Moser und Josef Hoffmann gegründet.

1120/2 Eine Marke der Wiener Werkstätte, wie sie auf Keramik verwendet wurde.

1120/3 Der Stempel der Wiener Werkstätte auf Metallarbeiten.

Diese und die folgenden Künstlersignaturen gehen immer vom Monogramm aus, sie verfremden es aber immer stärker in ein rein graphisches Symbol.

1120/4 Signatur von Wilhelm Schleich (geb. 1881). Er arbeitete für die „Wiener Keramik", die in enger Verbindung zur „Wiener Werkstätte" stand. Sein Zeichen, aus W und S gebildet, steht auf einem Stern und hat bei flüchtiger Betrachtung Ähnlichkeit mit einer „Swastika".

1120/5 Eine Signatur von Michael Powolny (1871 – 1954), wohl noch deutlich lesbar, aber schon ganz im Stil der übrigen Signaturen der „Wiener Werkstätte".

1120/1

1120/2

1120/3

1120/4

1120/5

1120/6 Die Marke von Josef Hoffmann (1870 – 1956) und

1120/7 die Marke von Kolo Moser (1868 – 1918).

Vor allem bei Hoffmann tut man sich schon schwer, die Buchstaben zu erkennen, das Gesamtbild des Zeichens wirkt stärker als der Einzelteil.

1120/8 Keine Künstlersignatur, sondern eine Fabriksmarke, aber aus der Zeit, als zwei Künstler der „Wiener Werkstätte", Josef Hoffmann und Michael Powolny, für sie als Entwerfer gearbeitet haben: das Zeichen der Glasfirma J. & L. Lobmeyr.

1120/9 Die Signatur von Leopold Bauer (1872 – 1938), einem Schüler von Otto Wagner, der aber auch auf den verschiedensten kunstgewerblichen Gebieten tätig war. Hier mit einer Glasmarke vertreten, er arbeitete für die Firma Lötz.

Auch Textilien der Wiener Werkstätte" trugen Künstlersignaturen, wir kennen sogar von Klimt signierte Wanddekorationen.

1120/10 Ist die Marke der Malerin Theresa Trethan, die in den ersten Jahren des Bestehens Möbel der „Wiener Werkstätte" bemalte.

1120/11 Die Signatur von Eduard Josef Wimmer (1882 – 1961). Er war der führende Künstler bis zur Schließung im Jahre 1932. Diese gestempelte Signatur findet sich sowohl an Keramiken als auch auf Glasarbeiten Wimmers.

1120/6

1120/7

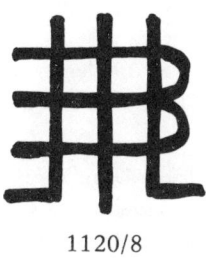

1120/8

1120/9

1120/10

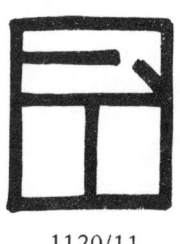

1120/11

An der beginnenden Neuzeit steht ein Ereignis, dessen Bedeutung für das ganze soziale Leben nicht hoch genug eingeschätzt werden kann, die Erfindung der Buchdruckerkunst. Diese ersten Bücher galten als sehr wertvoll und der Drucker signierte Sein Werk genauso wie ein Künstler. Die Druckermarken waren am Ende des Buches angebracht, oft in Verbindung mit dem Kolophon (griech. Spitze, Ende), der Schlußschrift am Ende einer Handschrift oder eines Frühdruckes, die in ihren Angaben etwa unserem heutigen Impressum entsprach.

1121 Die älteste Druckermarke, 1457, aus dem „Mainzer Psalter", den Gutenbergs Geldgeber, Johann Fust, zusammen mit Peter Schöffer herausgab und dessen Lettern wahrscheinlich noch von Gutenberg selbst stammten. Die Marke ist in Form eines Allianzwappens gebildet. Durch Einfügung der Buchstaben B und V im linken Wappen wurde es in moderner Zeit zum Signet des Börsenvereines für den Deutschen Buchhandel in Frankfurt.

1122 Eine der häufigsten Grundlagen für frühe Druckermarken war das erhöhte Kreuz über der Scheibe des Weltalls; als erster verwendete es der deutsche Buchdrucker Nicolas Janson. Hier ist die in dieser Form gebildete Druckermarke des Octavius Scotus, Venedig (Ende 15. Jh.) wiedergegeben.

1123 Das Zeichen von Johann Miller, Augsburg. Anfang 16. Jh. Diese Zeichen sind die Ahnen der heutigen Verlagssignete (vgl. Nr. 1177 f.).

1121

1122

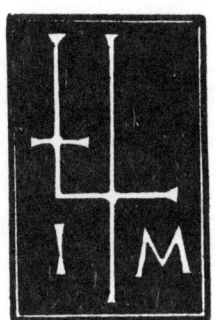

1123

Die Papierherstellung ab dem 13. Jahrhundert verwendete gefilzte oder geschöpfte Schreibstoffe. Das mittels Sieb geschöpfte Papier wurde von jeder Papiermühle gekennzeichnet. Man legte figural geformte Drähte in die Schöpfsiebe und diese Formen bildeten sich als durchscheinende Figuren ab — dies sind die Wasserzeichen. Die ältesten uns bekannten Wasserzeichen stammen aus Italien. Die Tatsache, daß wir Wasserzeichen sowohl auf datierten als auch auf undatierten Schriftstücken finden, machen sie zu einem Hilfsmittel für die zeitliche Einordnung und damit zu einer wichtigen historischen Hilfswissenschaft.

Seit Briquet, ihrem ersten Erforscher, ist die Zahl der katalogisierten Wasserzeichen sehr groß geworden. Die Kartei Piccard im Hauptstaatsarchiv Stuttgart umfaßte bereits 1966: 96.000 Pausen von Wasserzeichen. Die Publikation des „Ochsenkopfwasserzeichens" allein beanspruchte drei Bände.

Durch ihr Material, gebogener Draht, sind alle Wasserzeichen reine Umrißbilder. Als Motive finden wir Buchstaben mit und ohne Beifügung, Tiere, heraldische Zeichen u.a.

1124 Ochsenkopf mit hoher Stange und runder Scheibe (auch bei diesem Zeichen kennen wir unzählige Varianten). Paris 1451.

1125 Heraldische Lilie. Paris 1366.

1126 Anker. Venedig 1376.

1127 Säule. Bologna 1323.

1128 Turm. Würzburg 1447.

1129 Waage. Wien 1504.

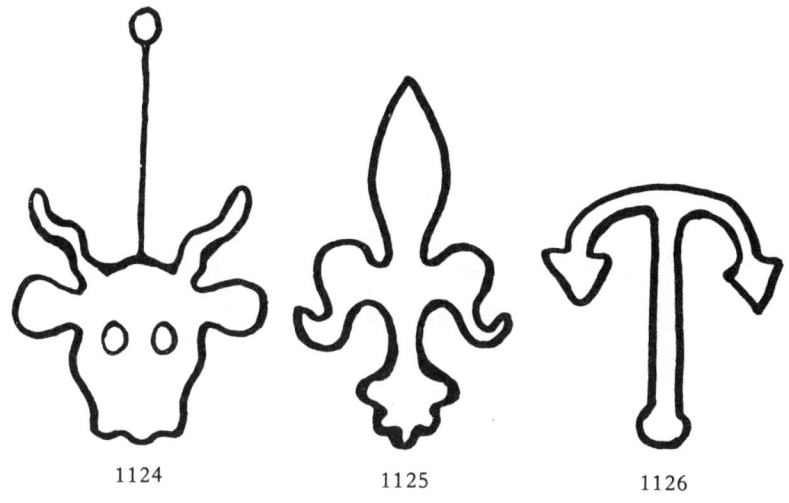

1124

1125

1126

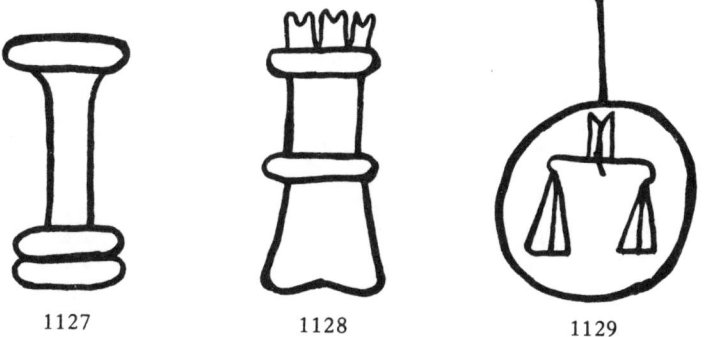

1127

1128

1129

Aus der Gruppe der Textilien, die zum Teil auch signiert wurden, abschließend einige Beispiele von Fabriksmarken und Künstlersignaturen an Gobelins. Die meisten Städte werden wieder durch Wappen oder Wappenteile ausgedrückt, in späterer Zeit signieren die Künstler mit vollem Namen.

1130 Die Marke von Brüssel, aus dem 16. Jh.

1131 Eine Meistermarke aus Brüssel, Jan Raes, 17. Jh.

1132 Signatur eines Bildteppichs aus Flandern, 16. Jh.

1133 Die Marke von Nancy, aus dem beginnenden 18. Jh.

1130

1131

1132

1133

Zum Abschluß dieses Kapitels ein kleiner Exkurs in die Welt des Handels. Wir fanden bereits hier immer wieder Zeichen, die als Güte- und Beschauzeichen aufzufassen waren (z.B. die Wasserzeichen oder die Prozellanmarken). Sie wurden aber auch an schnell vergänglichen Waren angebracht. Schon seit frühester Zeit war es üblich, Brote mit einem Zeichen zu versehen; teilweise waren die Gründe kultischer Natur, teilweise waren es Hausstempel. Strenge Backordnungen kennen wir aus dem Mittelalter. Jeder Bäcker hatte ein Bäckerzeichen, das die Grundlage für die Beschau durch den öffentlichen Schaumeister bildete. Das Nürnberger Stadtrecht verlangte auf dem Brot neben dem Zeichen des Bäckers auch das Datum des Backtages.

1133/1 Bäckerzeichen aus der Bäckermarken-Rolle aus Ingolstadt aus dem Jahre 1550. Es sind Beispiele für große und kleine Laibe. Immer gehören die beiden nebeneinanderstehenden einem Meister. Die Marken für große Laibe zeigen Symbolzeichen, oft in Verbindung mit einer Hausmarke, für die kleinen Laibe dienten mit dem Finger eingepreßte Tupfen als Kennzeichnung.

1133/2 Ein zweites Beispiel für diese frühen Lebensmittelgesetze: die revidierte Zirkelordnung aus Hamburg aus dem Jahre 1702. Vereidigte Bracker oder Wraker hatten die Güte der Heringe bei der Verpackung zu beurteilen und das entsprechende Qualitätszeichen anzubringen.

1133/1

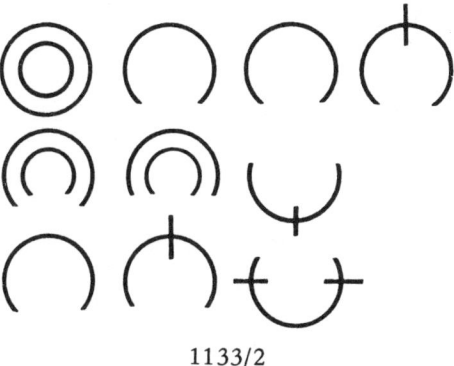

1133/2

LITERATUR

Behse, A.: Deutsches Fayencemarken-Brevier. Braunschweig 1955.

Bering, K.: Das Meißner Porzellan und seine Geschichte. Leipzig 1900.

Berjeau, J. Ph.: Early Dutch, German and English Printer's Marks. London 1866.

Berling, K.: Altes Zinn, ein Handbuch für Sammler und Liebhaber. 2. Aufl. Berlin 1920.

Boeheim, W.: Handbuch der Waffenkunde. Leipzig 1890. Nachdr. Graz 1966.

Briquet, Ch. M.: Les Filigrans. Genève 1907.

Burton, W. u. R. L. Hobson: Handbook of Marks on Pottery and Porcelain. London 1909.

Chaffers, W.: The Collector's Handbook of Marks and Monograms on Pottery and Porcelain. London 1893.

Göbel, H.: Wandteppiche. Leipzig 1923–34.

Graesse, J. G. Th.: Führer für Sammler von Porzellan. Berlin 1919.

Haslam, M.: Marks and Monograms of the Modern Movement 1875 – 1930. London 1977.

Heitz, P.: Frankfurter und Mainzer Drucker- und Verlegerzeichen. Straßburg 1896.

Hintze, E.: Die deutschen Zinngießer und ihre Marken. Leipzig 1921–31.

Hofmann, F. H.: Das Porzellan der europäischen Manufakturen im 18. Jahrhundert. Berlin 1932.

Hunter, D.: Papermaking through Eighteen Centuries. New York 1930.

Keysers Kunst- und Antiquitätenbuch (herausg. v. H. Seling). Heidelberg-München 1957–67.

Muentz, E.: A Short History of Tapestry. London–New York 1885.

Nagler, G.: Die Monogrammisten. München 1879.

Neuwirth, W.: Das Glas des Jugendstils. München 1973.

Neuwirth, W.: Wiener Gold- und Silberschmiede und ihre Punzen. Wien 1976/77.

Neuwirth, W.: Porzellanmaler-Lexikon 1840 – 1914. Braunschweig 1977.

Neuwirth, W.: Markenlexikon für Kunstgewerbe Band 1: Deutschland. Edle und unedle Metalle 1875 – 1900. Wien 1978.
Band 2: Keramik 1875 – 1900. Wien 1979.

Neuwirth, W.: Wiener Prozellan. Original, Kopie, Verfälschung. Wien 1979.

Neuwirth, W.: Meissener Marken. Original, Imitation, Verfälschung, Fälschung. Wien 1979/80.

Piccard, G.: Die Kronenwasserzeichen. Stuttgart 1961.

Piccard, G.: Die Ochsenkopfwasserzeichen. Stuttgart 1966.

Rosenberg, M.: Der Goldschmiede Merkzeichen. 3. Aufl. Frankfurt 1922–28.

Schmitz, H.: Bildteppiche. Berlin 1919.

Schnorr von Carolsfeld, L. (bearbeitet von E. Köllmann): Porzellan der europäischen Fabriken. 6. neubearbeitete Aufl. Braunschweig 1974.

Thieme, U. u. F. Becker: Allg. Lexikon der Bildenden Künstler von der Antike bis zur Gegenwart. Leipzig 1907–1950.

Ullstein Kunstlexikon (hrsg. H. Knell u. H.-G. Sperlich). Berlin-Frankfurt-Wien 1967).

Wagner, E.: Hieb- und Stichwaffen. Prag 1969.

Zimmermann, E.: Meißner Porzellan. Leipzig 1926.

Symbole in der modernen Welt

Für dieses letzte Kapitel gilt noch mehr als für alle vorhergehenden, daß nur eine kleine Auswahl gegeben werden kann, die mehr Hinweis als Aussage im Hinblick auf die Fülle des Materials ist. Wir haben in der modernen Zeit einige Gruppen von Symbolen, bei denen wir von einem Weiterleben alter Formen sprechen müssen und die nur in dem Sinn modern sind, daß sie noch heute in ständigem Gebrauch und zeitgemäßen Varianten unterworfen sind. Ein Beispiel dafür wäre die Symbolik der Freimaurer, aber auch bei den politischen Symbolen haben wir es häufig mit altem Symbolgut zu tun, das weiterverwendet wird, wenn auch der Sinngehalt manchmal etwas verändert ist. Oft deckt diese letzte politische Bedeutung die Vorbedeutungen völlig zu. Ein typisches Beispiel dafür ist das Hakenkreuz, bei dem durch seine Verwendung durch den Nationalsozialismus und die dadurch ausgelösten negativen Gefühle die jahrtausendealte Bedeutung als Heilszeichen nahezu völlig verdeckt wird (vgl. Nr. 55—60, 70 und 104).

Die Kraft der Symbole machte sich aber nicht nur die Politik, sondern auch die Wirtschaft dienstbar. Bei den Fabriksmarken und Warenzeichen finden wir die modernen Nachkommen der Meister- und Beschauzeichen, sie sind wie diese mehr Marke als Symbol. Die verschiedensten Wissenschaftszweige benützen symbolische Zeichen; Beispiele dafür sind unter anderem die Mathematik, die Logistik und die Kartographie. Dazu kommt noch eine Fülle von symbolhaften Zeichen der verschiedensten Gebiete des modernen Lebens, die wie Kürzel für die verschiedenartigsten Begriffe stehen, z.B. die internationalen Verkehrszeichen.

Ein aussterbendes Kuriosum sind in diesem Zusammenhang die Gaunerzinken. Mit diesen kunstlos mit Kreide an Zaunpfähle, Mauern und Türen gekritzelten Zeichen, die dennoch ausdruckswirksam sind, wenn sie der Kundige zu Gesicht bekommt, erweist es sich, daß auch in der Gegenwart einfache graphische Symbole ihre Berechtigung nicht verloren haben. Nicht nur von Logikern werden sie gebraucht – auch von Vagabunden. . .

Ehe wir uns den politischen Symbolen zuwenden, sei noch die Möglichkeit der symbolhaften Abkürzung erwähnt, die zwar in der Politik häufig, aber nicht auf sie beschränkt ist. Buchstaben stehen für Länder, (z.b. in den internationalen Autokennzeichen) und werden allgemein verstanden. Ausdrücke wie UNO oder GATT sind uns geläufig und ihre Bedeutung ist klar, aber nicht immer ist es uns überhaupt noch bewußt, welche Worte damit gekürzt wurden. Auf Wahlplakaten stehen die Abkürzungen der Parteiennamen, weil sie werbewirksamer als diese und allgemein verständlich sind. Kurzformen werden von den Firmen künstlich geschaffen, da sich ihre einfachen Buchstabenbilder (wie Omo oder Rei) leicht einprägen. Alle Gebiete des modernen Lebens sind sich der Bedeutung der Symbole in jeder Form bewußt und ihre Anwendung erfolgt gezielter als je zuvor.

„Ich schnitt' es gern in alle Rinden ein . . ." — das Symbol des von Amors Pfeil getroffenen Herzens ist auch in der modernen Zeit unter den zahllosen Typen trivialer Symbole auf Bäumen, Parkbänken usw., oft mit den Initialen der Liebenden verziert, anzutreffen. Dieses Liebessymbol taucht in ähnlicher Form bereits in Stammbüchern des 17. und 18. Jahrhunderts auf, im Sinne der Minnesymbolik des hohen Mittelalters. Im alten Ägypten hingegen hatte das Herz als Sitz des Denkens und der Vernunft gegolten. . .

Eines der ältesten Symbole unseres Kulturkreises, das nicht nur im religiösen Bereich, sondern auch immer wieder politisch verwendet wurde, ist das Kreuz. Unter diesem Zeichen zogen Heere in den Krieg, als Wappenteil umgeformt wurde es zum politischen Zeichen für den Träger. Ein Kreuz sei an den Anfang gestellt, das versucht, über den politischen Richtungen und Völkern zu stehen:

1134 Das Hilfszeichen des int. Roten Kreuzes (nach seinem Begründer H. Dunant als Umkehrung der Schweizer Flagge gebildet) wurde dennoch zu stark als christliches Symbol empfunden und daher in andersgläubigen Staaten umgebildet.

1135 Das entsprechende Zeichen der islamischen Länder. Israel führt dafür einen roten Davidsstern (Nr. 470).

1136 Das Lothringerkreuz, von General de Gaulle als Zeichen der Resistance eingeführt. Trotzdem seine Verwendung auf einen Irrtum beruhte (der General hielt es für das Feldzeichen der Jungfrau von Orleans), wurde es neben dem „V" (Victory) das am häufigsten verwendete Zeichen des 2. Weltkrieges.

1137 Das Hakenkreuz. Sein politischer und antisemitischer Gehalt stammt erst aus der Wende zum 20. Jahrhundert. Hitler dürfte es von Lanz von Liebenfels bzw. seiner Zeitschrift „Ostara" übernommen haben.

1138 Das Kruckenkreuz, das Symbol des österr. Ständestaates (1933 –38), das Bundeskanzler Dollfuß bewußt dem Hakenkreuz gegenüberstellen wollte. Beide Zeichen verdanken jedoch ihre Wiedererweckung in der Neuzeit derselben Quelle: G. List und dem schwärmerisch-faschistoiden Neutemplerorden (vgl. auch Nr. 380).
Dem Nationalsozialismus und seiner Vorliebe für die germanische Vergangenheit entsprach das Verwenden von Runen (über ihren wirklichen Gehalt vgl. S. 69 ff.).

1134

1135

1136

1137

1138

1139, 1140 Die Verdoppelung der Siegrune (vgl. Nr. 305–307), das
Zeichen des SS. Nr. 1140 der formal daran erinnernde Don-
nerkeil, das Zeichen der niederländischen und englischen
Faschisten.

Die einzelnen SS-Panzer- und Panzergrenadierdivisionen hatten Kennzeichen, die als sprechende Bilder gedacht waren und auch von den
Mitgliedern leicht verstanden werden konnten.

1140/1 Die Swastika, das Sonnenrad (vgl. dazu Nr. 42 und Nr. 55–
60), war das Emblem der 5. SS-Panzerdivision Wiking.

1140/2 Das Zeichen der 1. SS-Panzerdivision Leibstandarte Adolf
Hitler ist heute kaum mehr verständlich, den Angehörigen
dieser Einheit war es aber vollkommen klar, der Name des
Kommandanten war Sepp Dietrich, und ein Dietrich sollte
ihnen alle Tore öffnen.

1140/3–1140/4 Das ursprüngliche Zeichen der 9. SS-Panzerdivision
Hohenstaufen war ein „H", der Anfangsbuchstabe des Herr-
schergeschlechtes, das ihr den Namen gab, geschmückt mit
einem Schwert. Nach der Schlacht von Arnheim wird es
durch eine Windmühle ersetzt, so als wollte man den Skalp
des Besiegten als Standarte tragen.

1140/5 Das Sonnenrad, diesmal von einem Kreis umgeben, kennzeichnet die 11. SS-Freiwilligen Panzergrenadierdivision
Nordland.

1140/6 Dieselbe Einheit, das „Sonnenrad" ist durch den Anfangsbuchstaben „N" ersetzt worden.

1140/7 Das Emblem der 12. SS-Panzerdivision Hitlerjugend: die
Siegrune, durchkreuzt vom Dietrich, dem Zeichen der Leibstandarte Adolf Hitler.

1139

1140

1140/1

1140/2

1140/3

1140/4

1140/5

1140/6

1140/7

1141 Runenähnlich („Todesrune"), aber nicht daraus erklärbar, sondern dadurch sicher nur in seiner Wirkung verstärkt: das Zeichen der Atomwaffengegner. Es wurde 1958 von G. Holtom entworfen und ist zusammengesetzt aus den Buchstaben N(uclear) und D(isarmament), der Winkzeichen des int. Signalalphabetes.

1142 Halbmond mit Stern, das Wappen der Türkei, darüber hinaus das Glaubenszeichen des Islam. In moderner Zeit wurde es zum Symbol für die Einigung der islamischen, insbesondere der arabischen Länder.

1143 Der Stern als sog. Freiheitsstern gehört zu den beliebtesten politischen Symbolen. Beispiele: das Sternenbanner der USA und die Sterne der Staaten in Afrika und Asien, die um ihre Unabhängigkeit kämpften.

1144 Der Davidsstern (vgl. Nr. 470), ein Beispiel für die positive und negative Verwendung eines Symbols. Er war das Abzeichen des jüdischen Königreiches in der Antike, das Zeichen des Zionismus und ist jetzt das Staatssymbol Israels. Von den Antisemiten wurde es als das Schmähzeichen gebraucht.

1145 Der rote Stern, das kommunistische Kampf- und Weltanschauungssymbol. Rot ist seit 1834 (Arbeiteraufstand in Lyon) die Farbe des Sozialismus und des Kommunismus.

1146 Hammer und Sichel (Arbeiter- und Bauernsymbol), kommunistisches und im besonderen sowjetrussisches Symbol.

1147 Ein heute immer mehr in Vergessenheit geratendes Zeichen der Sozialisten: die drei Pfeile.

1141

1142

1143

1144

1145

1146

1147

1148 Auch die italienischen Faschisten wählten ein Zeichen aus ihrer nationalen Vergangenheit: das Liktorenbündel = Fasces.

1149 Joch und Pfeile, das Emblem der Spanischen Falange. Es zeigt ebenso einen Rückgriff auf die nationale Vergangenheit des Landes. Es war das Emblem der „katholischen Könige" Ferdinand und Isabella, durch deren Heirat im 15. Jahrhundert die Begründung eines einigen Spanien erfolgte.

1150 Eines der wenigen int. Symbole, die unbestritten blieben: die olympischen Ringe. Fünf Ringe (Kontinente), friedlich durch den Sport vereinigt.

1151–1153 Zum Abschluß drei angewandte staatspolitische Symbole. Die militärischen Kennzeichen (hauptsächlich an Militärflugzeugen) der Schweiz (hier einfach die Staatsflagge), Österreichs und der Sowjetunion.

1148

1149

1150

1151

1152

1153

Mehr Zeichen als Symbole sind die folgenden in der Seefahrt verwendeten Fahnensignale. Mit ihnen können sowohl die Buchstaben des Alphabets, als auch die verschiedenen Zahlen dargestellt werden.

1153/1 bedeutet „Zwei".

1153/2 Das Zeichen für „Drei".

1153/3 „Acht".

1153/4 Der Buchstabe „I".

1153/5 „S".

1153/6 „T".

1153/7 und 1153/8 Sind zwei der in der Seefahrt verwendeten Verkehrszeichen: Durchfahrt frei und Durchfahrt verboten.

1153/9 Das in der Seefahrt verwendete Zeichen für „Ankerplatz", das eigentlich ein Piktogramm ist (vgl. Nr. 1338 ff.).

1153/1

1153/2

1153/3

1153/4

1153/5

1153/6

1153/7

1153/8

1153/9

Eine internationale Bruderschaft, bei der Zeichen und Symbole, oft auf ideengeschichtlich sehr alten Wurzeln beruhend, noch heute eine große Rolle spielen, ist die Freimaurerei. Über die Deutung mancher dieser echten Glyphen sind sich auch die Fachleute nicht ganz einig. Wir zeigen zuerst einige „Abbreviaturen", die eigentlich in das Kapitel der Paläographie gehören würden, doch stehen sie in diesem speziellen Rahmen noch in unserer Zeit in Gebrauch.

1154 Die drei Punkte, die der Freimaurer als Ordenssymbol hinter seinen Namen setzt. Über die Sinngebung dieses Zeichens existieren mehrere Versionen; nach O. Wirth handelt es sich um die „Dreieinigkeit aller Dinge, das grundlegende Mysterium jeder geistigen Initiation", auch um einen Hinweis darauf, daß der reife Mensch fähig ist, These und Antithese durch die Synthese zu überhöhen. Die übliche Deutung weist auf die „drei Säulen" (Weisheit, Schönheit, Stärke) hin.

1155, 1156   Das Rechteck steht für Loge, die ineinandergezeichnete Verdoppelung für die Mehrzahl, Logen.

1157 Das dreigestrichene Kreuz des Großkommandeurs eines obersten Rates oder Suprème Conseil des Alten und Angenommenen Schottischen Ritus. Die Mitglieder des Obersten Rates setzten vor ihren Namenszug ein zweigestrichenes Kreuz.

Die nun folgenden Zeichen, als Beispiele für viele andere, sind eher bildliche Darstellungen als einfache graphische Formen, wie sie sonst in dieser Übersicht dargeboten werden.

1158 Der Winkel des Maurers, das Winkelmaß, Symbol für sittliche Rechtschaffenheit.

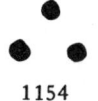

1154

1155

1156

1157

1158

1159 Das Setzlot mit dem Senkblei, Symbol für Geradheit und Ge-
rechtigkeit („Das Licht in uns").

1160 Der Zirkel, der das Bilden des Kreises ermöglicht, als Hinweis
auf die umfassende Menschenliebe.

1161 Der Flammende Stern, meist ein Pentagramm (vgl. Nr. 707) mit
Flammenbündeln in den Winkeln und einem G im Zentrum,
wird ab 1735 als Bestandteil der Logeneinrichtung genannt.
Die Deutung ist uneinheitlich. Das G steht für Gnosis, Geometrie oder Gott.

1162 Detail aus einem Teppichbild des 2. Grades der Schwedischen
Lehrart in Deutschland. Die große Landesloge-Freimaurer-
Orden (GLL-FO) hat ein Hexagramm anstelle des Pentagram-
mes (1. Grad), wohl das alte Symbol der vier Elemente (vgl.
Nr. 470).

1163 Eine Kombination von Dreieck, Senkblei und Zirkel, in dieser
Form z.B. 1826 von Goethe zu Weimar gezeichnet.

1159

1160

1161

1162

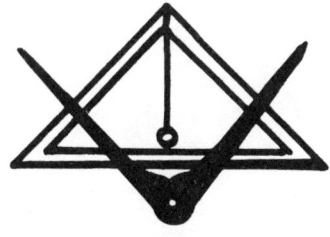

1163

Weitere freimauererische Symbole, wie sie seit etwa 180 Jahren auf den Lehrtafeln oder Lehrteppichen („tapis") verwendet werden:

1163/1 Die Kelle, Symbol des „Maurertums" auch in heutigem Sinne, wobei der aufzutragende Mörtel auf das Verbindende zwischen den einzelnen Bausteinen hinweist.

1163/2 Hammer und Meißel in Verbindung, Hinweis auf das Steinmetzen-Werkmaurertum, das aus dem Rohmaterial des „rauhen Steins" den „behauenen" macht.

1163/3 Das Rasterfeld aus dem Doppelkreuz und dem X, das für die Verschlüsselung der Schrift (Quadrat- oder Winkelschrift, vgl. G 5 bis G 10) verwendet wurde und heute nur noch historische Bedeutung besitzt.

1163/4 − 1163/5 Die beiden Säulen „J" und „B" (Jachin und Boaz (Boas, Booz) des salomonischen Tempelbaues, der in der Gründungslegende des Freimauertums eine große Rolle spielt; vgl. H. Biedermann, Das verlorene Meisterwort, Wien 1986).

1163/1

1163/2

1163/3

1163/4

1163/5

Ebenso wie bei den Freimaurern spielen auch bei A.M.O.R.C., dem Orden vom Rosenkreuz, Symbole eine große Rolle. Die folgenden Beispiele sind aus den überlieferten Symbolen der Rosenkreuzer des 17. Jahrhunderts entnommen. Es sind die sogenannten „einfachen" Symbole, die von den Studierenden der höheren Grade zur Meditation und Kontemplationsarbeit benützt werden.

1163/6   Das Rosenkreuz, wie es im gegenwärtigen Aktivitätszyklus des A.M.O.R.C. verwandt wird.

        Bedeutung: Symbol des Menschen;

        das Kreuz: des Menschen Leben, Leid und Freude.

        die Rose: aufblühendes göttliches Bewußtsein im Menschen (Seele).

        Farben: Kreuz = gold; Rose = dunkelrot.

1163/7   Das sechsteilige Kreuz, aus einem Würfel entstanden, mit fünfblättriger Rose im Mittelpunkt: Symbol des erwachten Menschen, der sich seiner göttlichen Abstammung bewußt ist.

1163/8   Das gleichseitige Dreieck mit der Spitze nach oben: alle Manifestation beruht auf dem Gesetz vom Dreieck; auch irdisches Dreieck genannt, da die beiden Ursachen auf der irdischen Ebene stattfinden und die Manifestation auf einer anderen Ebene ist.

1163/9   Das gleichseitige Dreieck mit der Spitze nach unten: die beiden Ursachen befinden sich auf einer höheren Ebene und die Manifestation auf der irdischen.

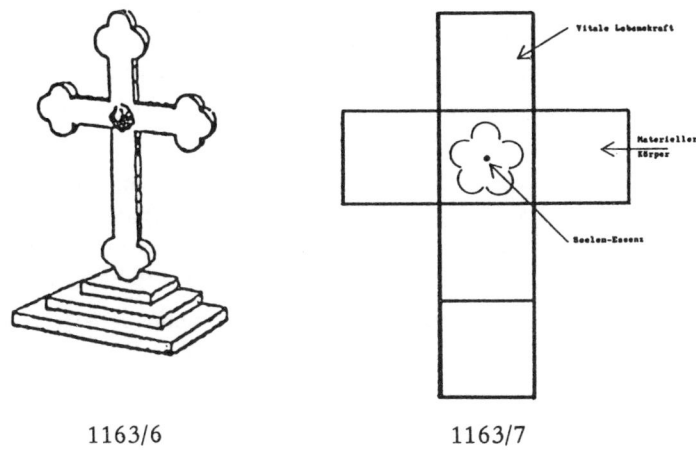

1163/6   1163/7

   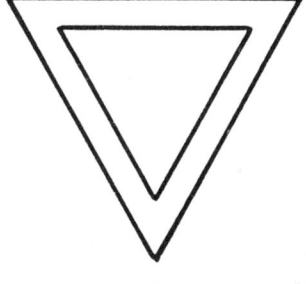

1163/8   1163/9

1163/10   Die vier Elemente, aus denen jeder Mensch besteht: Feuer,
          Wasser, Luft, Erde. Diese vier Elemente müssen harmo-
          nisch miteinander verbunden werden und der Mensch
          erreicht die Meisterschaft über sich selbst (beginnend von
          rechts).

1163/11   Das Quadrat: Stabilität und Festigkeit braucht der Mensch
          in sich selbst, wenn er im Daseinskampf bestehen will.
          Das Quadrat, auch die Zahl vier, sendet an die vier Him-
          melsrichtungen einen Strahl: Der Raum wird bedacht.

1163/12   Das Quadrat mit dem Mittelpunkt: Symbol der erreichten
          Standfestigkeit; der innere Mensch wurde erkannt und ein-
          gesetzt.

1163/13   Das Pentagramm: Das Symbol für den Menschen, der Mei-
          sterschaft über sich selbst erreicht hat. Mit den Symbolen:
          Feuer, Wasser, Quintessenz, Luft und Erde (beginnend
          von rechts). Der geschriebene Name Gottes.

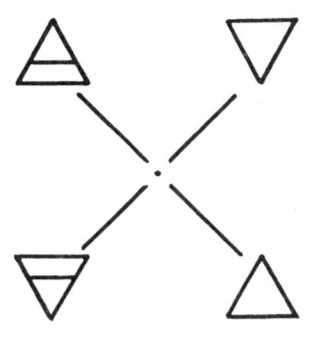

1163/10

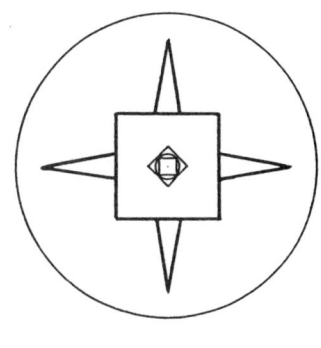

1163/11

1163/12

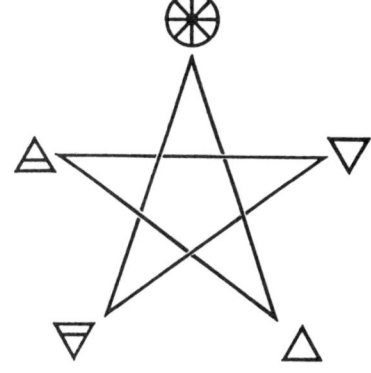

1163/13

1163/14 Das Hexagramm: zwei verschlungene Dreiecke, Feuer und Wasserdreieck sind harmonisch vereint: das Symbol für den Makrokosmos.

1163/15 Die Doppelpyramide: Symbol des gesamten Universums. Der Mikrokosmos im Makrokosmos (Mensch und Kosmos).

1163/16 Das Hexagramm mit den sieben traditionellen Planeten: von unten über rechts nach links: Mond, Venus, Jupiter, Saturn, Mars, Merkur und in der Mitte die Sonne. Der Makrokosmos und seine sieben Hauptkräfte, die auch im Mikrokosmos, dem Menschen wirken.

1163/17 Das Siebeneck: Symbol der bemeisterten sieben Kräfte, die im Kosmos und auch im Menschen wirken.

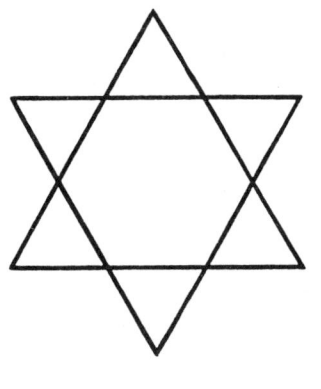

1163/14

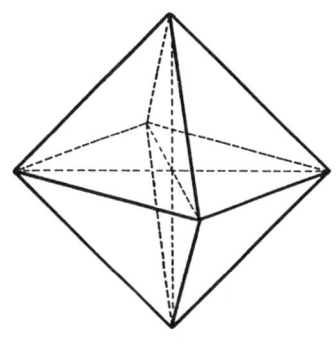

1163/15

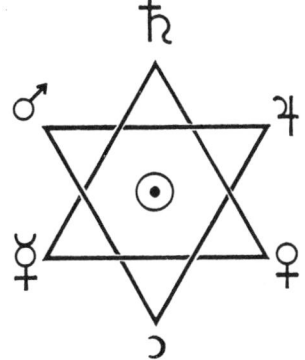

1163/16

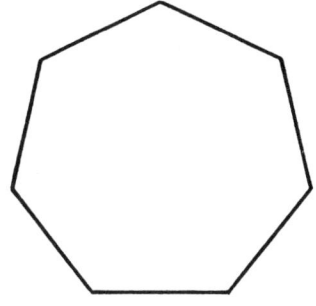

1163/17

1163/18 Das Doppelquadrat mit den acht Ecken: Der Mensch hat durch das Erkennen seiner Seele und deren Persönlichkeit die Gesetzmäßigkeiten des Kosmos erkannt: Die Wiedergeburt.

1163/19 Das Achteck: Der Mensch ist der Erbauer seines Schicksals, seines Karma, das er ergänzen muß; solide Grundlage; seelisches Gebäude errichtet, der Mensch weiß über seine Persönlichkeit Bescheid.

1163/20 Die drei konzentrischen Kreise: Symbol der Stille, durch die Meditation möglich wird. Vereinigung mit dem kosmischen Bewußtsein.

1163/21 Der Punkt im Kreis: die Einheit, in der alles verbunden ist, aus der alles kommt und wieder zurückkehren muß.

1163/22 Die beiden Säulen: die Dualität des Menschen betreffend und allen Seins; das Innen und das Außen des Menschen, seine Gefühle und seinen Verstand.

1163/23 Das Quadrat und das Dreieck die Pyramide bildend: Grundlage und Aufbau. Der Mensch ist sich seiner Verbundenheit mit dem Kosmos bewußt.

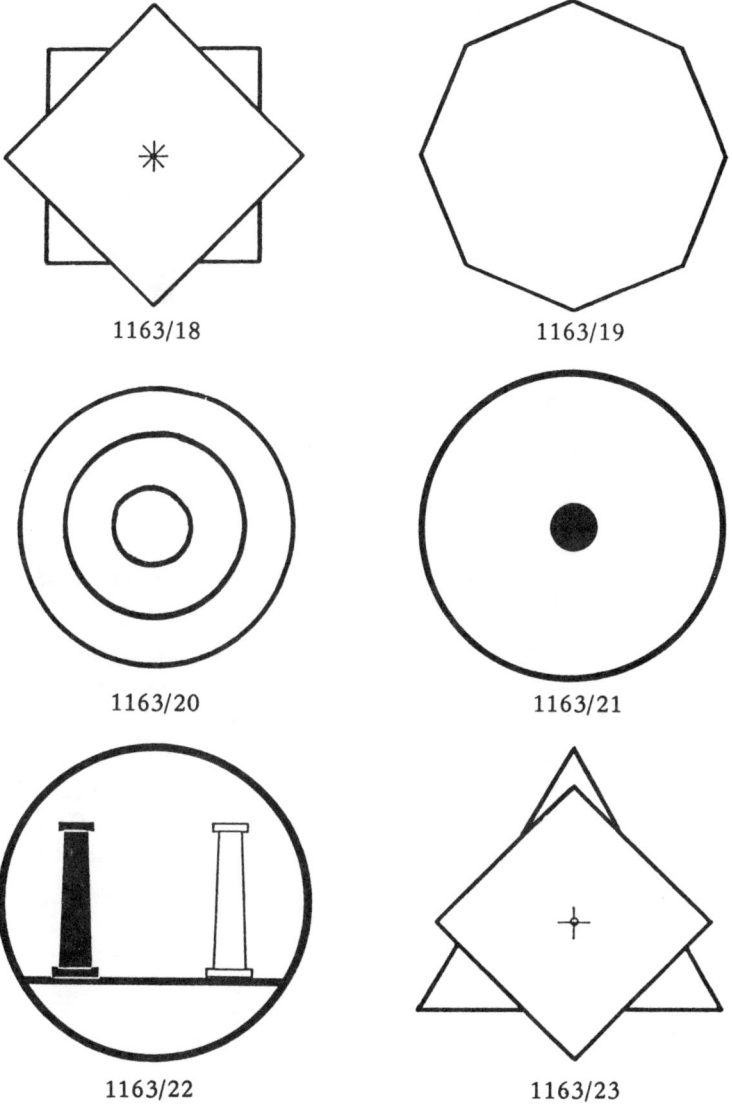

1163/18

1163/19

1163/20

1163/21

1163/22

1163/23

Die nächsten Zeichen stammen aus einem ganz anderen Gebiet. In der Wirtschaft treten die Firmenzeichen das Erbe der alten Handelsmarken an. Im Sprachgebrauch Schutzmarken genannt, werden sie juridisch als „Warenzeichen" geführt. Im 19. Jahrhundert wurden sie häufig heraldisch gebildet, man denke an die meisten alten Automarken, in der Neuzeit wird ihre Anzahl unübersehbar. Wir finden Wortmarken, redende Zeichen (mit Hinweis auf den Gründer oder auf die Ware) und Monogramme neben rein abstrakten Zeichen. Die moderne Werbung hat sich dieses Gebietes heute, psychologisch geschult, bemächtigt und bringt immer neue Formen und Möglichkeiten.

Zuerst monogrammartige Beispiele:

1164 Volkswagenwerk.

1165 UFA, eine Abkürzung, die sich so eingebürgert hat, daß meist nicht mehr die abgekürzten Worte genannt werden können: Universum Film Atelier.

1166, 1167   Zwei Signete, die chiffreartig die Fusion einer berühmten Firma mit einer anderen symbolisieren. 1166 Siemens-Schuckert Werke AG; 1167 Siemens-Halske Werke AG.

1168 Die beiden Männchen, die wir bereits als Waffenschmiedemarke kennen (vgl. Nr. 1098), haben sich durch Jahrhunderte als Zeichen erhalten: Warenzeichen der Firma Henkel in Solingen.

1169 Die Muschel, das Symbol der Firma Shell. Am Anfang des vorigen Jahrhunderts hatte ein gewisser Markus Samuel mit dem Verkauf von Pilgermuscheln den Grundstock des Firmenvermögens geschaffen; als seine Söhne in das Ölgeschäft einstiegen, machten sie die Muschel zum Firmenzeichen.

1164

1165

1166

1167

1168

1169

Die folgenden Firmenzeichen sind alle aus einer ornamentalen Dreierform gebildet:

1170 Krupp, Essen.

1171 Dörner, Solingen.

1172 Der „Mercedes"-Stern.

1173 Das letzte derartige Zeichen ist kein Firmensymbol, sondern ein Gütezeichen, das mehrere Firmen führen: Irisches Leinen.

1174—1176   Drei graphisch sehr schön gelöste Firmenzeichen von österreichischen Schifirmen: Fischer, Atomic und Kneissl.

Eine ausführliche Information über Firmenmarken gibt L.Herman in: Die Heraldik der Wirtschaft.

1170

1171

1172

1173

1174

1175

1176

Ein Teilgebiet der Firmenzeichen und gleichzeitig die Nachkommen der oft prunkvoll gebildeten Druckermarken (vgl. Nr. 1121) der Renaissance und des Barock sind die Verlagssignete.
Zuerst figürliche Beispiele:

1177 Die Eule ist das Symbol des Ullstein-Verlages, Berlin.

1178 Ein aus dem Namen gebildetes Zeichen hat die Fischer Bücherei, Frankfurt a. Main.

1179 Ein beliebtes Verlagssignet sind immer wieder Lilien; dieses Zeichen ist die stark stilisierte Lilie des Klett Verlages, Stuttgart.

1180 Die Florentiner Lilie der Akademischen Druck- u. Verlagsanstalt, Graz.

1181 Aus dem Anfangsbuchstaben und drei Lilien ist das Zeichen des Verlages Desch, München gebildet.

Die folgenden Zeichen sind mehr oder minder stilisierte Formen des Anfangsbuchstabens.

1182 Verlag Fritz Molden, Wien.

1183 Verlag Styria, Graz.

1184 Heimeran Verlag, München.

1185 Verlag Bertelsmann, Gütersloh. Hier ist auch das V von Verlag mit eingebaut.

1186 Das Signet von Rowohlt Taschenbuch Verlag, Hamburg, durch die signifikante Abkürzung von rowohlts rotations romane gebildet.

1177

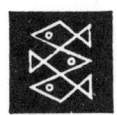

1178

1179

1180

1181

1182

1183

1184

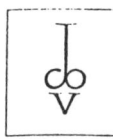

1185

1186

Im Anschluß an diese Verlagssignete drei Beispiele für internationale Ausstellungen aus der Welt des Buches:

1186/1 Das Zeichen der Frankfurter Buchmesse, eine sehr ansprechende rein graphische Lösung mit aufgeschlagenen Büchern.

1186/2 Das Signet der Internationalen Buchmesse in Warschau: hier hält Merkur, der Gott des Handels, ein Buch in der Hand.

1186/3 Die Internationale Buchkunstausstellung in Leipzig nimmt den sogenannten „Merkurstab" (vgl. dazu Seite 262, Nr. 1105 — 1107) verbunden mit einem Buch, auf dessen Seiten ihre Initialien I und B angebracht sind, als Kennzeichen.

Sie sind Erkennungszeichen und weisen in ihrer Form oft auf die Piktogramme hin, die wir im Abschlußkapitel noch genauer behandeln werden. Erkennungszeichen sind auch die Signete der Fluggesellschaften. Drei Beispiele für dieses Gebiet:

1186/4 Swissair

1186/5 El-Al

1186/6 Deutsche Lufthansa

1186/1

1186/2

1186/3

1186/4

1186/5

1186/6

Eine Art von Eigentumsmarkierung, die sich über Jahrhunderte in ganz ähnlicher Form weitervererbt, finden wir bei den Brandmarken. Seit etwa 2000 v.Chr. (Beispiele aus Ägypten) ist in der Rinderzucht das Brandmarken von Tieren im Sinne von Eigentümer-Zeichen üblich. Noch heute sind Brandzeichen (cattle brands) in großen Teilen von Nord- und Südamerika sowie in Australien in Verwendung. Während sie früher allgemein mit einem stempelartigen Brandeisen den Tieren in die Haut geprägt wurden, setzt sich in neuerer Zeit immer mehr die Markierung in Form von Tätowierung oder von Stempelung mit wasserunlöslicher Farbe durch.

Die Brandzeichen sind linear vereinfachte Bilder, meist Darstellungen von Gegenständen des Alltagslebens.

1187 Herzförmige Brandmarke von der uns Eigentümer und Datierung bekannt ist: D. Juan Sepúlveda, Kalifornien, 1855.

1188 Glocke („Bell").

1189 Dreizack („Trident").

1190 Stiefel („Boot").

1191 Block R.

1192 Amboß („Anvil").

1193 Schaukelstuhl („Rocking Chair").

In Europa werden noch heute die Pferde der berühmten Gestüte mit Marken versehen, die zum Teil auch bereits eine jahrhundertelange Tradition haben.

1194 Trakehnen in Ostpreußen.

1195 Lipizza. Das berühmte österreichische Gestüt war ursprünglich in Lipizza (Jugoslawien) beheimatet, dessen Pferde in der Steiermark aufgezogen werden und dessen schönste Tiere in die Wiener Hofreitschule kommen.

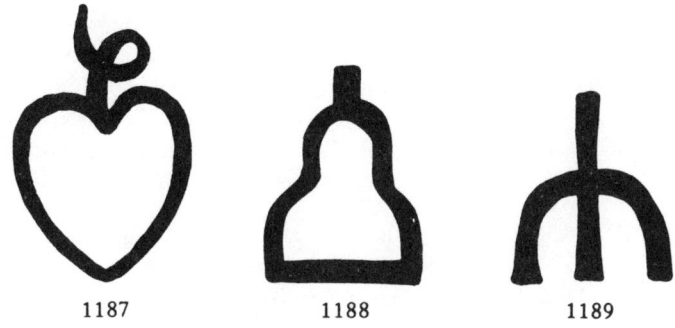

1187   1188   1189

1190   1191   1192

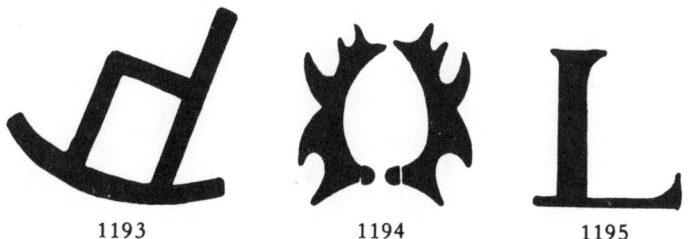

1193   1194   1195

Im nordafrikanischen Raum vertreten die Kamelmarken die Stelle der Brandzeichen, die in höheren Breiten an Rindern und Pferden angebracht wurden. Nicht nur an den Tieren selbst, sondern auch an den Felswänden der als Unterstände dienenden Halbhöhlen sind — oft vergesellschaftet mit vorgeschichtlichen Felsmalereien — häufig die Kamelmarken der in den betreffenden Räumen nomadisierenden Volksstämme aus alter und neuer Zeit zu sehen.

1195/1 — 1195/3 — Kamelmarken aus dem „Abrigo del Capitán Justo" aus der (ehem. spanischen) Westsahara, nach Nowak/Ortner, Felsbilder der Span. Sahara, Graz 1975.

1195/4 — 1195/10 — Kamelmarken von Felswänden des Zentralsahara-Bergstockes von Ennedi. 1195/4 — 1195/7 sind mit den noch heute in diesem Raum gebrauchten Kamelmarken identisch; 1195/8 — 1195/10 erinnern formal an sie, können aber nicht mehr identifiziert werden. Vermutlich handelt es sich um entsprechende Marken aus älteren Epochen. Nach P. Fuchs, Felsmalereien und Felsgravuren in Tibesti, Borku und Ennedi (Archiv f. Völkerkde. XII/1957, Wien).

1195/1

1195/2

1195/3

1195/4

1195/5

1195/6

1195/7

1195/8

1195/9

Eine noch bis in unser Jahrhundert hin gebräuchlich gewesene Bilderschrift (und zwar, da die „Lesung" nicht an den sprachlichen Ausdruck geknüpft war, eine Sinnschrift) bildeten die Gaunerzinken – einfache graphische Symbole von Vagabunden und Kriminellen, an Orten wie Zäunen, Wegweisern, Gefängnismauern, Hauseinfahrten usw. angebracht, um „Zunftgenossen" entsprechend zu informieren. Schon 1540 („Der Mordbrenner Zeichen und Losungen") publiziert, waren sie bis in die Zeit vor dem 1. Weltkrieg in Gebrauch und wurden verständlicherweise auch von der Polizei genau studiert. Später verschwanden sie immer mehr; in der Zeit der Wirtschaftskrise um 1930 bildeten die „Bettlerzinken" einen späten Nachklang dieser eigenartigen Bilderschrift. Heute ist ihr Gebrauch nicht mehr nachweisbar.

Den heute fast vergessenen Gaunerzinken Europas entsprechen die Zinken der Landstreicher in den USA – die „hobo's marks". Ihr konventionell festgelegter Sinn ist nur dem Eingeweihten verständlich:

1196 Rad und Pfeil: gehe weiter.

1197 Kreuz mit gleichlangen Armen: in Ordnung, „OK".

1198 Dachförmiges Zeichen: hier, an dieser Stelle.

1199 Null: nicht, nichts.

1200 Zickzackband: Hund (scharfe Zähne).

1201 Das Dreieck steht für Mensch; Mensch mit ausgestrecktem Arm und Servierbrett: Wohlstand.

1202 Mensch mit zwei kleinen Menschen daneben: hier ist eine rührselige Geschichte angezeigt (unmündige Kinder. . .).

1203 Mensch mit erhobenen Armen: hier wirst du mit einer Schußwaffe bedroht.

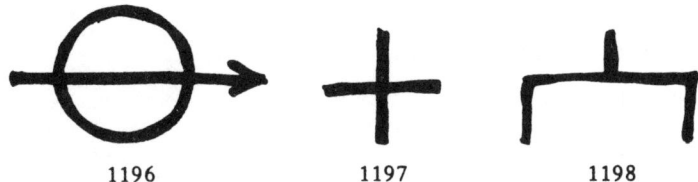

1196   1197   1198

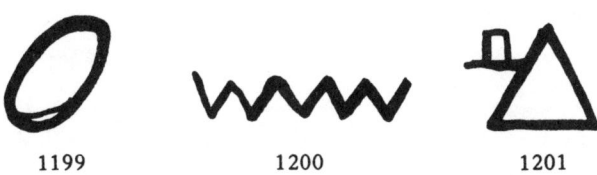

1199   1200   1201

1202   1203

Nach diesen noch in Gebrauch stehenden Beispielen aus Amerika folgen einige ältere europäische Gaunerzinken:

1204 Ein dachförmiges Zeichen: verhaftet.

1205 Wie Nr. 1204, doch mit Querstrich: wegen Diebstahls verhaftet.

1206 Verhaftet und zweimal verhört.

1207 Auflösung von Nr. 1204: enthaftet.

1208 „Stehen" — Festbleiben, Leugnen.

1209 Aufgeben, Gestehen.

1210 Galgen, Todesstrafe.

1211 Einverständnis, Unterstützung.

1212 Versteck, Aufbewahrung.

1213 Rache.

1214 Elster, ein „unheimlicher Vogel": Tod.

1215 Ochse, Bedeutung: dumm, sicher, fest.

In der Notzeit zwischen den beiden Weltkriegen waren an den Wänden der Treppenhäuser in allen Großstädten vielfach die bereits erwähnten einfachen „Bettlerzinken" eingekratzt, die auf die Spendenfreudigkeit der Hausbewohner hinwiesen. In unserer Zeit soll es dem Vernehmen nach bereits „Vertreter- und Hausiererzinken" geben, die einen ähnlich kollegialen Kommunikationscharakter besitzen. Wer auffallend häufig von Vertretern besucht wird, möge einmal die Umgebung der Wohnungstür nach verborgenen Ritzzeichen absuchen!

1204

1205

1206

1207

1208

1209

1210

1211

1212

1213

1213

1214

1215

Vom Inhaltlichen ist es ein weiter Sprung von den vorher gezeigten Symbolen zu jenen auf dieser Tafel. Sie sind jedoch ähnlich in ihrer einfachen Form: die Zeichen der modernen Mathematik und der mathematischen Logik. In der Mathematik wäre ein Operieren ohne die Vielzahl der Symbole überhaupt unmöglich, denn nur durch ihre Hilfe ist der kurze Ausdruck in Formeln möglich.

Die erste wiedergegebene Gruppe sind Operationszeichen:

1216 Plus (und).

1217 Minus (weniger).

1218, 1219   Die beiden Zeichen für „mal".

1220, 1221   Die beiden Zeichen für „geteilt durch".

1222 Wurzelzeichen.

1223 Summe.

1224 Differenz.

1225 Integral.

Unsere zweite Gruppe sind die Relationszeichen:

1226, 1227   Kleiner (als) bzw. größer (als).

1228 Gleich.

1229 Identisch, kongruent.

1230 Ungleich.

Die dritte Gruppe umfaßt die geometrischen Zeichen:

1231 Parallel.

1232 Senkrecht.

1233 Winkel.

1234 Ähnlich. Kongruent (übereinstimmend, deckungsgleich).

1235 Das mathematische Zeichen für unendlich (vgl. Nr. 736).

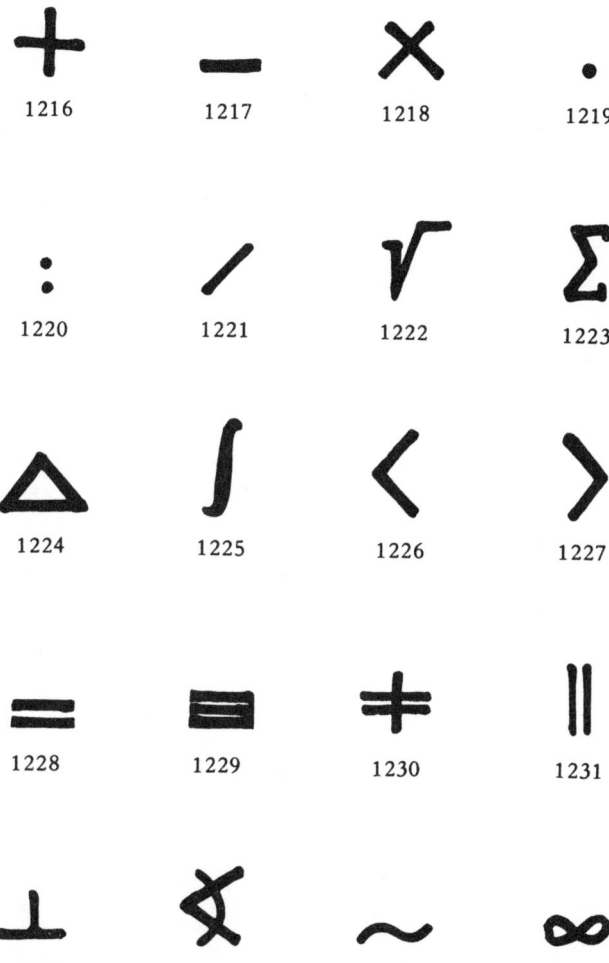

1216   1217   1218   1219

1220   1221   1222   1223

1224   1225   1226   1227

1228   1229   1230   1231

1232   1233   1234   1235

Eine Fülle weiterer Symbole finden sich in den verschiedenen mathematischen Sondergebieten wie z.B. in der Mengenlehre oder bei digitalen Rechenanlagen (= Computer). Besonders reich an Sinnbildern ist die mathematische Logik, auch symbolische Logik oder Logistik genannt.

1236, 1237   Die Zeichen für die Negation, auch mit dem Minuszeichen ausgedrückt.

1238, 1239   Die beiden Möglichkeiten, die Generalisation auszudrücken.

1240, 1241   Falsum „das Falsche", kann auch durch ein kleines f ausgedrückt werden.

1242, 1243   Verum, „Das Wahre", kann auch durch w wiedergegeben werden.

1236

1237

1238

1239

1240

1241

1242

1243

Die folgenden botanischen Zeichen sollen einen Überblick über gebräuchliche Symbole dieser Wissenschaft geben.

1244 Einjährige Pflanze.

1245 Zweijährige Pflanze.

1246 Gift- bzw. Arzneipflanze.

1247 Ausdauernde Pflanze, Staude.

1248 Strauch.

1249 Baum.

Die folgenden Zeichen geben Auskunft über das Geschlecht, wobei Planetenzeichen für das Symbol verwendet werden.

1250 Männliche Pflanze (Zeichen für Mars, vgl. Nr. 414).

1251 Weibliche Pflanze (Zeichen für Venus, vgl. Nr. 412).

1252 Zwitter (Zeichen für Merkur, vgl. Nr. 411).

Die letzten drei Zeichen geben Aufschluß über den Standort, den eine Pflanze benötigt.

1253 Sonnenpflanze.

1254 Halbschattenpflanze.

1255 Schattenpflanze.

☉	⊙⊙	✝
1244	1245	1246
4	ち	ち
1247	1248	1249
	♀	☿
1250	1251	1252
○	⊖	♀
1253	1254	1255

Internationale Zeichen aus der Meteorologie sind

1256   Nebel.

1257   Wirbelsturm.

1258   Schnee.

1259   Kaltwetterfront.

1260   Warmwetterfront.

1261   Wind vom Westen.

1262   Starker Wind vom Osten.

Sie und die folgenden Symbole für maschinell erzeugte Energie
sind nahe Verwandte der Piktogramme (siehe dazu das folgende
Kapitel), nur fehlt ihnen die allgemeine Verständlichkeit, sie sind
mehr auf den Fachmann abgestimmt.

1263   Mechanische Energie.

1264   Wasser-Energie.

1265   Pneumatische Energie.

1266   Elektrische Energie.

1267   Hydraulische Energie.

1268   Licht-Energie.

1256

1257

1258

1259

1260

1261

1262

1263

1264

1265

1266

1267

1268

Auf den folgenden Tafeln finden sich, wesentlich kleiner als die bisherigen Sinnbilder, eine kleine Auswahl von Zeichen aus dem Bauwesen und der Kartographie. Sie sind in den einzelnen Ländern durch Grundnormen vorgeschrieben und müssen in Plänen Verwendung finden.

Für elektrische Anlagen ist vorgeschrieben:

1269 Zeichen für Hochspannung.

1270 Erdung.

1271 Antenne.

1272–1276   Schalterformen, in der Reihenfolge: Ausschalter (einpolig), Gruppenschalter, Serienschalter, Wechselschalter und Kreuzschalter.

1277 Zweifachsteckdose.

1278 Mikrophon.

1279 Kopfhörer.

1280 Lautsprecher.

Es folgen nun Beispiele von Grundnormen für Wasser- und Entwässerungsleitungen (die meisten Begriffe sind hier wohl nur für den Fachmann verständlich).

1280/1   Reinigungsrohr.

1280/2   Dreiwegehahn.

1280/3   Drosselklappe.

1280/4   Rohrbogenausgleicher.

1280/5   Durchgangshahn.

1280/6   Rückschlagverschluß.

1280/7   Absperrschieber.

1280/8   Isolierte Rohrleitung.

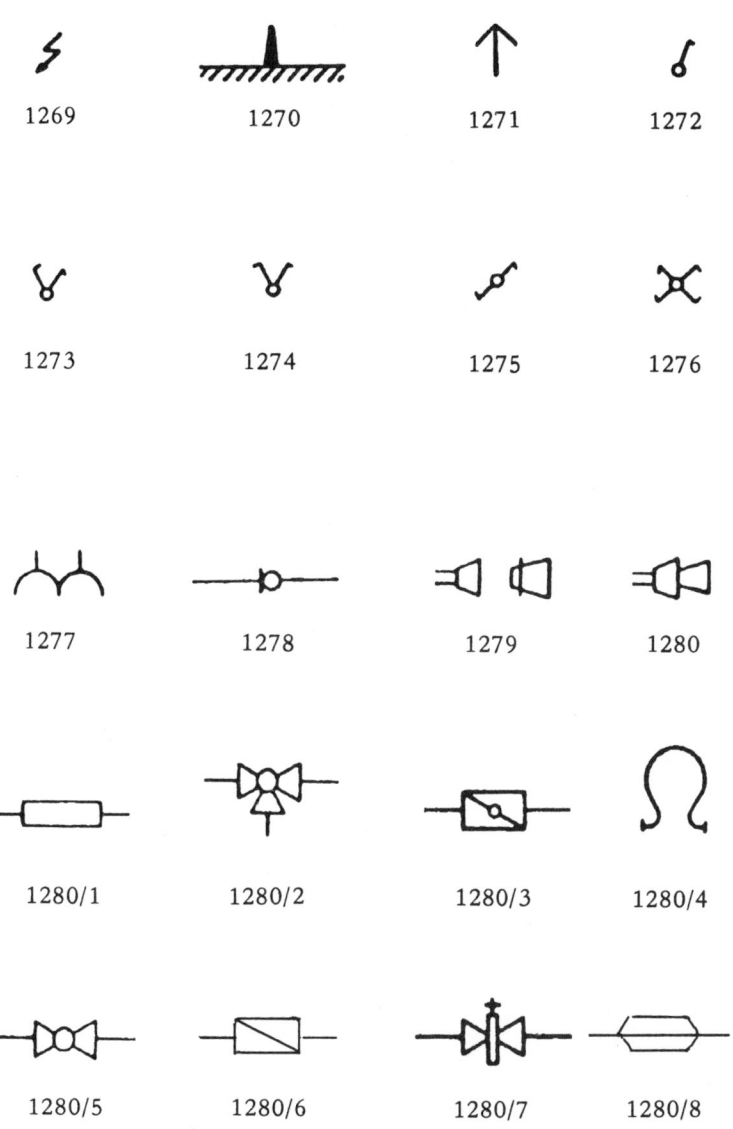

1269

1270

1271

1272

1273

1274

1275

1276

1277

1278

1279

1280

1280/1

1280/2

1280/3

1280/4

1280/5

1280/6

1280/7

1280/8

Weitere Beispiele aus diesem Fachgebiet:

1280/9   Rückflußverhinderer mit Prüfeinrichtung und Entleerung.

1280/10   Sicherheitsventil mit Gewichtsbelastung.

1280/11   Durchgangsabsperrventil.

1280/12   Dasselbe mit Entleerungsventil.

1280/13   Sieb, Sandfang.

1280/14   Membransicherheitsventil mit Federbelastung.

1280/15   Leitung für Regenwasser.

1280/16   Wasserabschneider.

1280/17   Manometer.

1280/18   Druckminder.

1280/19   Dachrinne.

1280/20   Leitung für Schmutz- und Mischwasser.

Nun ein paar Beispiele aus den Zeichen für die österreichischen Katastralmappen und Pläne.

1281 Kirche.

1282 Synagoge.

1283 Stiege.

1284 Mischwald (auf Plänen: MWld).

1285 Alpe (auf Plänen: Alpe).

1286, 1287   Kapelle mit und ohne Grundriß.

1288 Bildstock.

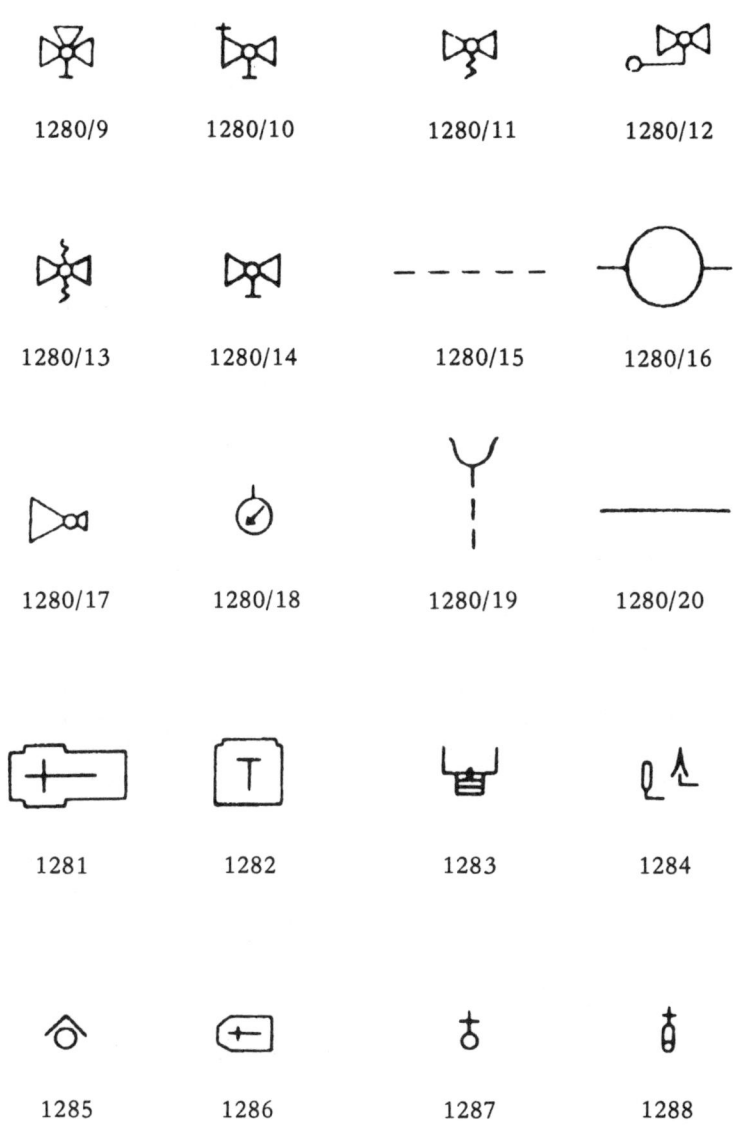

1280/9   1280/10   1280/11   1280/12

1280/13   1280/14   1280/15   1280/16

1280/17   1280/18   1280/19   1280/20

1281   1282   1283   1284

1285   1286   1287   1288

LITERATUR

Carjori, F.: History of Mathematical Notations. London 1928–30.

Danzel, Th. W.: Die Anfänge der Schrift. Leipzig 1912.

dtv-Lexikon politischer Symbole (Hsg. von A. Rabbow). München 1970.

Feys R. und F. B. Fitch: Dictionary of Symbols of Mathematical Logic. Amsterdam 1969.

Herman, L.: Die Heraldik der Wirtschaft. Düsseldorf-Wien 1971.

Hotten, J.C.: A Dictionary of modern Slang, Cant, and Vulgar Words. London 1860.

Kuwayama, Y.: Marken, Zeichen und Signets. München 1977.

Lehner, E.: Symbols, Sings & Signets. New York 1950.

Lennhoff E. und O. Posner: Internationales Freimaurerlexikon. Nachdruck Graz o.J. (1965).

Mellor, A.: Logen-Rituale-Hochgrade. Handbuch der Freimaurerei. Graz 1967.

New Mexico, Cattle Brand Board of. Brand Book of the State of New Mexico. Albuquerque 1915.

Swanson, H. R.: Official State Brand Book of Nebraska. Lincoln 1934.

Wirth, O.: Les Mystères de l'Art Royal. Paris 1932 und 1947.

Zeichenschlüssel und Schriftmuster für Katastralmappen, Pläne und Skizzen (werden von den zuständigen Stellen laufend veröffentlicht).

Piktogramme

In den Jahren, die seit der ersten Auflage dieses Buches vergangen sind, kam eine Gruppe von Symbolen immer stärker in Gebrauch: Informationszeichen, sog. Piktogramme, die sich nicht an einzelne Berufssparten richten (wie z.B. mathematische oder botanische Zeichen) und die allein von Nutzwert für Technik und Wissenschaft sind (vgl. z.B. Nr. 1244 – Nr. 1255 oder Nr. 1216 ff) sondern die sich, wie eine moderne „Biblia pauperum", an alle Menschen wenden.

Hatte die Brockhaus-Enzyklopädie in ihrem 2. Band (1967) dem Stichwort „Bildsymbole" nur 8 Zeilen gewidmet, wobei sie damit noch das Stichwort im allgemeinen verstand, so brachte der Nachtragsband 1975 nebst dem Hinweis „Von der Möglichkeit, in einer leicht verständlichen Bilderschrift Warnungen, Hinweise und Verbote wiederzugeben, wird zunehmend Gebrauch gemacht..." bereits zwei Seiten mit der Art von Bildymbolen, wie wir sie in diesem Nachtragskapitel finden werden. Dieses sprunghafte Ansteigen und die Tatsache, daß sie in der ersten Auflage überhaupt keinen Eingang gefunden hatten, rechtfertigt, glauben wir, diesen Nachtrag. Worin liegt nun die Begründung für dieses Bedürfnis? das Zusammenrücken der Menschheit durch die moderne Technik und den modernen Verkehr brachte es mit sich, daß man immer stärker auf nonverbale Ausdrucksmittel kommen mußte, denn – um nur ein Beispiel zu nennen – die Teilnehmer einer großen internationalen Sportveranstaltung, wie die Olympischen Spiele es sind, müssen wissen, wo sich die verschiedenen Einrichtungen (Sportstätten, Gaststätten, Fernsprecher etc.) befinden. Eine gemeinsame Sprache fehlt und selbst mehrsprachige Hinweise würden keine große Hilfe bedeuten.

Dieses Problem stellte sich auch schon im Vielvölkerstaat der Österreichisch-Ungarischen Monarchie. Der gemeinsame Waffendienst oder das große kulturelle Sammelbecken Wien hatten immer diese Probleme aufgeworfen und damit nach einer Lösung verlangt.

Bereits während des Ersten Weltkrieges schuf in Wien ein Ingenieur C. K. Bliss ein System der Verständigung, das er nach seiner Auswanderung nach Australien unter dem Titel „Semantographie" veröffentlichte. Er schuf dabei durch international verständlichen Basiszeichen, den nach ihm benannten sog. „Blissymbolen", Hinweise.

⌂ = Haus   ✉ = Brief   ☐ = geschlossener Raum

⌂✉ = Postamt   ☐✉ = Briefkasten

Sein Ziel war es, auf diese Weise ein Kommunikationssystem zu schaffen; in seinen Ausdrucksformen war es jedoch für einen allgemeinen Gebrauch, wenn nicht zu schwierig, so doch zu umständlich. Vielleicht sei hier ein Vergleich mit dem Esperanto angebracht, einer Kunstsprache, wie (auch ein Kind dieser Zeit) der allgemeinen Völkerverständigung dienen sollte. Sie war von der Idee her sehr gut, doch stellte sie zu große Anforderungen und blieb eigentlich ohne besondere Wirkung.

Ein anderer Österreicher ist es aber, den R. Modley den Vater der Piktographie nennt: Otto Neurath (geb. 1882 in Wien, gest. 1945 in Oxford). Er war Nationalökonom, Soziologe und Philosoph. Als letzterer war er einer der führenden Männer des „Wiener Kreises", einer Gruppe neopositivistischer Philosophen. Für ihn war es, wenn man seine übrigen Werke betrachtet, nicht nur eine Frage der Kommunikation, sondern sicher auch ein völkerverbindendes Problem, spielte doch für die damaligen Sozialisten die „Internationale" eine viel größere Rolle, als dies heute der Fall ist. Neurath mußte 1934 nach Holland emigrieren und 1941 führte ihn sein durch die Zeitereignisse bedingter Weg weiter nach England.

In Wien hatte er 1925 das „Österreichische Gesellschafts- und Wirtschaftsmuseum" gegründet, das er auch bis 1934 leitete (erst nach dem Zweiten Weltkrieg erstand es wieder neu. Im Zusammenhang mit seinen ökonomischen Arbeiten stand auch Neuraths

Bestreben, die Bildstatistik zu verbessern, woraus seine International Picture Language („Isotype-Technik") entstand, sie setzte sich besonders in England und den USA durch. Mit seinem Mitarbeiter G. Arntz arbeitete er bereits in Wien und später in den Niederlanden (Neurath war dort Direktor der „International Foundation for Visual Education") hauptsächlich auf statistischem und pädagogischem Gebiet.

Ein oft veröffentlichtes Beispiel sind die Eheschließungen in Wien. Jedes Paar steht für 2.500 Hochzeiten.

915-18

919-22

923-32

Wir sehen an diesem Beispiel und werden es bei den Nr. 1289 – 1293 noch genauer sehen, worin die Besonderheit liegt. Diese Figuren und Symbole sind nie so stark geschrumpft wie bei Bliss und eigentlich immer allgemein verständlich. Darüberhinaus sind sie ästhetisch ansprechend. Viele diese Formen finden wir, mit leichten Veränderungen, in den zahlreichen Systemen der heutigen Informationszeichen.

Wenn man Otto Neurath als den Vater dieser Piktogramme bezeichnen kann, so ist es der Japaner Katzumie Masaru, der den weltweiten Durchbruch geschaffen hat. Vorläufer für große internationale Bestrebungen auf einem Sondergebiet, den Verkehrszeichen, sind schon im vorigen Jahrhundert zu verzeichnen gewesen. 1895 hat der Italienische Touring Club die ersten Verkehrszeichen geschaffen, die ersten internationalen (siehe dazu Nr. 1338 — 1355) entstanden 1909. Eine sportliche Veranstaltung, die Olypmpischen Spiele in London (1948), hatte bereits eine allgemein verständliche Ausschilderung versucht. Auf heraldischen Schilden wurden miniaturhaft, wie kleine Bildchen, die verschiedenen Sportarten wiedergegeben. Als Beispiel sei hier das Laufen eingefügt:

Man kann hier von einer verkleinerten bildlichen Darstellung, aber nicht von einem Symbol sprechen (siehe dazu Nr. 1298). Katzumie schuf mit 30 Mitarbeitern in seiner vierjährigen Arbeit die Symbole für die Olympischen Spiele in Tokio (1964). Sie wurden richtungsweisend nicht nur für sportliche Veranstaltungen. Große Ausstellungen, Fluglinien bzw. die IATA (International Air Transport Association) oder die UIC (International Union of Railways) schufen Kennzeichen, mit deren Hilfe sich die Verständigungsprobleme weitgehend lösen konnten.

Symbole, die Neurath und Arntz für die Niederländische Statistische Gesellschaft schufen, zeigen die Reduktion, die Vorbild wurde. Nr. 1289 Restaurant, ein Zeichen, das nahezu unverändert übernommen wurde (vgl. z.B. Nr. 1294). Nr. 1290 Telephon, wird in späteren Systemen verkürzt, meist nur auf den Hörer (z.B. Nr. 1295, 1326). Nr. 1291 Motorradfahrer, zeigt den Weg, den spätere Sportdarstellungen weitergegangen sind und der hier in der Mitte der Dreißigerjahre bereits wesentlich weiter ist, als die Darstellungen von den Olympischen Spielen 1948 in London. Die Nr. 1292 und Nr. 1293, Straßenbahn und Auto, werden unverändert in ihrer Vorderansicht von den Nachfolgern übernommen, nur das Zeitkolorit ist trotz der Vereinfachung sichtbar: das Auto hier entspricht genau so wie seine Nachfolger dem jeweiligen Zeitgeschmack.

1289

1290

1291

1292

1293

Die Piktogramme der Olympischen Spiele von Tokio (1964) lehnen sich bei den Hinweisschildern auf die verschiedenen Einrichtungen, wie Nr. 1294, Restaurant, oder Nr. 1295, Telephon, noch stark an Darstellungen von Neurath an. Der Durchbruch und ihre, man kann es zweifellos sagen, Schönheit liegt jedoch in den Darstellungen der verschiedenen Sportarten, die trotz ihrer Vereinfachung von großer Ausdruckskraft sind. Nr. 1296 Radfahren, Nr. 1297 Fußball, Nr. 1298 Laufen und Nr. 1299 Boxen. Sie werden Vorbild.

1294

1295

1296

1297

1298

1299

Die folgenden Olympischen Spiele in Mexiko (1968) und ihre beiden Designer Manuel Villazón und Matthias Goeritz versuchen sich bewußt vom Vorbild zu entfernen. Von dunklem Hintergrund heben sich symbolhaft ein Fußball (Nr. 1300) ab, oder ein Arm ragt aus Wellen heraus (Nr. 1301 = Schwimmen). Ein Fuß mit Laufschuh steht für Laufen (Nr. 1302), eine Hand am Ring (Nr. 1304) für Turnen. Das Fahrrad und das Ruder (Nr. 1303 und Nr. 1305 führen zu den Schwimmern oder den Radfahrern. Doch schon die nächsten Olympischen Spiele in München sind eine Weiterführung von Tokio, nur sind die Figuren auf „Strichmännchen" reduziert. Der Leiter für die Spiele in München (1972) ist auf diesem Gebiet Otl Aicher, die Designer: G. Joksch, R. Müller und E. Winschermann. Münchner Lösungen finden wir in der BRD bei den verschiedensten Veranstaltungen wieder (siehe dazu z.B. die Darstellungen vom Frankfurter Messegelände Nr. 1312 — Nr. 1319). Die hier gezeigten haben denselben Inhalt wie die vorher gezeigten aus Mexiko: Nr. 1306 Fußball, Nr. 1307 Schwimmen, Nr. 1308 Laufen, Nr. 1309 Radfahren, Nr. 1310 Turnen und Nr. 1311 Rudern.

1300

1301

1302

1303

1304

1305

1306

1307

1308

1309

1310

1311

Ein Beispiel für das Weiterleben, aber auch für den Ausbau eines Systems: das internationale Leitsystem der Frankfurter Buchmesse. Allgemeingültige (nicht auf den Sport bezogene Symbole) werden von den Symbolen der Olympischen Spiele in München (1972) übernommen: Nr. 1312 Information, Nr. 1313 Restaurant, Nr. 1314 Imbiß/Cafe, Nr. 1315 Leihwagenvermittlung. Dazu kommen z.B. Nr. 1316 Messebahn-Haltestelle, Nr. 1317 Post (in München hatten wir, angelehnt an das japanische Vorbild, ein Kuvert, hier ist es das Posthorn – ein Symbol, das weiter im Begriff ist), Nr. 1318 Konferenzräume, Nr. 1319 Kindergarten.

1312

1313

1314

1315

1316

1317

1318

1319

Die Deutsche Bundesbahn hat in ihrer Broschüre „Ihr Zugbegleiter"
eine Zusammenstellung von Bildsymbolen zur Information ihrer
Kunden herausgebracht (hier übernommen aus der Ausgabe April
1973): Nr. 1320 bis Nr. 1331. Sie entsprechen bis auf wenige Ausnahmen den Symbolen, wie sie die International Union of Railways (UIC) festgelegt hat. Nr. 1320 Information, Nr. 1321 Ge-
päckaufbewahrung im Schließfach, Nr. 1323 Gepäckabfertigung
(hier ist die Waage leicht verändert, mehr den Waagen der deutschen
Bundesbahn angepaßt). In der nächsten Reihe, Nr. 1324 bis 1327,
finden wir Gepäckträger-Rufanlage oder Gepäckträgeraufenthalts-
raum, Postamt (hier wieder die Veränderung, wie wir sie schon
Frankfurt kennen, nur ist hier das Posthorn zusätzlich), Fernsprecher, Fahrkartenverkaufsstellen. Nr. 1327 und Nr. 1328/1329
Raucher und Nichtraucher. Das Durchstreichen als Verbot finden
wir auch auf den nächsten beiden Symbolen: Kein Trinkwasser
und Nichts hinauswerfen (Nr. 1330 und Nr. 1331).

1320

1321

1322

1323

1324

1325

1326

1327

1328

1329

1330

1331

Die nächsten Zeichen stammen von der Österreichischen Bundesbahn (sie basieren selbstverständlich ebenso auf den von der International Union of Railways festgelegten Symbolen), wobei diese Zeichen natürlich nicht nur auf den Bahnbereich beschränkt sind.

1331/1 − 1331/2 Eingang und Ausgang.

1331/3 − 1331/4 Unterführung bzw. Überführung.

Die nächsten Nummern weisen auf die Umsteigmöglichkeiten hin:

1331/5 Schnellbahn.

1331/6 U-Bahn.

1331/7 Bus.

Nicht nur kundenfreundlich, sondern auch umweltbewußt sind die beiden nächsten Piktogramme:

1331/8 Der Kundenparkplatz der ÖBB wirbt dafür, das Auto stehen zu lassen, und mit der Bahn weiterzufahren.

1331/9 Das Fahrrad im eckigen Feld kündigt den Fahrradverleih der Bahn an (Fahrrad im runden Feld würde Fahrradweg bedeuten). Mit Muskelkraft und nicht mit Benzin soll der Fahrgast von der Station aus sein Endziel erreichen.

1331/1

1331/2

1331/3

1331/4

1331/5

1331/6

1331/7

1331/8

1331/9

Als Beispiel, daß trotz aller Vereinheitlichung in den Systemen Dinge ganz verschieden und doch verständlich ausgedrückt werden können, drei Beispiele für „Eintritt verboten": Nr. 1332 (IATA) bringt praktisch das Verkehrszeichen, bei der Winterolympiade 1972 wird ein Männchen durchgestrichen (Nr. 1333) und das Beispiel aus dem schwedischen System (KFAI) Nr. 1334 droht mit der erhobenen Hand, ähnlich der Hand eines Verkehrspolizisten, der „Halt" zeigt.

Drei andere Zeichen veranschaulichen die Möglichkeit, „Zollabfertigung" auszudrücken. Das Zeichen der UIC (International Union of Railways) Nr. 1335 zeigt einen Koffer und das Zeichen für Zoll mit Aufschrift. Sehr sprechend drückt es Nr. 1336 von den Olympischen Spielen in München (1972) aus: ein Beamter, der in den Koffer schaut. Die größten Kenntnisse (und sicher nicht ein ideales Piktogramm) setzt Nr. 1337 voraus, denn das Zeichen für „Zoll" allein dürfte doch nicht allgemein bekannt sein.

1332

1333

1334

1335

1336

1337

Die zahlreichen Touristen und Urlauber aus verschiedensten Ländern führen dazu, daß sich Fremdenverkehrsorte immer stärker der Piktogramme bedienen. Die folgenden Zeichen stammen aus einem Fremdenverkehrsprospekt. Die Piktogramme werden zusätzlich auf einer Seite in vier Sprachen kurz erklärt und bei den einzelnen Orten und Beherbergungsbetrieben finden sich dann die jeweils entsprechenden Zeichen.

1337/1   Gästeabholdienst. Die Urlauber werden aus näher gelegenen Städten direkt von ihrer Wohnung abgeholt.

1337/2   Geführte Bergwanderungen.

1337/3   Fitness-Strecke.

1337/4   Es besteht die Möglichkeit zum Sportfischen.

1337/5   Sportschießstätte.

1337/6   Reitmöglichkeiten.

1337/7 – 1337/8   Frei- bzw. Hallenbad.

1337/9   Kegelbahnen.

1337/10   Tennisplätze.

1337/11   Tennishalle.

1337/12   Im Haus befindet sich ein Raum zum Tischtennisspielen.

1337/1

1337/2

1337/3

1337/4

1337/5

1337/6

1337/7

1337/8

1337/9

1337/10

1337/11

1337/12

In Wintersportorten bzw. in den dafür bestimmten Werbemitteln finden wir die folgenden Piktogramme. Sie werden allerdings zusätzlich mit Zahlen ergänzt: wie lang die Piste ist, wie groß die Anzahl der Lifte, aber auch die der Schilehrer ist.

1337/13   Gesamtpistenlänge.

1337/14   In den oft schneearmen Wintern immer wichtiger: Piste mit Schneekanone.

1337/15   Seilbahnen.

1337/16   Gondellifte.

1337/17   Sessellifte.

1337/18   Schilifte.

1337/19   Anzahl der Schilehrer.

1337/13

1337/14

1337/15

1337/16

1337/17

1337/18

1337/19

Jedoch nicht nur die Strecken und die Anzahl der Beförderungsmittel für den alpinen Schilauf sind interessant, der Gast will auch wissen, was ihm die einzelnen Orte sonst noch bieten. In einprägsamen Zeichen wird es ihm geboten:

1337/20 Langlaufloipe.

1337/21 Schisprungschanze.

1337/22 Für den Nachwuchs ist ein Schikindergarten vorhanden.

1337/23, 1337/24, 1337/25 Drei Zeichen führen uns weg vom Schilauf aufs Eis. Der Schlittschuh: Eislaufplatz. Ein Eiskristall: Eisstadion. Der Eisstock lädt zum Eisstockschießen ein.

1337/26 Rodelbahnen sind vorhanden.

1337/27 Es besteht die Möglichkeit Pferdeschlittenfahrten zu unternehmen.

1337/28 Spazierwege.

1337/29 Vielleicht nicht mehr ganz so eindeutig sind die beiden „Tanzenden": Aprés-Ski.

1337/30 — 1337/31 Zwei Übernachtungsmöglichkeiten. Bei den Betten wird die Anzahl der im Haus befindlichen beigefügt. Das Zelt soll auf die Möglichkeit von Wintercamping hinweisen.

1337/20

1337/21

1337/22

1337/23

1337/24

1337/25

1337/26

1337/27

1337/28

1337/29

1337/30

1337/31

Eine Gruppe von Informationszeichen, mit denen wir täglich konfrontiert sind, sind die Verkehrszeichen. Wie wir schon in der Einleitung zu diesem Abschnitt sagten, liegen ihre Anfänge bereits am Ende des vorigen Jahrhunderts. Sie sind durch internationale Vereinbarungen vereinheitlicht worden und unterscheiden sich schon in ihrer Form: die Warnzeichen sind dreieckig, Gebots- und Verbotszeichen rund, die Hinweiszeichen rechteckig. Da diese Form der Schilder schon von weitem erkennbar ist, kann der Fahrer seine Fahrweise danach richten, noch bevor er den speziellen Inhalt klar erkennen kann.

Zuerst vier Warnzeichen, einfache graphische Lösungen: Nr. 1338 Kreuzung. Nr. 1339 ist wieder der Hinweis auf eine Kreuzung, diesmal aber mit einer Nebenstraße. Nr. 1340 das Zeichen für den Kreisverkehr und Nr. 1341 die Warnung vor einer Doppelkurve.

Die Nr. 1342 und 1343 sind Verbote: Allgemeines Fahrverbot und Einfahrt verboten.

1338

1339

1340

1341

1342

1343

Die Verkehrszeichen wurden in den beiden letzten Jahrzehnten in ganz Europa vereinheitlicht und auch die USA halten sich immer stärker an diese Vorbilder. Die Zeichen nähern sich aber immer deutlicher den „Sprechenden" Bildern, was ihre Verständlichkeit selbstverständlich erhöht. Nr. 1344 und 1345 machen das Verbot durch Durchstreichen kenntlich, Linksabbiegen und Hupen sind verboten. Die folgenden Warnzeichen besagen: Nr. 1346 Wildwechsel, Nr. 1347 Schleudergefahr, Nr. 1348 Fußgängerübergang und Nr. 1349 Steinschlag.

Längs der Autobahn finden sich zusätzlich Hinweisschilder für Post, Fernsprecher, Restaurant etc., sie entsprechen aber weitgehend den Piktogrammen, wie wir sie bereits von Ausstellungen her kennen.

1344

1345

1346

1347

1348

1349

Zur Zeit läuft gerade in England ein Test als Teil einer internationalen Untersuchung zur Sicherheit auf Autobahnen in Europa und Amerika. Da diese Tests ergeben haben, daß Autofahrer bei Geschwindigkeitsbeschränkungen, deren Ursache ihnen nicht mitgeteilt wird, nur um 4 – 10 % ihr Tempo verlangsamen, erprobt man auf einer 19 km langen Teilstrecke der M 1-Autobahn neue Schilder, die praktisch eine Weiterbildung der bereits bekannten Piktogramme sind. Nur handelt es sich dabei nicht um unveränderbare Warnzeichen, sondern man hat Matrizensignaltafeln geschaffen, auf denen stark vereinfachte Piktogramme aufleuchten. Diese Zeichen sind Teil eines dreiteiligen Warnschildes. Im obersten Feld leuchtet die empfohlene Geschwindigkeit auf, der Mittelteil sind die Piktogramme, im untersten Feld erscheint der Hinweis der Entfernung bis zum dargestellten Hindernis. Aus dieser Testreihe: Nr. 1350 Ladung verloren, Nr. 1357 Straßenarbeiten, Nr. 1352 starker Schneefall, Nr. 1353 Seitenwind, Nr. 1354 Gegenverkehr, Nr. 1355 Unfall. Es wird sich nun zeigen, wieweit diese Form der Piktogramme sich durchsetzt; ihr großer Vorteil ist, daß sie immer genau den Erfordernissen angepaßt werden können.

1350

1351

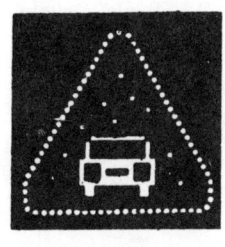

1352

1353

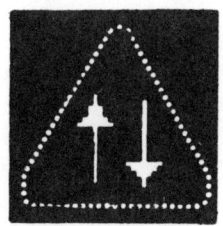

1354

1355

Doch nicht nur Großveranstaltungen oder der internationale Straßenverkehr verlangen nach einem Verständigungsmittel, auch der große Export und Import von Waren fremder Länder benötigt es. Allgemein verständlich sind die folgenden Zeichen im internationalen Gütertransport Nr. 1356 Vorsicht, zerbrechlich. Nr. 1357 dagegen ersucht·überhaupt um vorsichtige Behandlung. Der Regenschirm (Nr. 1358) zeigt an, daß die Ware vor Regen (und Feuchtigkeit) zu schützen ist.

An den Armaturen von Kraftfahrzeugen sind Symbole auf Drucktasten angebracht, die für sich allein sprechen müssen.

Nr. 1359 Standlicht, Nr. 1360 Breitstrahler, Nr. 1361 Scheinwerfer abgeblendet. Nr. 1362 ist für das Bremskontroll-Licht zuständig, Nr. 1363 Zigarettenanzünder und Nr. 1364 die Drucktaste der Hupe.

1356

1357

1358

1359

1360

1361

1362

1363

1364

Vor allem die neuen pflegeleichten Textilien müssen sehr sorgfältig behandelt werden. Auch hier ist man auf einheitliche Piktogramme übergegangen. Die Nr. 1365 bis 1376 geben solche Hinweise, allerdings verlangen die beiden ersten Reihen die Kenntnis der lateinischen Buchstaben. Nr. 1365 und 1367: Waschen ist erlaubt, allerdings nur bis zu der im Bottich angegebenen Temperatur. Nr. 1368 der durchgestrichene Waschbottich = Waschen verboten.

Die Kennzeichen für die chemische Reinigung sind schwieriger, allerdings auch mehr für den Fachmann bestimmt; für den Benützer genügt es eigentlich, daß er versteht, die runden Gebotsschilder verlangen „chemische Reinigung". Nr. 1369 allgemein übliche Reinigungsmittel, Nr. 1370 Perchloräthylen, Nr. 1371 nur Benzin als Lösungsmittel erlaubt. Nr. 1372 verbietet die chemische Reinigung.

Dagegen für den Haushalt bestimmt und wieder eindeutig sind die Hinweise für das Bügeln; die Anzahl der Punkte zeigt an, ob man mit starker, mittlerer oder nur geringer Wärme arbeiten darf. Bügeleisen durchgestrichen = Bügeln verboten (Nr. 1373 – Nr. 1376).

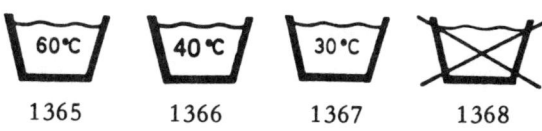

1365   1366   1367   1368

1369   1370   1371   1372

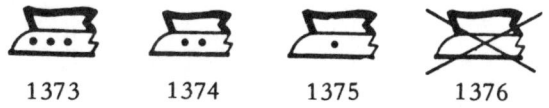

1373   1374   1375   1376

Die folgenden Zeichen sind piktographische Warnzeichen, wie sie mit geringen graphischen Abwandlungen von Gewerbe, Industrie und öffentlichen Einrichtungen verwendet werden.

1377   Das häufigste und auch schon am längsten gebrauchte Warnzeichen: Starkstrom.

1378   „Vorsicht, Explosionsgefahr".

1379   Radioaktive Stoffe.

1379/1 Giftige Stoffe.

1379/2 Oxidierende Stoffe.

1379/3 Ätzende Stoffe.

Diese Zeichen werden auch auf den entsprechenden Transportfahrzeugen angebracht.

1377

1378

1379

1379/1

1379/2

1379/3

1379/4 Das Zeichen für Brandgefahr.

1379/5 Ein verhältnismäßig neues Zeichen: Laserstrahl.

1379/6 Das allgemeine Zeichen für Gefahr, ohne diese genauer zu
        erklären.

Die Nr. 1380 – 1382 fordern auf, sich vor möglichen Gefahren zu
schützen: Augenschutz, Ohrenschutz oder Helm tragen.

1379/4

1379/5

1379/6

1380

1381

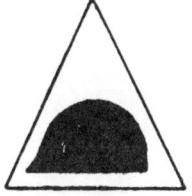

1382

Die drei folgenden Symbole warnen zur Vorsicht, um eine Gefahr erst gar nicht entstehen zu lassen.

1383 Feuer, offenes Licht und Rauchen verboten.

1384 Verboten mit Wasser zu löschen.

1385 Kein Trinkwasser.

1386—1388 Verschiedene Varianten der Anzeige eines Fluchtweges.

1383

1384

1385

1386

1387

1388

1389 Das Zeichen der Europäischen Union, die Sterne auf blauem Grund.

Ein immer engerer Zusammenschluß der verschiedenen Länder führt auch zu einer immer stärker werdenden Vernetzung der Leistungen im Post- und Bankwesen. Das gilt natürlich auch für viele andere wichtige Bereiche. Europaweit werden Dienste vereinheitlicht. Zwei Zeichen aus dem Bankwesen seien hier angeführt:

1390 Aus den Buchstaben E und C gebildet, das Zeichen für Eurocheque und Eurochequekarte.

1391 Die beiden farbigen Balken, die bei Geldinstituten darauf hinweisen, daß sich hier ein Bankomat befindet, der auch für Eurochequekarten bereit ist.

Zwei alte Zeichen, die sich in neuer Form präsentieren:

1392 Das Symbol der Deutschen Post

1393 Das Symbol der Österreichischen Post.

Beide sind aus dem alten Posthorn gebildet, eine Erinnerung an die Tage des Postillons und der Postkutsche; im deutschen Zeichen noch deutlich sichtbar, im österreichischen stärker graphisch verfremdet.

Drei Piktogramme der Post, die auf Fernsprechzellen bzw. bei Hinweisen auf solche Verwendung finden:

1394 Wertkartentelefon

1395 Telefonzelle mit Rückrufmöglichkeit.

1396 Telefonzelle für Behinderte.

1389   1390   1391

1392   1393

1394   1395   1396

Seit dem Erscheinen der 1. Auflage dieses Buches (1972) wurde die Umweltproblematik immer größer, und der Umweltschutz zu einem immer bedeutenderen Anliegen. Durch Umweltgesetze entstanden immer neue Zeichen, von denen wir eine Auswahl der wichtigsten hier anführen.

1397 Ganz neu ist das „Eco-Label", das Umwelt-Signet der Europäischen Union: Eine Blume, deren Blüte der Sternenkreis der EU mit einem E in der Mitte ist. Derzeit noch kaum verliehen, hat es dennoch für die Zukunft sicher die größten Chancen für seine Verbreitung. Es ist behördlich kontrolliert, aber doch gemäßigter in seinen Umweltauflagen als andere Umweltzeichen.

1398 Das neue „Umweltzeichen" des österreichischen Bundesministeriums für Umwelt, Jugend und Familie. Es wurde von dem Maler Friedensreich Hundertwasser entworfen. Es steht für verantwortungsvollen Umgang mit Rohstoffen und Energie, für umweltgerechte Verpackung, umweltschonende Entsorgung bzw. Wiederverwertung.

1399 In der EU tragen umweltgefährliche Stoffe dieses Zeichen. Es soll den Konsumenten darauf aufmerksam machen, daß dieses Produkt umweltgefährdende Stoffe enthält. Man soll davon nur soviel wie unbedingt nötig verwenden.

1400 Wichtig für die Umwelt ist es, daß so viele Stoffe wie möglich wiederverwertet werden können und nicht auf einer Deponie landen. Dieses Zeichen mit den gebogenen Pfeilen in einem unendlichen Kreislauf besagt, daß das Produkt voll recyclingfähig ist.

1401 Rollen einer Druckmaschine zwischen Wasser und Luft, das Umweltzeichen des graphischen Gewerbes.

1401/1 Der „Grüne Punkt". Dieses Zeichen ist in Deutschland, aber auch schon in vielen anderen Ländern wie z.B. in Österreich eingeführt. Es bezieht sich auf die Verpackungsverordnung, die den Erzeuger, Abfüller oder Verpacker zur Rücknahme, Wiederverwertung bzw. Beseitigung der Verpackungsmaterialien verpflichtet.

1401/2 Markenzeichen schadstoffgeprüfter Textilien.

1397

1398

1399

1400

1401

1401/1

1401/2

1402 Ein Männchen, das eine Pflanze beschützt, meist mit der Umschrift: PAPIER PACKTS umweltfreundlich + praktisch. Es soll die Verbraucher davon abhalten, Verpackungsarten zu verwenden, die nicht so leicht wiederverwertbar sind und dadurch zu einer stärkeren Umweltbelastung führen.

1403 Der „Blaue Engel" wird in Deutschland Produkten verliehen, die nur um zehn Prozent weniger Schadstoffe enthalten als die durchschnittliche Konkurrenz. Entsprechend viele, nämlich derzeit ca. 4000 Produkte tragen ihn.

1404 Dieses Zeichen findet häufig auf Briefpapier (Kuverts) Verwendung. Es bedeutet: Hergestellt aus 100% Altpapier, ohne Gewässerbelastung, Bleichung oder Färbung.

In Österreich sind seit Inkrafttreten eines neuen Chemikaliengesetzes die Hersteller auch noch zur Anbringung von zwei weiteren Hinweisen verpflichtet:

1405 Produkt nicht zusammen mit dem Hausmüll entsorgen, sondern zur Sonderabfallsammlung oder zur Problemstoffsammelstelle bringen; Gifte dem Abgeber zurückgeben.

1406 Reste nicht in den Ausguß gießen oder in das WC leeren. Ungiftige Stoffe in den Hausmüll geben, giftige Stoffe zur Sonderabfallsammlung.

1407 Das bereits früher übliche Zeichen für gesundheitsschädliche Stoffe.

Hinweise bzw. piktographische Warnzeichen, die auch im Umweltschutz von Bedeutung sind, wie z.B. giftige, oxidierende und ätzende Stoffe, finden Sie unter Nr. 1377—1379/3.

1402

1403

1404

1405

1406

1407

1408 In Österreich ist das Umweltministerium gleichzeitig auch für Jugend und Familie zuständig. Das Kennzeichen dieses Ministeriums ist das hier abgebildete Symbol: zwei große Bäume, die einen kleinen Baum beschützen.

1409 Ein Herz, das von einem Dach beschützt wird und das mit einem anderen Herzen verbunden ist, um Liebe und Leben in einem Zuhause zu symbolisieren, wo man Wärme, Umsorgtsein, Sicherheit, Zusammensein, Toleranz findet. Das ist die Symbolik, die das Zeichen zum Internationalen Jahr der Familie (1994) vermitteln soll.

1410 Ebenfalls um Schutz geht es bei diesem Zeichen. Es ist das Kennzeichen des UNHCR, des UNO-Flüchtlingskommissariats. Es will aber auch gerade in unserer Zeit der vermehrten Flüchtlingsbewegungen um Toleranz und Aufgeschlossenheit bitten.

1411 Bereits seit Jahren bekannt ist das Zeichen für die Ersatzfamilie, für die SOS-Kinderdörfer.

Drei aus dem Auge gebildete Zeichen, die im Bereich der Medien Verwendung finden:

1412 Das Emblem des Fernsehens des Österreichischen Rundfunks.

1413 Dieses Zeichen bedeutet: Auflage überwacht, d.h. die Höhe der Auflage eines Printmediums wird vom Herausgeberverband der Zeitungen und Zeitschriften kontrolliert.

1414 Das Auge mit einer Träne, das in Fernsehprogrammen als Symbol für „Drama" verwendet wird.

1408

1409

1410

1411

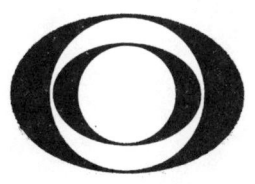

1412

1414

1413

Fernsehgeräte und ihre Fernbedienungsanlagen sind durchwegs mit international verständlichen Symbolen gekennzeichnet, um den Gebrauch unabhängig von der Sprache des Benützers zu gewährleisten. Die hier wiedergegebenen Symbole, die sich bei den verschiedenen Herstellerfirmen nur geringfügung unterscheiden, bedeuten:

1415 Helligkeit

1416 Kontrast

1417 Farbsättigung

1418 Lautstärke

Dazu kommen bei Stereogeräten:

1419 Höhen

1420 Tiefen

1421 Balance

1422 Elektronische Vergrößerung der Basisbreite zur Erzielung eines noch stärkeren Stereoeffektes.

1415

1416

1417

1418

1419

1420

1421

1422

Auch Lexika und Wörterbücher verwenden in zunehmendem Maße Bildzeichen, um sich die umständlichere und längere Erklärung mit Abkürzungen zu ersparen. Als Beispiel geben wir eine Anzahl von Zeichen wieder, die die Herkunft eines Begriffes durch ein leicht verständliches Symbol ausdrücken:

1423 musikalisch

1424 architektonisch

1425 mathematisch

1426 medizinisch

1427 chemisch

1428 christlich-kirchlich

1429 humoristisch

1430 militärisch

1431 weidmännisch

1432 bergmännisch

1433 seemännisch

1434 botanisch.

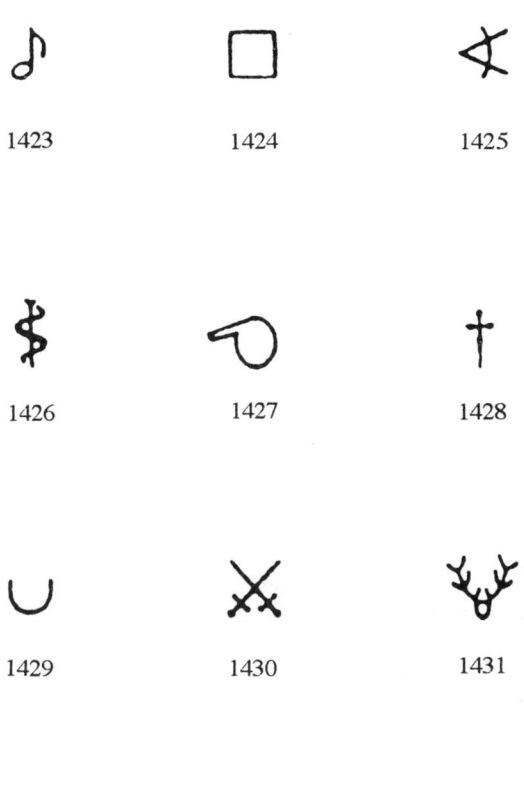

1423

1424

1425

1426

1427

1428

1429

1430

1431

1432

1433

1434

Es zeigt sich immer mehr, daß der Mensch offensichtlich visuell schneller auffassen kann, als er es bei einer verbalen Darstellung könnte. Daher werden in der Datenverarbeitung seit einigen Jahren sehr stark Piktogramme eingesetzt, die z.B. für die Darstellung der Funktionen eines Rechners, aber auch anderer Funktionen, einfache, eindeutige und einprägsame Symbole verwenden.

Piktogramme werden in der Bedienerführung von Rechnern häufig anstelle von verbalen Ausdrücken in Menüs verwendet, in denen eine Reihe unterschiedlicher Symbole nebeneinander gezeigt werden, mit denen die Menüsteuerung erfolgt. Wir bringen hier einige Beispiele solcher Bildsymbole aus der Büroarbeit.

1435 Aktenschrank
1436 Drucker
1437 Dokument
1438 Mappe
1439 Kartei
1440 Freie Kalkulationstabelle
1441 Katalog
1442 Konverter

Jedes System hat eigene Symbole, die von einander etwas abweichen, jedoch immer auf rasche Verständlichkeit abzielen. Hier einige Beispiele von Symbolen, die unter WINDOWS Verwendung finden. Z.B. wird nach Anklicken des Datei-Manager-Symbols die Verzeichnisstruktur der Festplatte angezeigt. Oberhalb des Verzeichnisbaumes sind die Laufwerksymbole angebracht. Durch Anklicken des gewünschten Laufwerkes kann man auf einen anderen Datenträger umschalten.

1443 Verzeichnis geschlossen: Bei einfachem Klick: Anzeige der darunter liegenden Verzeichnisse. Bei Doppelklick: Öffnen eines Fensters mit dem Inhalt dieses Verzeichnisses.

1444 Verzeichnis geöffnet.

1445 Verzeichnis ohne Unterverzeichnisse. Bei Doppelklick: Öffnen eines Fensters mit dem Inhalt dieses Verzeichnisses.

1435    1436 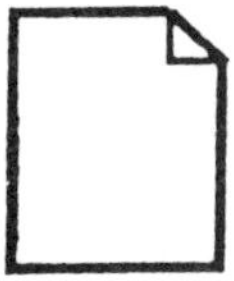   1437

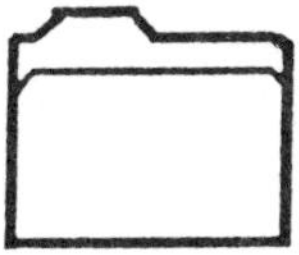

1438 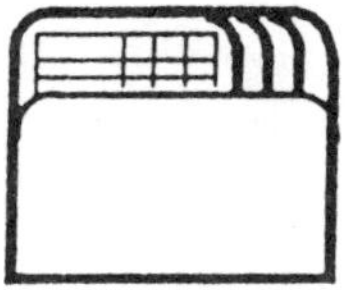   1439    1440

1441    1442

1443   1444   1445

Bei der Lösung kaufmännischer Problemstellungen wird aufgrund einer Problemanalyse ein Pflichtenheft erstellt. Das Pflichtenheft ist die Grundlage für das Entwerfen des Software-Produkts. Es entstehen ein Datenflußplan und Entwürfe für die Ein- und Ausgabe.

Der Datenflußplan (Data flow chart) skizziert die Eingabe und die Ausgabe mittels Symbolen. Diese Symbole sind in Österreich laut ÖNORM geregelt, in Deutschland gelten die DIN-Normen. Einige dieser Symbole mögen als Beispiel dienen:

1446 Verarbeitung allgemein (Zentraleinheit)

1447 Handeingabefunktion (Tastatur)

Die folgenden Symbole stellen die verschiedenen Ein- und Ausgabefunktionen dar:

1448 optisch (Bildschirm)

1449 durch Belege (Drucker)

1450 durch Magnetplatte

1451 durch Diskette

1452 durch Magnetband

1453 durch Magnetbandkassette

1454 Datenfernübertragung

1455 Mischen

1456 Trennen

1457 Sortieren

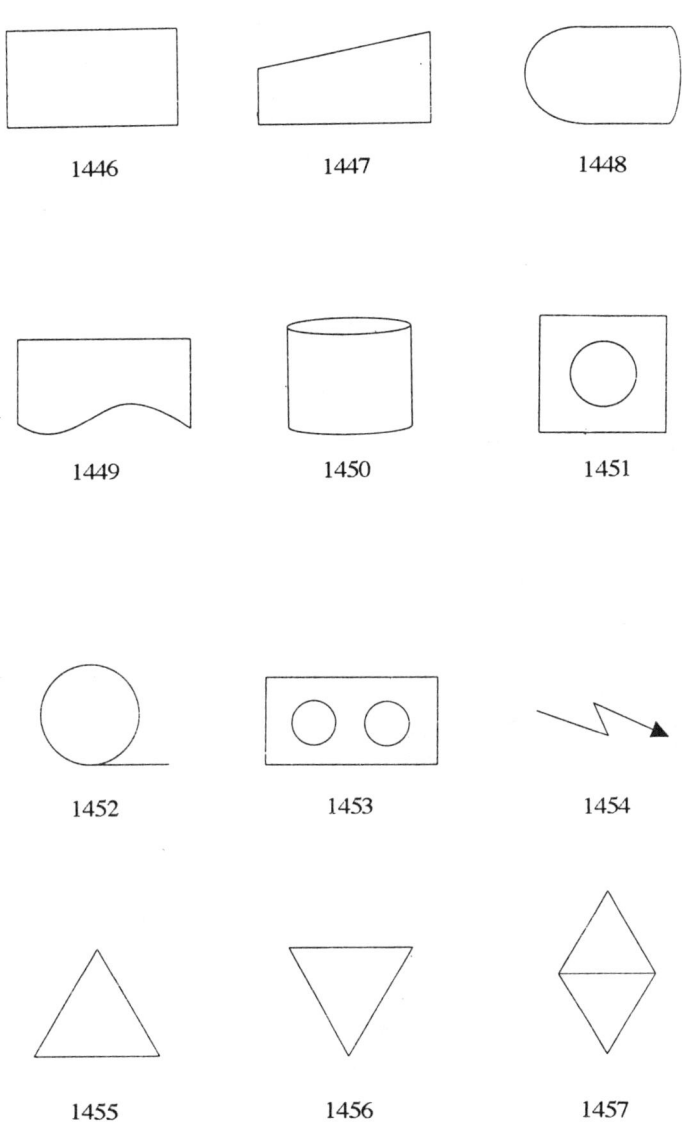

1446

1447

1448

1449

1450

1451

1452

1453

1454

1455

1456

1457

Zeichen (Characters) aus ASCII=American Standard Code for Information Interchange wurden in den USA ursprünglich als Fernschreibcode entwickelt und haben sich besonders bei Personalcomputern durchgesetzt. Zeichen, die nicht auf der Tastatur vorhanden sind, können bei den meisten Editoren durch Drücken von Alt-Taste oder AltGr-Taste und des Wertes des gewünschten Zeichens erzeugt werden (ab ASCII 32). Man muß dazu eine ASCII-Tabelle mit allen Angaben heranziehen.
Beispiel Alt oder AltGr + 092 = \

Beispiele für Symbole aus dem Bereich ASCII 1-31 (Steuerzeichen):

1458 Beginn des Vorspanns.
1459 Beginn des Textes.
1460 Ende des Textes.
1461 Ende der Übertragung.
1462 Stationsanforderung.
1463 Bestätigung.
1464 Lautsprecher.
1465 Rückwärtsschritt
1466 Tabulator.
1467 Zeilenvorschub.
1468 Grundstellung.
1469 Papiervorschub.
1470 Wagenrücklauf (Carriage Return).
1471 Umschaltung.
1472 Normalbetrieb.
1473 Datenverbindung umschalten.

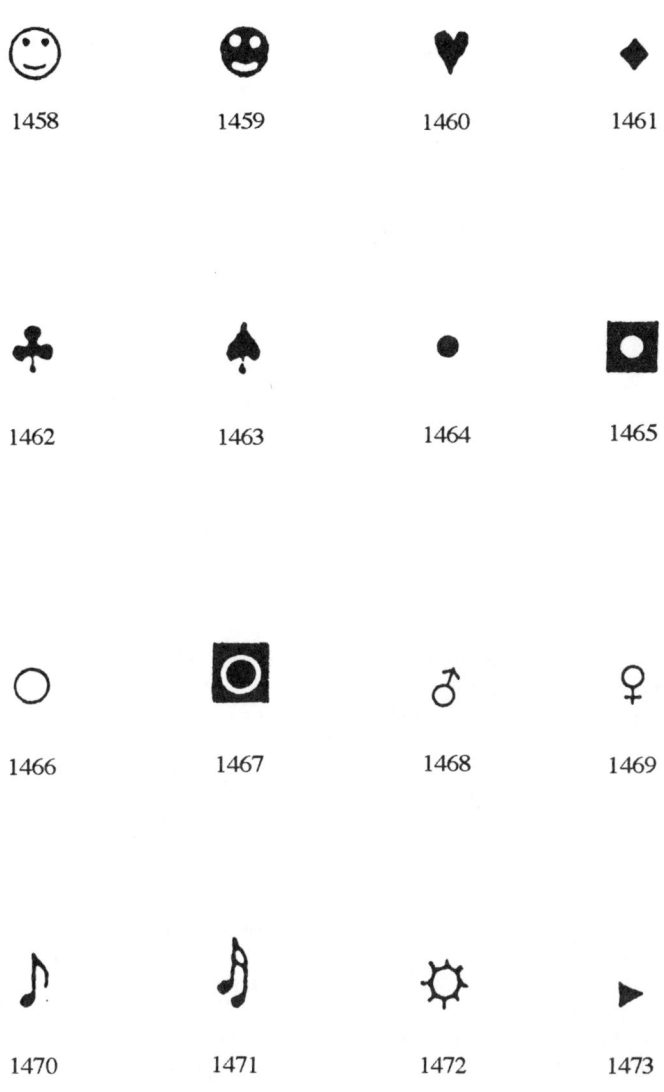

1458   1459   1460   1461

1462   1463   1464   1465

1466   1467   1468   1469

1470   1471   1472   1473

1474 Fehlerrückmeldung.

1475 Synchronisierzeichen.

1476 Blockübertragungsende.

1477 Ungültigkeitsmeldung.

1478 Ende der Aufzeichnung.

1479 Ersetzungsbefehl.

1480 Umschaltung.

1481 Cursor rechts (ein meist blinkender Unterstrich, der die Position des nächsten Zeichens anzeigt).

1482 Cursor links.

LITERATUR

Backer, R.: Programmiersprache Assembler. Hamburg 1993.
Bliss, C.K.: Semantography. Sydney.
Klein, A.: Die faszinierende Welt der Informatik. Niederhausen/Ts. 1993.
Koberstein, H.: Wiener Methode der Bildstatistik. Bremen 1969.
Modley, R.: Handbook of Pictorial Symbols. New York 1976.
Modley, R.: How to Use Pictorial Statistics. New York 1937.
Modley, R.: World Language Without Words. New York 1974 (in: Journal of Communication).
Neurath, O.: Bildstatistik nach Wiener Methode in der Schule. Wien 1933.
Neurath, O.: International Picture Language. London o.J. (um 1937).
Neurath, O.: Basics of Isotype. London 1937.
Schulze, H.H.: Computer Enzyklopädie. Hamburg 1989.

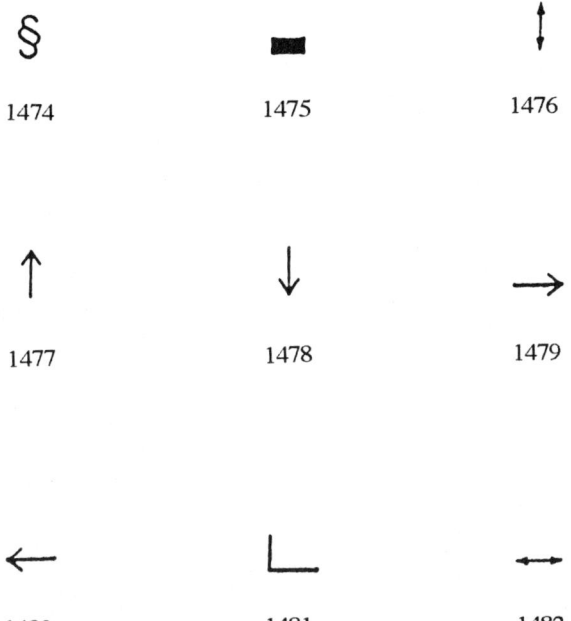

§

1474

1475

1476

1477

1478

1479

1480

1481

1482

Graffiti

Ein Begriff, der seit der ersten Hälfte der achtziger Jahre immer häufiger auftauchte und mit seinen Auswirkungen, den „Graffiti", nicht immer die Begeisterung aller Betrachter gefunden hat.

„Graffito" kommt aus dem Italienischen und bedeutet „gekratzt". „Il graffito" ist das Gekratzte und gekratzte Zeichnungen und Inschriften hat es eigentlich immer schon gegeben. Aus der Antike haben wir reiche Funde von den Ausgrabungen der Agora von Athen und in Pompeji. Diese Kritzeleien geben uns einen Einblick in das Alltagsleben der Antike: Ankündigungen, Wünsche, Beschimpfungen finden wir in Wort und Bild. Aber noch viel früher, in der Vor- und Frühgeschichte, entstanden Ritzbilder an Felsen und in Höhlen (man vergleiche dazu das erste Kapitel dieses Buches). Im frühen Christentum werden Christusmonogramm und Fisch immer wieder als Erkennungszeichen angebracht (vgl. Nr. 328 und 329). Aber auch das Mittelalter und die Neuzeit bedienten sich dieser Ausdrucksform. Einige Beispiele dazu geben die Gauner- und Bettlerzinken und ihre Gegenstücke in den USA die „hobo's marks" (Nr. 1196 bis 1215).

Das Bedürfnis, sich an Wänden zu verewigen, (es können natürlich auch Bäume sein) finden wir zu allen Zeiten. Ein Mann des 19. Jahrhunderts hat es darin zu besonderer Berühmtheit gebracht: Josef Kyselak. Ein Registraturbeamter aus Wien (1795—1831) wollte der bekannteste Mann der Donaumonarchie werden und schrieb deshalb überall wohin er kam seinen Namen hin.

Zu allen Zeiten wurden auch politische Zeichen und Parolen angebracht. Ein Beispiel aus nicht allzu ferner Zeit, das den Beteiligten den Tod brachte, war ein Hakenkreuz mit einem großen X durchgestrichen, das die Mitglieder der „Weißen Rose" neben ihren Parolen gegen Hitler in den Jahren 1942/43 an die Wände malten.

Die modernen Graffiti beginnen mit der Studentenbewegung der sechziger Jahre, ohne daß damals der Begriff Graffiti dafür verwendet wurde. Sie waren politisch motiviert, und wurden in den siebziger Jahren durch Spontis (ein anarchischer Teil der Jugendbewegung, der Spontaneität dem Dogma entgegenstellte) weiter ausgebaut.

Wir können hauptsächlich drei Gruppen von Graffiti unterscheiden: .
Zeichen und Symbole
Verbale Schriftgraffiti
Bilder.
Es wandeln sich auch die Techniken, es werden Filzstifte, Marker, aber später hauptsächlich Sprühdosen (oft auch Schablonen) benutzt. Ein amerikanischer Graffiti-Forscher, Robert Reisner, brachte den Ausdruck „Graffiti" in die englische bzw. amerikanische Sprache. Er verwendete ihn in seinem ersten einschlägigen Buch (1967), das sich mit Klo-Inschriften beschäftigte. Thema und Begriff schlugen so ein, daß der Reader's Digest das Wort in seine monatliche Liste der aktuellen Wörter aufnahm. Graffiti wurden zur Sammelbezeichnung für subkulturale In- und Aufschriften. Aus dem Englischen kam der Begriff ins Deutsche, wobei umgangssprachlich das Plural „i" auch für die Einzahl verwendet wird.

In den USA entsteht Ende der sechziger Jahre in den hauptsächlich von Schwarzen und Latinos bewohnten Ghettos von New York eine Bewegung, die zu einer öffentlichen Jugendkunst wird. Neben den Fighting Gangs entstehen Writing Gangs; Graffiti werden auf Mauern und Zugwände gesprüht. Es entstehen die sogenannten „Masterpieces" (in der Kurzform „Pieces" genannt), die zu einer Volkskunst der Gegenwart werden. Filme machen diese Pieces in Europa bekannt und bald entstehen auch hier solche nach New Yorker Vorbild.

Diese Pieces werden von vielen Forschern als die vierte Gruppe der Graffiti bezeichnet.

Im Rahmen dieses Buches kann nur auf die erste Gruppe der Graffiti eingegangen werden. Sechs Beispiele, der am häufigsten gebrauchten Symbole, sollen den Abschluß unserer Betrachtungen bilden.

1483 Das Zeichen für Anarchie (griechisch: Herrschaftslosigkeit, Gesetzlosigkeit). Für die meisten Sprüher ist es einfach zum Protestsymbol geworden. In den letzten Jahren wurde es auch zum Zeichen der Hausbesetzer. Vielfach wird es in Wörter anstelle des A eingefügt.
Graffiti haben bei den Anarchisten Tradition: Michail Bakunin (russischer Anarchist 1814—1876) schrieb 1853 in riesigen Lettern an die Züricher Börse: „Kein Gott — Kein Staat — Kein Sklave".

1484 Das Friedenszeichen (Peace-Zeichen) war ursprünglich das Kennzeichen der Atomwaffengegner, mit nur zufälliger Ähnlichkeit mit der Todesrune (Siehe dazu S. 380 und Nr. 1141). Die Friedensbewegung bedient sich der Möglichkeit durch Graffiti auf die Gefahren des Krieges aufmerksam zu machen.

1485 Der Venusspiegel, das Symbol der Frauenbewegung (vgl. dazu Nr. 412, 537, 1251). Ebenso wie die Friedensbewegung und die Umweltschutzbewegung transportiert die Frauenbewegung ihre Anliegen auch mittels Graffiti. Es sind meistens verbale Schriftgraffiti, die dann mit diesem Zeichen verbunden werden. (Saskia Schlesinger, Frauen-Graffiti, München 1985).

1486 Eine friedliche Verbindung von Venuszeichen und Marssymbol (vgl. Nr.414), darunter wurde noch das Wort „Kommunikation!" gesprüht.

1483

1484

1485

1486

1487 Der Drudenfuß oder das Pentagramm, griechisch: Fünf-Zeichnung (vgl. Nr.707 und S. 132) ist ein altes übelabwehrendes Zeichen, das im Volksglauben immer eine große Rolle gespielt hat. Es wurde auf Schwellen und Wände gemalt und auch geschnitzt, um böse Geister abzuwehren. Die Normalform ist mit einer Spitze nach oben, die Umkehrung (zwei Spitzen nach oben) tritt als Symbol bei schwarzmagischen Zirkeln auf. Ob dies den Sprühern immer bewußt ist, mag bezweifelt werden.

1488 Das Zeichen des Zoro. Zoro ist die Hauptfigur aus dem 1920 verfilmten Roman „The Mark of Zoro". Er rächt, verhüllt und maskiert, Unrecht. Seine Identität ist unbekannt, nach vollbrachter Tat hinterläßt er immer sein Zeichen. 1982 entsteht ein anderer Film „Wild Style" (gedreht von Charlie Ahearn, einem New Yorker Maler und Experimentalfilmer). Es ist gleichzeitig ein Spiel- und ein Dokumentarfilm. Die männliche Hauptfigur ist ein Meister-sprüher mit dem Decknamen „Zoro". Dieser Film kommt 1983 nach Europa und wird zum Kultfilm der Jugend. In der BRD läuft er wochenlang in den Kinos und macht Graffiti-Pieces in Europa bekannt. Bald gibt es auch hier Meistersprüher und immer wieder steht neben den Pieces „Zoro" oder nur sein Zeichen „Z".

LITERATUR

Bianchi, P. (Hrsg.): Graffiti. Wandkunst und wilde Bilder. Basel/Boston/Stuttgart 1984.

Bülow, R. (Hrsg.): Graffiti 2. Neues an deutschen Wänden. München 1984.

Bülow, R. (Hrsg.): Graffiti 3. Phantasie an deutschen Wänden. München 1985.

Hanser, R.: Deutschland zuliebe. Leben und Sterben der Geschwister Scholl. Die Geschichte der Weißen Rose. München 1980

Kreuzer, P.: Das Graffiti-Lexikon. Wandkunst von A bis Z. München 1986.

Reisner, R.: Selected Scrawls from Bathroom Walls. 1967

Reisner, R.: Graffiti. Two Thousand Years of Wall Writing. Chicago 1971.

Schlesinger, S. (Hrsg.): Frauen-Graffiti. München 1985.

1487

1488

GRUNDFORMEN-SCHLÜSSEL

Um das Auffinden einfacher Grundformen in den verschiedenen Kapiteln zu erleichtern, wurden die Typen einschließlich der wichtigsten Varianten hier nach ihren laufenden Nummern indexartig erfaßt. Lediglich die ganz einfachen Zeichen wie Kreuz, Malkreuz und Kreis, die auf fast allen Tafeln in irgendeiner Form vorkommen, konnten hier nicht berücksichtigt werden.

Rasterartige Teilungen

5, 12/4, 29, 42, 103, 149, 225, 272, 328, N3, N8, N10, N14, 482, 614, 655, 857, 908, 931-934, 1018 (s.auch 898-904)

Die menschliche Gestalt

8, 12/11, 46, 68, 96-99, 112, 124, 151, 152, 197, 823, 1098, 1168, 1291, 1296-1299, 1306-1311, 1319, 1333, 1336, 1348, 1351

Baumartige Formen

11, 21, 22, 65, 136, 229, 633, 814, N78

Kammstrich-Motive

12, 12/8, 16, 145, 777/4, 777/5, 822, 830

Wellenlinien und Zackenbänder

16, 33, 74, 205, 273, 442, 1057, 1200, 1211, 1301, 1305, 1400

Doppelaxt

14, 65, 66, 234, 241, 813, 847, N122, 999

Einfache Sternformen

23, 41, 127, 222, 232, 334, 335, 340, 363, 437, 816, N32, N54, 1013, 1143, 1161, 1162, 1258

Radkreuzartige Zeichen

37-40, 127a, 218/8-218/11, 240, 254, 336, 351, 653, 656, 669, 705, 706, 852, N15, N16, N128, M38

Dreiecke

12/1, 12/2, 45, 77, 95, 239, 246, 398-404, 433, 466-469, 478, 480, 481, 485, 493, 502, 503, 648, 649, 806, 914, 915, 974, 979, N11-N13, N130, 1159, 1163, 1201, 1203, 1338-1341, 1346-1355, 1377, 1378, 1380-1382, 1455-1457

Swastikas
(Hakenkreuze)

12/13, 55-60, 104, 138, 353, 354, R3, 832, 867, 1120/4, 1137

Malzeichen,
Andreaskreuz

1, 2, 288, 325, 329-335, 337, 339, 340, 348, 402, 812, N30, N37, N96-N101, N107, N108, N124, 1058, 1061, 1062, 1218, 1289, 1328, 1333, 1338, 1368, 1372, 1376

Halbmonde,
Mondsicheln
411, 451, 515-517, N46, N48, N52, N59, N60, 1135

Herzförmige Zeichen
252, 519, N61-N67, 1187, 1409, 1460

Triskelen
(Dreipaß-Formen)
61-64, 139, 139a, 871, 873, 904, 1171, 1172

Zentrierte Kreise
108, 193, 200, 262, 267, 393-397, 417, 419, 508, 662, 664, 1244

Jupiter-Zeichen
540-543, 647, 976-978, 985, 987-989, 991, 994, 1001, 1002, 1091, 1105-1107, 1114, 1247

Quadrat und Raute
44, 48, 105, 272b, 395, 432, 434, 488-490, 501, 506, 554, 566, 604, 605, 615, 640, 641, 1110, 1155, 1156, 1191, 1424